以燕堯舜豈欺我哉

當常自奮發曰人性本善無古今智愚

之殊聖人何故獨為聖人我則獨為何故

眾人郭良由志不立知不明行不篤耳志

之立知之明行之篤皆在我耳我又何求哉

顏淵曰舜何人也予何人也有為者亦若是

我亦當以顏之希舜為法

今又容貌不可變醜為妍膂力不可變弱

立志章第一

初學先須立志必以聖人自期不可有一毫
自小退託之念蓋衆人與聖人其本性則一也
雖氣質不能無清濁粹駁之異而苟能真
知實踐去其舊染而復其性初則不增毫
末而萬善具足矣衆人豈可不以聖人自期
故孟子道性善而必稱堯舜以實之曰人省可

# 新完譯

# 擊蒙要訣
격 몽 요 결

## [附・祭儀鈔]

金星元 譯
金東求 校訂

明文堂

☸ 이율곡(李栗谷) 영정(影幀)

☸ 신사임당(申師任堂) 영정(影幀)

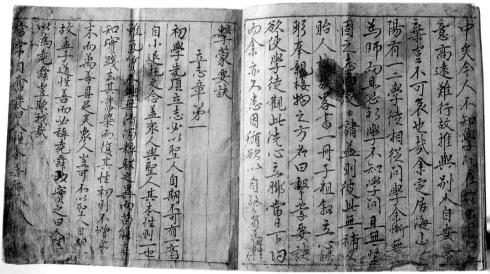

☸ 이율곡(李栗谷) 『격몽요결(擊蒙要訣)』 수초본(手草本)

◉ 오죽헌(烏竹軒)

연등천장(椽燈天障) ◉

◉ 율곡(栗谷) 이이(李珥)의 묘(墓)
경기도 파주시 광탄면. 경기기념물 제15호

# 擊蒙要訣

◐ 이율곡(李栗谷) 선생(先生)이 쓰던 용벼루

율곡선생이 쓰던 벼루로, 안동 고산석(安東 高山石)으로 만들어졌으며, 매화무늬의 섬세한 조각으로 장식되어 있다. 1788년 정조대왕이 직접 보고 벼루 뒷면에 다음과 같이 썼다.
『무원(婺源) 주자의 못에 적셔내어 공자의 도를 본받아 널리 베풀고, 용(율곡)은 동천(洞天)으로 돌아갔건만 구름(명성)은 먹에 뿌려 학문은 여기에 남았도다』

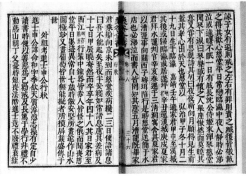
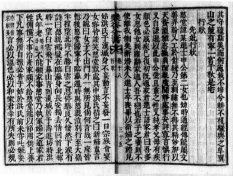

◈ 『율곡전서(栗谷全書)』 권18 선비행장(先妣行狀)

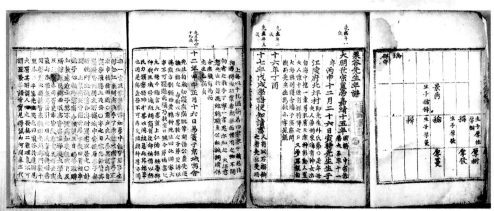

◈ 『율곡선생연보(栗谷先生年譜)』의 출생과 사망 기록

『李珥』 이이

△字(자)는 숙헌(叔獻)이오 호(號)는 율곡(栗谷)이니 덕수
인(德水人)이라 명종(明宗)때 급제(及第)하여 호당(湖
堂)에 선(選)하고 문형(文衡)을 전(典)하다 벼슬이 찬성
(贊成)에 이르고 선조(宣祖)때의 대성리학자(大性理學
者)로 당쟁(黨爭)을 없애려고 많은 노력을 하였고 해주
(海州) 고산(高山)에 구곡을 정하고 후학을 지도 한것으
로 유명함
저서(著書)는 격몽요결(擊蒙要訣) 시조대표작(時調代表
作) 고산구곡가(高山九曲歌) 등이 있다. 문묘(文廟)에 배
향(配享)하고 시호(諡號)는 문성(文成)

(서기 一五三六년─一五八四년)

◎山中 (산중에서)

採藥忽迷路、千峰秋葉裏、山僧汲水歸、林
末茶烟起

약캐다 길을잃고 두루살피니
봉마다 잎이져서 온길덮였오
산승(山僧)은 물을길어 절로가는데
숲속에 너는연기 차를대리나

又『이 이』

◎出城感懷 (출성감회)

四遠雲俱黑、中天日正明、孤臣一掬淚、灑
向漢陽城

사방은 구름함께 컴컴하온데
중천에 해뚜렷이 떠서있구나
외로운 이내시름 눈물 짜내아
임계신 한양성중 뿌려볼가나

又『이 이』

◎求退有感 (사직후의 감회)

行藏由命豈有人、素志會非在潔身、閭閻三
章辭聖主、江湖一葦載孤臣、疎才只合耕南
畝、淸夢徒然繞北辰、茅屋石田還舊業、半
生心事不憂貧

오고가고 사람의 일 운명(運命)에 있고
이내뜻 몸사림 근본 아니오
고은임께 물러감 글월 올리고
시골로 돌아가는 외론몸일세
변변못한 이내재주 갈음(耕) 알맞고
임못있는 그린꿈 대궐 감도네
오막사리 옛터전 다시 이룩해
한평생 가난함께 즐기워보리

◎ 한국역대(韓國歷代) 명시전서(名詩全書)
권태익(權泰益) 교열(校閱)·이병두(李丙斗) 역(譯)
명문당(明文堂) 발행(發行)

이이(李珥)의 서간(書簡)

- 해자자(解字者) : 한욱동(韓旭東)
- 해독자(解讀者) : 이석호(李錫浩)

이이(李珥)

중종(中宗) 31년(年)~선조(宣祖) 17년(年) (1536~1584)

● 解字

吾甥洪錫胤將歸觀母氏謂余曰非不欲
學志不堅立悠悠度日願得警語貼于座
右朝夕省覽以起懶怠余曰玉不琢不成
器人不學不知道不知道無以爲人士而
不學者是皆不悍爲禽獸者也既不悍爲
禽獸則座有警語顧何益哉錫胤再請曰
元不欲學者無所用警語笑余曰然人之有病二
者則遇戒而發矣余曰然人之有病二
則血氣之病一則志氣之病血氣之病問
醫求藥治之以外物志氣之病自悟自修
治之以內心治以外物權在人治以內者
權在我在人者人多以誠求治而在我者
則畧不加功吁亦怪矣哉誠欲自修則知
懶爲病則治以勤篤知欲爲病則治以循
理知檢束不嚴爲病則治以矜莊知念慮
散亂爲病則治以主一病雖在已藥不外
求無不可治者矣何憂學之不成乎錫胤
曰願聞持身要語余曰入則孝出則悌錫胤
書以資窮理行善以求復性靜則敬直乎
中動則義方於外策之以勇猛持之以悠
久如斯而已遂書以贈萬曆壬午仲秋晦
前二日栗谷書

● 解讀

내 생질 홍석윤(洪錫胤)이 장차 돌아가 자기 어머니를 뵙겠다고 하며 내게 말하기를 「배우려 는 뜻이 없는 것은 아닌데 뜻을 굳세게 세우지 못 하고 한가하게 세월을 군내고 있으니 경계할 만 한 말씀을 얻어 자리 앞에 붙여 놓고 아침 저녁 으로 봄으로써 나태함을 극복하고자 합니다.」고 했다. 내가 말하기를 「옥은 쪼아야 그릇이 될 수 있고 사람은 배워야 도를 알게 된다. 선비로서 배우지 않 으면 사람이 될 수 없다. 도를 알지 못하면 짐승이 되는 것을 두려워 하지 않는 것은 짐승이 되는 것을 두려워 하지 않는 것 과 같다. 이미 짐승이 되는 것을 두려워하지 않 는다면 자리에 경계할만한 말을 써서 붙여 놓고 들여다 본들 무슨 소용이 있겠느냐?」라고 했다. 석윤이 재청하여 말하기를 「배우고자 하지 않는 자는 경계할 만한 말씀이 필요가 없지만, 배우 고자 하나 능치 못한 자는 경계하면 마음이 생 긴다」고 하기에, 나는 말하기를 「그러나 사 람에게는 두 가지 병이 있으니 하나는 혈기(血 氣)의 병이고, 하나는 지기(志氣)의 병이다. 혈 기의 병은 의원에게 물어서 약을 구하여 외물 (外物)로써 그것을 치료하고, 자기의 병은 스스 로 깨닫고 스스로 닦아서 내심으로써 그것을 치 료한다. 밖의 것으로써 치료하는 자는 권(權)이 남에게 있고, 안의 것으로써 치료하는 자는 권

이 나에게 있는 것이다. 권이 남에게 있는 자는 성(誠)으로써 치료를 구하는 사람이 많지만, 나 에게 있는 자는 간략히 공(功)을 더하지 않으니, 아! 괴이하다 할 것이냐? 진실로 스스로 닦고 자 한다면 나태함의 병은 부지런히 독실함으로 써 치료하고, 욕심의 병은 순리로써 치료하고, 검속이 엄격하지 못한 것의 병은 근엄하고 장중 함으로 치료하고, 생각이 산란함의 병은 주일 (主一)로써 치료해야 한다. 병이 비록 내 몸에 있 다 하더라도 약을 밖에서 구하지 않으면 치료 할 수 없는 것은 없으리라. 어찌 배움이 이뤄지 지 않음을 근심하랴?」라고 했더니, 석윤이 말 하기를 「몸가짐에 필수적인 말씀을 들려와서는 효도하 고 나가서는 공경하며 글을 읽어서 궁리(窮理) 와 행선(行善)을 바탕으로 하여 본성을 회복하 고자 하니 정(靜)한즉 가운데에서 곧은 것을 경 중히 여기고 동한즉 밖에서 신의를 지키고 책략 을 용맹으로 하고 지키는 것이 유구해야하 니 이와 같이 할 따름이다」라고 말하고, 드디어 써 주었다.

만력 임오 중추 그믐 전 이일
율곡(栗谷)

## 擊蒙要訣

율곡전서(栗谷全書) 권지이십칠(卷之二十七)에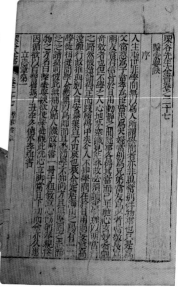
수록 되어 있는 격몽요결(擊蒙要訣) 판본

■ 율곡(栗谷) 이이(李珥) 선생의 위패가 모셔진 곳 ■

〈조선 팔도 20군데 서원에 모셔진 곳 중에서〉

○ 문성사 강원도 강릉

○ 신항서원 충북 청주

○ 봉산서원 강원도 평창

○ 자운서원 경기도 파주

이 책의 책명인 격몽요결(擊蒙要訣)이란 무슨 뜻인가에 대하여 생각해 보기로 한다. 격몽(擊蒙)이란 몽매(蒙昧)한 아동의 지혜를 계몽하여 주는 일, 곧 교육을 말하는 것이며, 요결(要訣)이란 요긴한 것을 의미한다 할 것이다.

원저자인 율곡(栗谷)이 1577년(선조 10) 42세 때, 해주(海州) 석담(石潭)에서 지은 것으로 되어 있다. 짓게 된 동기에 대해서는 서문에 밝혀 있으니 췌언(贅言)을 불요(不要)하겠지만, 선생의 행장(行狀)을 간추려 독자로 하여금 참고가 되도록 함도 아주 무의미한 것은 아닐 것으로 생각되어 적어보기로 하였다.

선생은 1536년(중종 31) 12월 26일에, 강릉(江陵) 외가에서 탄생하였고, 1584년(선조 17) 정월 16일에 타계하였다. 조선조의 문신(文臣)으로 아명은 현룡(見龍), 자는 숙헌(叔獻), 호는 율곡(栗谷)·석담(石潭)·우재(愚齋), 본관은 덕수(德水), 찰방(察訪), 원수(元秀)의 아들, 어머니는 사임당(師任堂) 신씨(申氏)이다.

1548년(명종 3) 13세로 진사초시(進士初試)에 합격 그 후 구도장원(九度壯元)하여 이조판서(吏曹判書)에 이르렀다.

선생은 서원향약(西原鄕約)과 해주향약(海州鄕約) 등을 만들기도 하였으며, 당쟁(黨爭)의 조정, 10만 군대의 양성 및 대동법(大同法)과 사창(社倉)의 실시에 활약하는 등 많은 일을 하였다.

이 책은 수초본(手草本)과 율곡전서(栗谷全書) 속에 수록되어 있는 것을 대본(臺本)으로 번역하였다. 잘못이 없지 않나 하여 불안한 마음을 금치 못하겠다. 독자 제현의 많은 질책을 바랄 뿐이다.

역자 김 성 원

目次

# [ 擊蒙要訣 ]

# [부 록]

# 제의초(祭儀鈔)

# 재교정(再校訂)을 마치며

율곡(栗谷) 선생의 격몽요결(擊蒙要訣)은 수초본(手草本)을 목판본(木版本) 화(化) 하면서 율곡전서(栗谷全書) 가운데 제27권에 들어있는 목판본을 비롯하여 여러 종류의 단권(單券) 목판본 및 수 없이 많은 필사본(筆寫本) 그리고 연활자본(鉛活字本) 또는 영인본(影印本) 등으로 꾸준히 널리 보급되어 읽혀온 명실상부 조선조에서 오늘날까지 유가사상의 기초를 가르치는 인성교육과 덕목(德目)의 교과서라고 보아야 할 것이다.

위에서 말한 판본들은 한문(漢文) 판본들이고, 1970년대에 몇 종류의 한글역본이 나왔으나 전집류 속에 혹은 문고본 등으로 그 번역이 난해하였다. 본사에서 20년 전에 원본(原本) 상주(詳註) 완역본을 낸 것은 당시로서는 가히 한문을 공부하려는 사람이나, 한글세대를 향한 역주본으로는 유일본이라고 자부한다.

초역자(初譯者) 선생님이 생존시에는(1980년대) 그래도 한문세대가 많았으나 이제 한글세대가 성인이 되고 보니 한문으로 된 책은 역주(譯註)하여도 도무지 어려워하여 본 교정자는 단지 보다 상세히 주를 달고 바로잡아 쉽게 윤문을 하였으나 혹시 역자 선생님의 노고에 흠이 되지 않았나 하여 심히 걱정되는바 이후 더욱 완벽을 기할 것을 간곡히 바라며 독자 제현의 가르침을 겸허히 수용코자 합니다.

무자(戊子) 초춘(初春)  교정자(校訂者)

김동구(金東求) 삼가 씀

# 擊蒙要訣

# 범례(凡例)

1. 이 책은 율곡선생(栗谷先生)의 수초본(手草本) 격몽요결
   (擊蒙要訣)과 율곡전서(栗谷全書) 권지(券之) 27권 속에
   수록되어 있는 것을 대본(臺本)으로 하고 그 외에 단권(單
   券) 목판본 등을 참고하였다.

2. 한문을 공부하는 사람을 위하여 語義를 많이 풀었고 자
   세히 설명하였으며 파생어(派生語)도 첨부 설명하였다.

3. 한문의 독음(讀音)은 원음(原音)이 주(主)가 되지만 속음
   (俗音)이 있을 때는 속음도 명기하였다.

4. 한자는 정자(正字)를 쓰되 속자(俗字)로 관용되는 것은 속
   자를 쓰고 병용되는 것은 병용되는 대로 보였다.

5. 원문에 앞서 의역(意譯)을 먼저 하여 뜻을 이해하는데 최
   대한 쉽게 풀었으며 語義에 설명된 부분과 잘 조화하여
   공부하면 도움이 되고 直譯 부분도 참고하면 한문해법
   연구에 도움이 되리라고 본다.

# 擊蒙要訣 序

인생사세　비학문　　무이위인　　소위학문자　역
人生斯世,에 非學問,이면 無以爲人,이니 所謂學問者는 亦

비 이상별건물사야　지시위부당자　위자당효　위신
非異常別件物事也,라 只是爲父當慈요 爲子當孝요 爲臣

당충　위부부당별　위형제당우　위소자당경장
當忠,이오 爲夫婦當別,이오 爲兄弟當友요 爲少者當敬長,

위붕우당유신　개어일용동정지간　수사각득
이오 爲朋友當有信,이니 皆於日用動靜之間에 隨事各得

기당이이　비치심현묘　희기기효자야　단불학지
其當而已.요 非馳心玄妙,하여 希覬奇效者也.라 但不學之

인　심지모색　식견망매　고　필수독서궁리　이
人은 心地茅塞,하고 識見茫昧,라 故로 必須讀書窮理,하여 以

명당행지로　연후　조예득정　이천리득중의　금인
明當行之路,니 然後에 造詣得正, 而踐履得中矣.리라 今人

부지학문　재어일용　이망의고원난행　고
은 不知學問,이 在於日用,하고 而妄意高遠難行.이라 故로

추여별인　자안포기　기불가애야재　여　정거
推與別人,하고 自安暴棄.하니 豈不可哀也哉.아 余ㅣ定居

해산지양　유일이학도　상종문학　여　참무
海山之陽,할새 有一二學徒ㅣ 相從問學,이어늘 余ㅣ 慙無

이위사　이차공초학　부지향방　차무　견고지지
以爲師,요 而且恐初學,이 不知向方,하여 且無堅固之志,

이범범청익　즉피차무보　반이인기　고 약서일
而泛泛請益,하면 則彼此無補,하고 反貽人譏,라 故로 略書一

책자　조서입심　칙궁봉친 접물지방　명왈격
冊子,하여 粗敍立心·飭躬·奉親·接物之方,하여 名曰擊

몽요결　　욕사학도　관차　세심입각　당
蒙要訣,이라 하고 欲使學徒로 觀此,하고 洗心·立脚,하여 當

일하공　이여역구환인순　욕이자경성언
日下功,하고 而余亦久患因循,하여 欲以自警省焉.하노라

정축계동　덕수이이　서
丁丑季冬에 德水李珥는 書하노라

直譯  사람이 이 세상에 태어나 살아가는 데 있어, 공부를 하지 않으면 이로써 사람다운 사람이 될 수가 없다. 이른바 학문이라는 것은 또한 특별히 이상하거나 별다른 것이 아니다.

다만 그것은 다음과 같은 것들이다. 아버지가 되어서는 마땅히 자식을 사랑하고, 자식이 되어서는 마땅히 부모에게 효도하고, 신하가 되어서는 마땅히 임금에게 충성하고, 부부가 되어서는 마땅히 분별이 있어야 하고, 형제가 되어서는 마땅히 우애가 있고, 젊은이가 되어서는 마땅히 어른을 공경하고, 친구가 되어서는 마땅히 믿음이 있어야 한다. 이러한 것들은 날마다 행동하거나 조용히 있는 사이에서 일에 따라 각기 그 당연함을 얻을 따름이니, 마음을 신묘한 데로 기울여서 신기한 효과를 분수에 맞지 않게 바라지 말아야 할 것이다.

한갓 배우지 않은 사람은 마음이 사욕(私慾)에 막히고 학식과 견문이 분명치 않다. 그러므로 반드시 책을 읽고 이치를 연구해서 이로써 마땅히 행해야 할 길을 밝혀야 하나니, 그러한 후에야 학문의 바름을 얻어 깊은 경지에 다다르고 실천하는 것이 중용(中庸)을 얻는 것이다.

그런데 지금 사람들은 학문이 일상 생활에 어떻게 쓰여져야 하는지를 알지 못하고, 까마득히 높고 멀어서 실행하기 어려운 것이라 생각한다. 그러므로 학문하는 것을 다른 사람에게 미루고 스스로 자포자기함을 편안히 여기니, 어찌 슬프다 아니하랴.

내가 해주(海州) 산남(山南)에 거처를 정하고 있었을 때, 한두 사람의 학도(學徒)가 늘 따라와 학문에 관하여 물었으나, 나는 그들의 스승이 될 수 없음을 부끄럽게 여기고, 또 처음 학문하는 사람이라 무엇을 어디서부터 배워야 할지 그 방향을 알지 못하고, 또 굳은 뜻이 없이 들떠서 침착하지 못하면서 더 가르쳐 주기를 요청하면 피차에 도움이 없고 도리어 남의 비웃음을 살 것도 두려웠다. 그래서 간략하게 한 권의 책을 써서 뜻을 세우고, 몸을 삼가이 갖고, 부모를 봉양하고 사람이나 사물을 맞이하는 방법을 대강 서술(敍述)하여 책 이름을《격몽요결(擊蒙要訣)》이라 하고, 학생들로 하여금 이것을 보고 마음을 씻고 자리를 잡아서 그날부터 공부를 하게 하며, 나 또한 오랜 구습을 버리지 못하는 것을 근심하여 이로써 스스로 경계하고 반성하고자 한다.

정축년(편집자 주:1577년, 선조 10년) 섣달 덕수(德水) 이이(李珥)는 쓰노라.

語義 • 異常別件物事(이상별건물사) : 이상하여 특별한 조건의 물건과 일.
• 爲父當慈(위부당자)・위부(爲父)는 아버지가 되어서는, 자(慈)는 자애(慈愛)로 자식에 대한 아버지의 사랑과 같은 깊은 사랑으로, 마땅히 자식을 사랑해야 한다는 뜻.
• 動靜之間(동정지간) : 기거동작(起居動作=사람이 살아가는 모든 행동)하는 사이. 행동하거나 조용히 있는 사이.
• 隨事(수사) : 일에 따라.
• 而已(이이) : ~일 따름이다. ~일 뿐이다. 한정의 뜻을 나타내는 종결조사(終結助詞).
• 馳心玄妙(치심현묘) : 심오한 이치에 마음을 빨리 돌림.
• 希覬(희기) : 바람. 주로 자기 분수에 넘치는 일을 바라는 뜻으로 쓰임. 희망.
• 奇效(기효) : 신기한 효험.
• 心地(심지) : 마음. 마음의 본바탕.
• 茅塞(모색) : 마음이 사욕에 막힘.
• 茫昧(망매) : 분명하지 아니함. 어둠. 어슴푸레하여 밝지 않은 모양.
• 造詣得正(조예득정) : 학문・기술의 바름을 얻어 깊은 경지에 다다름.
• 踐履得中(천리득중) : 행함이 중용을 얻음. 실천이 알맞음을 얻는다.
• 自安暴棄(자안포기) : 스스로 편안하고 자포자기하는 것. 자포자기(自暴自棄) : 마음에 불만이 있어 행동을 되는대로 마구 취하고 스스로 자신을 돌아보지 아니함.
• 海山(해산) : 황해도 해주(海州)의 산남(山南). 지금의 벽성군(碧城郡) 고산면(高山面) 석담리(石潭里).
• 泛泛(범범) : 물 위에 뜬 모양. 떠 흔들리는 모양. 들떠서 침착하지 못한 모양.
• 請益(청익) : 더 가르쳐 주기를 청함. 다시 청함. 또 한번 청함.

- 反貽人譏(반이인기) : 도리어 남들의 비웃음을 삼.
- 粗敍(조서) : 대강 서술함.
- 飭躬(칙궁) : 조신(操身)함. 삼감. 몸을 조심함.
- 立脚(입각) : 근거로 삼아 그 처지에 섬.
- 當一下功(당일하공) : 바로 그날부터 공부를(착수) 하게 함.
- 因循(인순) : 무기력하여 고식적임. 구습에 따라 행함. 낡은 인습을 고집하고 고치지 않음.
- 丁丑(정축) : 선조(宣祖) 10년, 1557년. 이이의 나이 42세 때.
- 季冬(계동) : 음력 섣달. 늦은 겨울. 12월을 뜻한다.
- 德水(덕수) : 율곡의 본관. 덕수 이씨라는 뜻. 덕수는 경기도에 있던 지명.

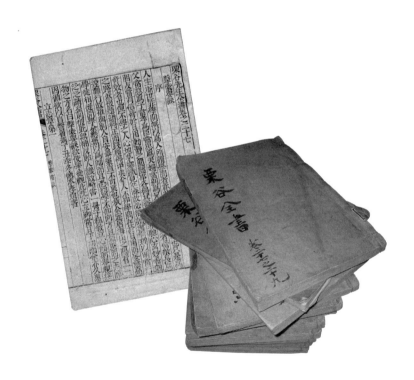

立志章第一
[입지장제일]

∴

뜻을 세우고 정진함

# 立志章 第一 凡四文段
입 지 장 제 일 범 사 문 단

■이 장은 먼저 모름지기 뜻을 세우고 용왕진취(勇往進取)하라는 글로, 격몽요결의 제1장이며, 대개 4문단으로 되어 있다.

# 1

처음 학문을 배우려는 사람은 무엇보다도 우선 학문을 하는 종국적인 목적에 대하여 마음가짐을 확고히 세워야 한다. 나도 꼭 훌륭한 성인이 되어야겠다고 마음속에 기약하고, 조금이라도 자신을 작게 여기어 그것을 핑계삼아 물러서고 미루려는 생각을 가져서는 안 된다. 대개 보통 사람과 훌륭한 성인은 그 타고난 본성은 똑같은 것이다. 비록 성격과 재능이 사람에 따라 맑은 사람이 있고 흐린 사람이 있으며, 또는 순수한 사람과 혼탁한 사람이 있어서 그 사람들 사이에 차이는 있다고 하겠지만, 진실로 진리를 알고 실천해서 옛날부터 내려오는 나쁜 습관을 버리고 착한 인간의 본성을 처음 모습으로 되찾는다면, 조금도 보태지 않더라도 모든 선함이 다 풍족할 것이다. 평범한 사람이라도 어찌 훌륭한 성인이 되기를 스스로 기약하지 못하랴? 그래서 맹자는 사람의 본성은 본디 착한 것이다 하면서 반드시 요임금과 순임금을 일컬어 이것을 실지로 증명하였고, 사람은 다 요임금과 순임금처럼 될 수 있다고 말했으니, 맹자가 어찌 우리를 속이겠느냐?

初學 先須立志 必以聖人 自期 不可有一毫自
小退託之念 蓋衆人與聖人 其本性則一也 雖
氣質 不能無淸濁粹駁之異 而苟能眞知實踐
去其舊染 而復其性初 則不增毫末 而萬善 具
足矣 衆人 豈可不以聖人 自期乎 故 孟子 道
性善 而必稱堯舜 以實之曰 人皆可以爲堯舜
豈欺我哉

讀法 初學은 先須立志하나니 必以聖人으로 自期요 不
可有一毫自小退託之念이니라 蓋衆人與聖人은 其本
性則一也라 雖氣質이 不能無淸濁粹駁之異나 而苟
能眞知實踐하여 去其舊染하여 而復其性初면 則不增毫
末이오 而萬善이 具足矣리니 衆人이라도 豈可不以聖人으로
自期乎아 故로 孟子ㅣ 道性善하시되 而必稱堯舜하여 以

<ruby>實<rt>실</rt></ruby><sup>√</sup><ruby>之<rt>지</rt></ruby><ruby>日<rt>왈</rt></ruby>, <ruby>人<rt>인</rt></ruby><ruby>皆<rt>개</rt></ruby><ruby>可<rt>가</rt></ruby><sup>=</sup><ruby>以<rt>이</rt></ruby><sup>=</sup><ruby>爲<rt>위</rt></ruby><sup>-</sup><ruby>堯<rt>요</rt></ruby><ruby>舜<rt>순</rt></ruby>,이라 하시니 <ruby>豈<rt>기</rt></ruby><ruby>欺<rt>기</rt></ruby><sup>√</sup><ruby>我<rt>아</rt></ruby><ruby>哉<rt>재</rt></ruby>.시리오.

直譯 처음 배움에는 먼저 모름지기 뜻을 세워야 하나니, 반드시 성인으로써 스스로를 기약하고, 조금이라도 자신을 작게 여기거나 중도에서 물러설 생각을 갖지 말 것이다. 대개 평범한 사람과 성인은 그 본성인즉 똑같은 것이니, 비록 기질이 맑고 흐리고 순수하고 뒤섞임의 차이는 없을 수 없을지라도 진실로 참되게 알고 실천할 수 있어서 그 낡은 습염(習染)을 버리고 그 타고난 성질로 되돌아간다면, 조금도 보태지 않을지라도 온갖 착함이 갖추어 넉넉할 것이니, 평범한 사람일지라도 어찌 성인되기를 스스로 기약하지 아니할 것이냐? 그래서 맹자께서는 인성(人性)은 착한 것이라 말씀하시되, 반드시 요임금과 순임금을 일컬으시며 이로써 그것을 실증하여 말씀하였고, 사람은 다 요임금과 순임금처럼 될 수 있다고 하셨으니, 어찌 우리를 속이시겠느냐?

語義 • 初學(초학) : 학문을 처음으로 배움. 또 그 사람. 초학자(初學者).

• 先須立志(선수입지) : 먼저 모름지기 뜻을 세워야 한다. 수(須)는 모름지기.

• 聖人(성인) : 지혜와 도덕이 뛰어나고, 사물의 이치에 정통하여 만세(萬歲)에 사표(師表)가 될 만한 사람.

• 自期(자기) : 스스로를 심중(心中)에 기약(期約)함.

• 一毫(일호) : 한 가닥의 터럭. 전하여 조금. 근소.

• 自小退託之念(자소퇴탁지념) : 스스로 작다고 물러서는 핑계의 생각.

• 衆人(중인) : 보통 사람.

• 與(여) : …와 …. 더불어. 및.

• 雖(수) : 비록 …할지라도.

• 氣質(기질) : 기품(氣稟). 타고난 성질과 품격.

• 淸濁(청탁) : 맑고 흐림.

• 粹駁(수박) : 수(粹)는 순수한 것이고, 박(駁)은 섞이어 사물이 순일(純一)하지 아니함(물드는 것＝얼룩지는 것). 뒤섞임.

- 苟(구) : 진실로. 참으로. 겨우. 간신히. 구차스럽게.
- 能(능) : 능하다. 일을 잘하는 재주.
- 去(거) : 기거(棄去). 버리다.
- 舊染(구염) : 예전의 나쁜 풍속.
- 復其性初(복기성초) : 그 타고난 성질로 되돌아감.
- 不增毫末(부증호말) : 조금도 보태지 않음.
- 具足(구족) : 빠짐없이 갖춤. 구비함.
- 豈可不以聖人(기가불이성인) : 어찌 성인으로 아니할 수 있으랴.
- 孟子(맹자) : 성은 맹(孟), 이름은 가(軻). 공자(孔子)의 도(道)를 이어 여러 나라를 돌아다니며 왕도정치(王道政治)와 인의(仁義)를 주장하였음. 유가(儒家) 중에서 그 지위가 공자의 다음 간다 하여 아성(亞聖)이라 일컬어짐. 조기(趙岐)의 제사(題辭)에는 「자는 듣지 못했다」고 되어 있다. 초순(焦循)의 《맹자정의(孟子正義)》에는 송(宋)나라 왕응린(王應麟)의 《곤학기문(困學紀聞)》을 인용하여 맹자의 자에 관한 문제의 토론에서 「맹자의 자는 듣지 못했다. 공총자(孔叢子)에 이르기를, 자거(子車) 『一名 子居』라 주했다. 거빈감가(居貧坎軻 : 빈한하게 살며 불우함) 했기 때문에 가(軻)라고 명명했고, 자는 자거(子居), 자여(子輿)라고도 일컫는다고 했다. 《성증론(聖證論)》에 이르기를, 자어(子魚)의 책인 《공총자(孔叢子)》에 맹자거(孟子居)가 있는데, 그것이 곧 가(軻)라고 했다. 의심컨대 모두 부회(附會)인 것이다.」 《공총자》가 위서(僞書)이므로 증거로 삼기에는 부족하다. 맹자는 전국시대(戰國時代) 노(魯)나라 추(鄒) 땅에서 태어났다. 지금의 산동성(山東省) 추평현(鄒平縣)이다. 세계(世系)는 노나라의 공족(公族) 맹손씨(孟孫氏)의 후손이다. 어머니의 성은 장씨(仉氏) 또는 이씨(李氏), 아버지의 이름은 격(激), 자는 공의(公宜)라는 설이 있으나 믿기 어렵다. 생졸연월일(生卒年月日)에 관해서도 여러 가지 설이 있다. 74세, 84세, 94세, 97세의 네 가지가 있는데 그 중 일반적으로 84세(B.C. 372～B.C. 289) 설을 가장 타당한 것으로 여긴다. 아내는 전씨(田氏). 아들이 역(睪)이라 전한다. 맹자는 송(宋)・등(滕)・제(齊)・양(梁)・추(鄒)・노(魯) 등 여러 나라를 주유(周遊)하였다.

- 道(도) : 말하다.
- 性善(성선) : 성선설(性善說). 사람의 본성은 선천적(先天的)으로 착하나 물욕에 가려서 악하게 된다고 하는 맹자의 학설.
- 堯(요) : 중국 고대의 전설적 임금으로 오제(五帝)의 한 사람. 제곡(帝嚳) 의 아들로 도당씨(陶唐氏)라 한다. B.C 236년경에 산서성(山西省) 평양 (平陽)에 도읍하고, 선정을 베풀어 성군(聖君)으로 꼽힌다.
- 舜(순) : 고대 중국의 전설적 임금인 오제(五帝)의 한 사람. 요임금의 뒤를 이어 선정을 베풀었으므로 요순으로 병칭된다. 창오(蒼梧)의 들에서 세상 을 떠났음. 순임금의 아버지는 고수(瞽叟)인데, 덕 없는 아버지로 유명함.
- 豈欺我哉(기기아재) : 어찌 우리를 속일 것이냐.

餘說 이 문단은 첫째, 학문을 처음하는 사람은 먼저 모름지기 뜻을 세우고, 일단 뜻을 세웠으면 용왕매진(勇往邁進)하는 진취(進取)의 기상을 가져야 한다. 둘째는 참, 즉 진리를 알아서 실천에 옮기되 구래(舊來)의 누습(陋習)을 혁파(革破)하고 인간의 본성으로 되돌아 가라는 것이다. 셋째로는, 인간은 모두 성인이 될 수 있는 것이니 스스로 기약하고 달성하라는 것이다.

제요 도당씨(帝堯 陶唐氏)

순(舜)임금

# 2

　마땅히 항상 스스로 분발해서 말하기를, 「사람이 타고난 본성은 원래 착하게 되어 있어서 옛날이나 지금이나 슬기로운 사람이거나 어리석은 사람이거나 차이는 없는 것이다. 그런데 왜 성인만이 유독 성인이 되고 나는 왜 유독 평범한 사람이 되었는가? 그것은 곧 뜻을 제대로 세우지 못하고 아는 것을 분명히 못하고 행실을 인정 있고 성실하게 못함이니, 참으로 뜻을 세우고 아는 것을 분명히 하고 행실을 인정 있고 성실하게 하는 것은 모두가 나 자신에게 책임이 있는 것이다. 그렇지 못하고 이것들을 다른 누구에게서 구할 수 있겠는가? 안연(顏淵)은 말하기를, 『순임금은 누구이고, 나는 누구란 말이냐? 노력하면 누구나 그렇게 될 수 있는 것이다』 하였다. 그러니 나도 또한 안연이 순임금처럼 되기를 바라던 것을 본받아 행할 것이다」 하였다.

當常自奮發曰 人性 本善 無古今智愚之殊 聖人 何故 獨爲聖人 我則何故 獨爲衆人耶 良由志不立 知不明 行不篤耳 志之立 知之明 行之篤 皆在我耳 豈可他求哉 顔淵曰 舜何人也 予何人也 有爲者 亦若是 我亦當以顔之希舜 爲法

讀法 當常自奮發曰, 人性은 本善, 하여 無古今智愚之殊.이니 聖人은 何故,로 獨爲聖人,이며 我則何故,로 獨爲衆人耶.아 良由志不立,하며 知不明,하며 行不篤耳,니 知之立,과 知之明,과 行之篤,은 皆在我耳,라 豈可他求哉.리오 顔淵이 曰, 舜은 何人也,며 子는 何人也,오 有爲者, ㅣ 亦若是,라 하니 我亦當以顔之希舜으로 爲法.이라 하니라.

直譯 마땅히 항상 스스로 분발하여 말하기를, 「사람의 본성은 본디 착해서 옛날이나 지금이나 지혜롭거나 어리석거나의 차이가 없는 것이니, 성인은 무슨 까닭으로 홀로 성인이 되고, 나는 무슨 까닭으로 홀로 평범한 사람이 되었느냐? 진실로 뜻을 세우지 못하며 아는 것이 분명치 못하며 행실이 독실치 못한데 말미암은 것뿐이니, 뜻을 세우는 것과 아는 것을 분명히 하는 것과 행실이 독실한 것은 모두 나에게 있을 뿐이다. 어찌 남에게서 구하겠느냐? 안연이 말하기를, 『순임금은 어떤 사람이며, 나는 어떤 사람인가? 노력함이 있는 사람은 또한 이와 같을 것이다』 하였으니, 나 또한 마땅히 안연이 순임금처럼 되기를 바라는 것으로 본보기를 삼을 것이다」 하였다.

語義 • 自奮(자분) : 스스로 마음과 힘을 돋우어 일으킴.
• 人性本善(인성본선) : 사람의 성품은 타고난 바탕이 착하다는 것.
• 智愚之殊(지우지수) : 슬기로움(지혜로움)과 어리석음의 차이.
• 良(량) : 진실로.
• 篤(독) : 두터움. 독실함.
• 篤實(독실) : 인정 있고 성실하다. 열성 있고 진실하다.
• 耳(이) : 이이(而已) 두 자의 합음(合音). 뿐. 따름.

- 顔淵(안연) : 춘추시대(春秋時代) 말기의 학자. 노(魯)나라 사람. 자는 자연(子淵). 공자의 제자로서 십철(十哲)의 으뜸으로 꼽힘. 안빈낙도(安貧樂道)하여 덕행으로 이름이 높았음. 보통 안회(顔回)라고 함.
- 若是(약시) : 이와 같다.
- 希舜(희순) : 순임금처럼 되기를 바람.
- 爲法(위법) : 본받고자 함.

餘說 이 문단은 첫째, 항상 스스로 분발하라 하였고, 둘째, 뜻을 세우고 지식을 분명히, 행실을 독실히 해서 성인이 갖추고 있는 모든 품성(品性)을 자신에게서 찾아 갖추라는 것이며, 셋째는 뜻있는 사람은 이와같이 되며 우리도 선현의 포부대로 성인의 품성을 본받으라는 것이다.

안회(顔回) B.C. 521~B.C. 490

중국 춘추 말기 노(魯)나라의 유자(儒者). 자는 자연(子淵). 공자의 제자로 학식과 덕행이 뛰어나 누구에게나 사랑받았으며 공자의 신임을 가장 많이 받았다. 가난하고 불우하였으나 연구를 게을리하지 않고 덕행을 쌓아 공자의 제자 중에서도 겸허한 구도자의 모범이 되었다. 공자보다 30세 연하였는데 그의 나이 32세로 요절하였다. 공자는 그의 죽음을 두고 「오, 하늘이 나를 버렸구나(天喪予)」 하고 통곡하였는데 이 구절이 〈논어〉에 전해지고 있다. 후세에 아성(亞聖)으로 존숭되었다.

맹자의 상(孟子의 像)

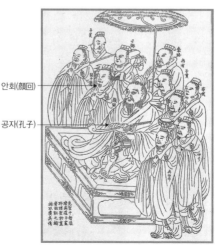

안회(顔回)
공자(孔子)

공문십철(孔門十哲)
공자의 제자들 가운데 특별히 학덕이 높은 10명.

# 3

    사람의 얼굴 모양은 추한 것을 고쳐서 예쁘게 할 수 없고, 또 타고난 체력은 약한 것을 고쳐서 힘이 세게 할 수 없으며, 신체는 짧은 것을 고쳐서 길게 할 수 없는 것이다. 왜냐하면 이것들은 이미 천분으로 정해져서 고칠 수가 없기 때문이다. 그러나 사람의 마음과 뜻만은 어리석은 것을 고쳐서 지혜롭게 할 수 있고, 미련한 것을 고쳐서 어질게 할 수 있다. 이것은 마음의 그 비어 있고 차 있고 한 것이 본래 타고난 분수에 구애되지 않기 때문이다. 그리고 아름다움에는 지혜보다 더 아름다운 것이 없고 귀함에는 어진 것보다 더 귀한 것이 없는데, 무엇이 괴로워서 어질고 지혜로워지기 위해 노력을 하지 않으려 하며 하늘에서 부여받은 착한 본성을 손상하려 하는가? 사람들이 이러한 뜻을 가지고 굳게 실천해서 물러서지 않는다면 거의 도(道)에 가까워질 것이다.

人之容貌 不可變醜爲姸 膂力 不可變弱爲强
身體 不可變短爲長 此則已定之分 不可改也
惟有心志 則可以變愚爲智 變不肖爲賢 此則
心之虛靈 不拘於稟受故也 莫美於智 莫貴於
賢 何苦而不爲賢智 以虧損天所賦之本性乎
人存此志 堅固不退 則庶幾乎道矣

讀法 人之容貌,는 不可變醜爲妍,이며 膂力,은 不可變弱爲强,이며 身體,는 不可變短爲長,이니 此則已定之分.이라 不可改也,어니와 惟有心志, 則 可以變愚爲智,며 變不肖爲賢,이니 此則心之虛靈,이 不拘於稟受 故也.라 莫美於智,며 莫貴於賢,이어늘 何苦而不爲賢智,하여 以虧損天所賦之本性乎,아 人存此志,하여 堅固不退, 則庶幾乎道矣.리라

直譯 사람의 용모는 미운 것을 고쳐서 예쁘게 할 수 없으며, 타고난 체력은 약한 것을 고쳐서 강하게 할 수 없으며, 신체는 짧은 것을 고쳐서 길게 할 수 없는 것이니, 이것은 곧 이미 정해진 분수라 고칠 수 없거니와 오직 마음만은 어리석음을 고쳐서 슬기롭게 하며, 불초한 것을 고쳐서 어질게 할 수 있는 것이니, 이것은 곧 마음의 허령(虛靈)이 타고난 분수에 구애되지 않기 때문이다. 지혜보다 아름다운 게 없으며, 어진 것보다 귀한 것이 없거늘 무엇이 괴로워서 어질고 지혜롭게 되려 하지 않고서 이로써 하늘에서 부여받은 바 본성을 손상하려는 가? 사람들이 이러한 뜻을 가지고서 굳게 물러서지 않는다면 도에 거의 가까워질 것이리라.

語義 • 容貌(용모) : 사람의 얼굴 모양.
• 醜(추) : 못 생기다. 용모가 보기 흉함.
• 妍(연) : 곱다. 예쁘다. 아름답다.

- 膂力(여력) : 체력(體力). 완력(腕力).
- 已定之分(이정지분) : 이미 정해진 분수.
- 不可改(불가개) : 고칠 수 없다.
- 心志(심지) : 마음과 뜻.
- 不肖(불초) : 아버지를 닮지 않아 미련함. 전하여 미련함. 자기의 겸칭.
- 虛靈(허령) : 「허령불매(虛靈不昧)」의 약어. 마음은 공허하여 형체가 없으나 그 기능은 맑고 환하여 거울이 물건을 비추는 것과 같음을 이름.
- 稟受(품수) : 품성(稟性). 품분(稟分). 품부(稟賦). 천품(天稟)의 품성. 천생으로 타고난 성품. 나면서부터 가지고 있는 성질.
- 莫美(막미) : 더 아름다운 것이 없다.
- 虧損(휴손) : 이지러져 덜림. 모자람. 부족(不足). 손실(損失).
- 天所賦之本性(천소부지본성) : 하늘이 부여한 바 본디의 성품. 천부의 본성.
- 堅固不退(견고불퇴) : 군게 꾸준하여 물러서지 않음.
- 庶幾(서기) : 가까움. 거의 되려 함. 거의 ~할 것이다.

餘說 사람에 있어 선천적으로 타고난 것 중 고칠 수 있는 것과 고칠 수 없는 것을 밝히고, 학문을 닦아 어질고 귀하게 되는 것이 무엇보다도 좋으니 천부의 본성을 손상시키지 말고, 뜻을 견고히 하여 물러서지 않으면 도에 가깝다고 했다. 도에 가깝다는 것은 누구나 거의 올바른 사람의 깊이 깨달은 지경에 들어갈 수가 있다는 것이다.

# 4

　대체로 자기 스스로는 뜻을 세웠다고 말하면서 힘써 앞으로 나가지 않으며, 우물쭈물하고 뒷날을 기다리는 사람은, 명색만 뜻을 세웠다 할 뿐 실지로는 공부를 하려는 성의가 없기 때문이다. 진실로 내 뜻으로 하여금 정성을 학문에 둔다면 어질게 되는 것은 자기에게 달린 것이다. 하고자 하면 뜻이 통달될 것인데 무엇 때문에 남에게 구하며, 무엇 때문에 뒤로 미루고 기다리는가? 뜻을 세우는 것이 가장 귀하다는 것은 곧 바로 공부에 힘을 기울여서 오히려 제대로 되지 않을까 염려해서 시시각각으로 시간은 자꾸 가는데 모든 잡념을 버리고 조금도 뒤로 물러서지 말아야겠다고 마음먹는 것에 달렸다. 만일 혹 뜻이 성실하고 착실하지 못하고 무기력하여 고식적으로 우물쭈물 세월만 보낸다면 나이가 다하여 죽을 때까지 무슨 성취가 있겠는가?

凡人 自謂立志 而不卽用功 遲回等待者 名爲
立志 而實無向學之誠故也 苟使吾志 誠在於
學 則爲仁由己 欲之則至 何求於人 何待於後
哉 所貴乎立志者 卽下工夫 猶恐不及 念念不
退故也 如或志不誠篤 因循度日 則窮年沒世
豈有所成就哉

讀法 凡<sup>범</sup>人<sup>인</sup>,은 自<sup>자</sup>謂<sup>위</sup>立<sup>입</sup>✓志<sup>지</sup>, 而<sup>이</sup> 不<sup>부</sup>✓卽<sup>즉</sup>用<sup>용</sup>功<sup>공</sup>,하고 遲<sup>지</sup>回<sup>회</sup>等<sup>등</sup>待<sup>대</sup>者<sup>자</sup>,는 名<sup>명</sup>爲<sup>위</sup>✓立<sup>입</sup>志<sup>지</sup>,나 而<sup>이</sup>實<sup>실</sup>無<sup>무</sup>✓向<sup>향</sup>學<sup>학</sup>之<sup>지</sup>誠<sup>성</sup>故<sup>고</sup>也<sup>야</sup>.니 苟<sup>구</sup>使<sup>사</sup>吾<sup>오</sup>志<sup>지</sup>,로 誠<sup>성</sup>在<sup>재</sup>✓於<sup>어</sup>學<sup>학</sup>, 則<sup>즉</sup>爲<sup>위</sup>✓仁<sup>인</sup>由<sup>유</sup>✓己<sup>기</sup>,라 欲<sup>욕</sup>之<sup>지</sup>則<sup>즉</sup>至<sup>지</sup>,어니 何<sup>하</sup>求<sup>구</sup>✓於<sup>어</sup>人<sup>인</sup>,이며 何<sup>하</sup>待<sup>대</sup>✓於<sup>어</sup>後<sup>후</sup>哉<sup>재</sup>.리오 所<sup>소</sup>貴<sup>귀</sup>乎<sup>호</sup>立<sup>입</sup>志<sup>지</sup>者<sup>자</sup>,는 卽<sup>즉</sup>下<sup>하</sup>工<sup>공</sup>夫<sup>부</sup>,하되 猶<sup>유</sup>恐<sup>공</sup>✓不<sup>불</sup>✓及<sup>급</sup>,하여 念<sup>념</sup>念<sup>념</sup>不<sup>불</sup>✓退<sup>퇴</sup>故<sup>고</sup>也<sup>야</sup>.니 如<sup>여</sup>或<sup>혹</sup>志<sup>지</sup>不<sup>불</sup>✓誠<sup>성</sup>篤<sup>독</sup>,하고 因<sup>인</sup>循<sup>순</sup>度<sup>도</sup>✓日<sup>일</sup>, 則<sup>즉</sup>窮<sup>궁</sup>年<sup>년</sup>沒<sup>몰</sup>✓世<sup>세</sup>,인들 豈<sup>기</sup>有<sup>유</sup>✓所<sup>소</sup>成<sup>성</sup>就<sup>취</sup>哉<sup>재</sup>.리오

直譯 대체로 스스로 뜻을 세웠다 말하면서, 곧 공부를 해도 나가지 못하고 천천한 걸음으로 뒷날을 기다리고 있는 자는 명분인즉 뜻을 세웠다고는 하나 실지로는 향학의 정성이 없기 때문이니, 진실로 나의 뜻으로 하여금 정성을 학문에 둔다면 인(仁)을 함은 자기로 말미암은 것이다. 하고자 하면 이룰 것이니 어찌 남에게서 구하며, 어찌 후일에 기대하랴. 뜻을 세움이 귀한 바라는 것은 곧 공부를 하되 오히려 미치지 못할까 두려워서 늘 생각하여 퇴보하지 않을까 하기 때문이니, 만일 혹 뜻이 성실하고 독실하지 못하며 우물쭈물 날을 보낸다면 나이가 다 되어 죽은들 어찌 성취하는 바가 있겠느냐?

語義 • 凡人(범인) : 여러 사람. 세상 사람. 여기서는 성인(聖人)의 대(對)로 쓰인 중인이므로 보통사람. 곧 평범한 사람.
• 凡(범) : 무릇. 대저.
• 謂(위) : 이르다. 말하다. 평론적인 뜻이 있음.
• 用功(용공) : 힘씀. 공부를 함.
• 遲回(지회) : 하는 일 없이 여기저기 거닒. 우물쭈물함.

- 等待(등대) : 미리 기다리고 있음.
- 遲回等待者(지회등대자) : 머뭇거리고 뒷날을 기다리는 사람. 우물쭈물하고 뒷날을 기다리는 사람.
- 名爲立志(명위입지) : 명색은 뜻을 세웠다지만.
- 故也(고야) : 때문이다. 까닭이다.
- 爲仁由己(위인유기) : 인(仁)을 한다는 것은 자기에게 달렸다. 어질게 되는 것은 자기에게 달렸다.
- 欲之則至(욕지즉지) : 그것을 하고자 하면 달성한다.
- 何待於後哉(하대어후재) : 어찌 뒷날을 기다릴 것이냐?
- 所貴乎立志者(소귀호입지자) : 뜻을 세우는 것이 귀한 바라는 것.
- 下工夫(하공부) : 공부를 하다. 공부에 힘을 기울임.
- 猶恐不及(유공불급) : 오히려 따라가지 못할까 걱정함.
- 念念(염념) : 항상 생각함. 시시각각으로 때가 자꾸 가는 모양.
- 誠篤(성독) : 성실함과 독실함(착실함).
- 因循(인순) : 무기력하여 고식적(姑息的)임.
- 度日(도일) : 날을 보냄. 도(度)는 도(渡)와 통함.
- 窮年沒世(궁년몰세) : 나이가 다하여 죽음(세상을 떠남).
- 豈有所成就哉(기유소성취재) : 어찌 성취(성공)하는 바가 있겠느냐?

餘說　뜻을 세우는 것은 실지로 성실하고 독실하여야 하며, 공부를 하더라도 항상 유공불급(猶恐不及)하고 염념불퇴(念念不退)해야 한다는 것이다.

# 革舊習章第二

[혁구습장 제이]

●●●

낡은 습관을 고침

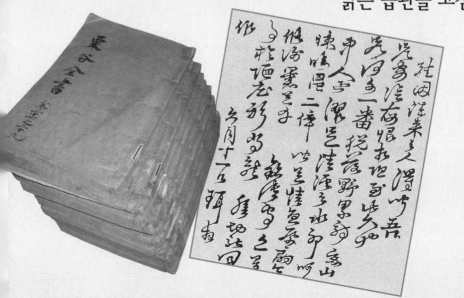

혁 구 습 장 제 이 범 이 문 단
# 革舊習章 第二 凡二文段

■ 구래(舊來)의 누습(陋習)을 고치자는 글로, 격몽요결의 제2장이며,
대개 2문단으로 나뉘고 있다.

# 1

사람이 비록 학문에 뜻을 두었을지라도 똑바로 용맹스럽
게 앞으로 나가고 전진해도 이로써 학문을 성취할 수 없는
것은 옛날의 낡은 습관이 가로막아 실패하게 됨이 있기 때
문이다. 옛날의 낡은 습관의 명목을 조목별로 열거하면 다
음과 같다. 만약 뜻을 격려하여 구습을 아주 끊어버리지 아
니한다면 끝내 학문의 바탕은 마련되지 않을 것이다.

人雖有志於學 而不能勇往直前 以有所成就者
舊習 有以沮敗之也 舊習之目 條列如左 若非
勵志痛絶 則終無爲學之地矣

읽法 人이 雖有√志√於√學, 而 不√能┌勇┐往┐直┐前,┐하여 以

有┌所┌成┐就┌者,는 舊習이 有┐以┐沮┐敗√之也,니 舊習之目,

을 條列 如√左,하나니 若非┌勵√志痛┌絶,┐則 終無┌爲√學之

地┐矣.리라

直譯 사람이 비록 학문에 뜻을 가지고 있으면서도 용감히 똑바로 나아가서 이로써 성취하는 바 있을 수 없는 것은 낡은 습관의 가로막음이 있기 때문이니, 낡은 습관의 조목을 조목별로 열거하면 다음과 같다. 만약 뜻을 가다듬어서 이것들을 과감히 끊어 버리지 않는다면 끝내는 학업을 이룰 처지가 없을 것이다.

語義 • 勇往直前(용왕직전) : 용왕매진(勇往邁進)하여 곧바로 앞으로 나아감. 용맹스럽게 앞으로 나가고 전진함.
• 舊習(구습) : 옛적 버릇. 예로부터 내려오는 관습. 옛날부터 내려온 낡은 습관.
• 沮敗(저패) : 저지당하여 패(敗)함.
• 條列(조렬) : 조목을 열거함.
• 勵志(여지) : 뜻을 격려함. 의지를 장려함. 뜻을 더욱 공고히 함.
• 痛絶(통절) : 아주 끊어버림.

餘說 용왕직전(勇往直前)하여 구습을 아주 끊어버리지 못한다면 결국은 학문을 이루지 못할 것이라는 것이다.

# 2

첫째, 자기 마음과 뜻을 게을리하고, 그 몸가짐의 태도를 함부로해서, 다만 한가히 놀기만 생각하고 몹시 구속되는 것을 싫어하는 것이다.

둘째, 항상 움직이는(동작 할) 것만 생각하고 조용히 자기 마음을 가다듬어 지키려고 애쓰지 않으며, 다만 분주히 드나들며 이러니저러니 떠들어대면서 세월만 보내는 것이다.

셋째, 나쁜 짓과 이상한 짓을 같이 하기를 좋아하고 옛날부터 전해 오는 나쁜 풍속에 빠지고 좀 고치려 하다가도 남들의 따돌림을 당할까 두려워하는 것이다.

넷째, 글이나 문장으로 시속에 영합하여 헛된 명예를 취하기를 좋아하고, 경전(經傳)의 내용을 표절해서 미사여구의 글을 꾸미는 것이다.

다섯째, 쓸데없이 편지 쓰기에 공을 다하고 저속한 음악이나 술마시기를 본업으로 삼아서 한가로이 세월을 보내면서 스스로 깨끗한 운치를 가지고 사는 체하는 것이다.

여섯째, 한가한 사람을 모아서 바둑이나 장기두기를 좋아하고 온종일 배부르게 먹어가면서 다만 남과 내기를 다투는 것이다.

일곱째, 부귀를 부러워하고 가난하고 천한 것을 미워하고 냉대해서 좋지 못한 옷을 입고 거친 음식을 먹는 것을 몹시 수치스럽게 생각하는 것이다.

여덟째, 매사에 즐기고자 하는 욕심으로 절제가 없어서 끊고 억제하지 못하며 재물과 이익을 탐내고 노래와 여색에 빠져 그 맛을 꿀맛같이 여기는 것이다.

습관이 마음을 해치게 하는 것이 대개 이와 같으니 그 나머지는 모두 다 열거하기가 어렵다. 이러한 습관이 사람으로 하여금 뜻을 견고하게 하지 못하고, 행실을 믿음이 깊고 진실되게 하지 못하게 하여 오늘 한 바를 다음 날에 고치기 어렵게 하고, 아침에 그 행실을 후회했다가 저녁에는 이미 다시 그런 짓을 저지른다. 그러므로 모름지기 용맹스런 뜻을 크게 분발하여 막 단칼로 시원하게 뿌리를 끊어버리듯 마음 바탕을 깨끗이 씻어서 터럭 끝만한 줄기도 남김이 없게 하고 그러고도 때때로 늘 맹렬히 반성하는 것을 힘써서 이 마음으로 하여금 한 점이라도 예전의 나쁜 풍습의 더러운 점을 없게 한 다음에야 학문으로 나가는 공부를 의논할 수 있을 것이다.

| 其一 | 惰其心志 | 放其儀形 | 只思暇逸 | 深厭拘束 |
| 其二 | 常思動作 | 不能守靜 | 紛紜出入 | 打話度日 |
| 其三 | 喜同惡異 | 汨於流俗 | 稍欲修飭 | 恐乖於衆 |
| 其四 | 好以文辭 | 取譽於時 | 剽竊經傳 | 以飾浮藻 |
| 其五 | 工於筆札 | 業於琴酒 | 優游卒歲 | 自謂淸致 |
| 其六 | 好聚閑人 | 圍碁局戲 | 飽食終日 | 只資爭競 |
| 其七 | 歆羨富貴 | 厭薄貧賤 | 惡衣惡食 | 深以爲恥 |

其八 嗜慾無節 不能斷制 貨利聲色 其味如蔗
習之害心者 大槩如斯 其餘 難以悉擧 此習
使人志不堅固 行不篤實 今日所爲 明日難改
朝悔其行 暮已復然 必須大奮勇猛之志 如將
一刀 快斷根株 淨洗心地 無毫髮餘脈 而時時
每加猛省之功 使此心 無一點舊染之汚然後
可以論進學之工夫矣

[讀法] 其一<sub>기일</sub>,은 惰<sub>타</sub>其心志<sub>기심지</sub>,하고 放<sub>방</sub>其儀形<sub>기의형</sub>,하여 只思暇逸<sub>지사가일</sub>,하고 深厭拘束<sub>심염구속</sub>.이오 其二<sub>기이</sub>,는 常思動作<sub>상사동작</sub>,하여 不能守靜<sub>불능수정</sub>,하고 紛紜出入<sub>분운출입</sub>,하여 打話度日<sub>타화도일</sub>.이오 其三<sub>기삼</sub>,은 喜同惡異<sub>희동오이</sub>,하여 汨<sub>골</sub>於流俗<sub>어유속</sub>,하고 稍欲修飭<sub>초욕수칙</sub>,이나 恐乖於衆<sub>공괴어중</sub>.이오 其四<sub>기사</sub>,는 好<sub>호</sub>以文辭<sub>이문사</sub>,로 取譽於時<sub>취예어시</sub>,하고 剽竊經傳<sub>표절경전</sub>,하여 以飾浮藻<sub>이식부조</sub>.요 其五<sub>기오</sub>,는 工於筆札<sub>공어필찰</sub>,하고 業於琴酒<sub>업어금주</sub>,하여 優游卒歲<sub>우유졸세</sub>,하여 自<sub>자</sub>謂清致<sub>위청치</sub>.요 其六<sub>기륙</sub>,은 好<sub>호</sub>聚閑人<sub>취한인</sub>,하여 圍碁局戲<sub>위기국희</sub>,하고 飽食<sub>포식</sub>終日<sub>종일</sub>,하여 只資爭競<sub>지자쟁경</sub>.이오 其七<sub>기칠</sub>,은 歆羨富貴<sub>흠선부귀</sub>,하고 厭薄貧<sub>염박빈</sub>賤<sub>천</sub>,하여 惡衣惡食<sub>악의악식</sub>,을 深以爲恥<sub>심이위치</sub>.요 其八<sub>기팔</sub>,은 嗜慾無節<sub>기욕무절</sub>,하여 不能斷制<sub>불능단제</sub>,하고 貨利聲色<sub>화리성색</sub>,이 其味如蔗<sub>기미여자</sub>.니 習之害心者<sub>습지해심자</sub>,

ㅣ大槩<sup>대개</sup> 如<sup>여</sup>斯<sup>사</sup>요 其餘<sup>기여</sup>는 難<sup>난</sup> 以<sup>이</sup> 悉擧<sup>실거</sup>니 此習<sup>차습</sup>이 使<sup>사</sup>人<sup>인</sup>으로 志<sup>지</sup>

不堅固<sup>불견고</sup>하고 行不篤實<sup>행부독실</sup>하여 今日所<sup>금일소위</sup>爲를 明日難改<sup>명일난개</sup>하고

朝悔其行<sup>조회기행</sup>타가 暮已復然<sup>모이부연</sup>하나니 必須大奮勇猛之志<sup>필수대분용맹지지</sup>하여

如將一刀<sup>여장일도</sup>로 快斷根株<sup>쾌단근주</sup>하여 淨洗心地<sup>정세심지</sup>하여 無毫髮餘<sup>무호발여</sup>

脈<sup>맥</sup>하며 而時時<sup>이시시</sup>로 每加猛省之功<sup>매가맹성지공</sup>하여 使此心<sup>사차심</sup>으로 無一<sup>무일</sup>

點舊染之汚<sup>점구염지오</sup>然後<sup>연후</sup>에 可以論進<sup>가이논진학지공부</sup>學之工夫矣<sup>의</sup>니라

---

**直譯** 그 하나는, 그 마음과 뜻을 게을리하고 그 몸가짐을 함부로 해서, 다만 한가하고 편안하기만을 생각하고, 몹시 구속을 싫어하는 것이다.

그 둘은, 항상 움직이는 것만 생각하여 안정을 지킬 수 없고, 분주히 드나들면서 떠들며 헛되이 날을 보내는 것이다.

그 셋은, 같은 것을 좋아하고 다른 것을 싫어하여 옛날부터 내려오는 누속(陋俗)에 골몰하고, 조금 고치려 하다가도 남들에게 따돌림을 받을까 두려워하는 것이다.

그 넷은, 글이나 말로써 시속(時俗)에 칭찬받기를 좋아하고, 경전을 표절해다가 알맹이 없는 글을 꾸미는 것이다.

그 다섯은, 편지 쓰기에 공을 들이고, 거문고 타고 술마시는 것을 업으로 하면서 하는 일 없이 세월을 보내며 스스로를 깨끗한 운치라고 하는 것이다.

그 여섯은, 한가한 사람을 모아서 바둑이나 장기두기를 좋아하고 배불리 먹기를 종일토록 하면서 다만 남과 다툼을 일삼을 뿐이다.

그 일곱은, 부하고 귀한 것을 부러워하고 빈하고 천한 것을 싫어하면서 나쁜 옷을 입고 거친 음식을 먹는 것을 몹시 부끄럽게 여기는 것이다.

그 여덟은, 즐기고자 하는 욕심에 절제가 없어서 끊고 억제할 수 없고, 재물의 이익과 노래와 여색의 그 맛이 달콤하니, 이것을 익혀 마음을 해치는 사람은 대개 이러한 것이고, 나머지는 다 들기 어렵다.

이러한 습관이 사람으로 하여금 뜻을 견고히 못하고 행실을 독실하게 못하여 오늘 한 것을 다음 날에 고치기 어렵게 하고, 아침에 그 행실을 뉘우쳤다가 저녁에는 이미 다시 그대로 하나니, 반드시 모름지기 용맹스런 뜻을 크게 분발해서 단번에 한칼로 통쾌하게 뿌리를 끊어 버리듯이 하여 마음의 본바탕을 깨끗이 씻어서 털끝 만한 남은 줄기도 없게 하고, 때때로 늘 크게 반성하는 노력을 더하여 이 마음으로 하여금 한 점의 낡은 습관의 더러움도 없게 한 연후에 이로써 학문에 나아가는 공부를 논할 수 있을 것이다.

語義  • 惰(타) : 게으르다.
• 放其儀形(방기의형) : 그 몸가짐의 태도를 자유롭게 함.
• 暇逸(가일) : 한가히 놂.
• 深(심) : 깊이. 몹시.
• 紛紜(분운) : 많고 어지러운 모양. 여러 사람의 의견이 일치하지 아니하여 이러니저러니 하여 부산한 모양.
• 打話(타화) : 이야기를 함. 타(打)는 동작을 나타내는 관사(冠詞).
• 喜同惡異(희동오이) : 같은 것은 좋아하고 다른 것은 싫어함.
• 汩於流俗(골어유속) : 옛날부터 전해 오는 풍속에 빠져서. 골(汩)은 골몰함. 빠짐.
• 稍欲修飭(초욕수칙) : 조금 몸을 닦고 언행을 삼가고자 함.
• 恐乖於衆(공괴어중) : 대중에게서 멀리 떨어질까 두려워 함.
• 文辭(문사) : 글과 말. 문장(文章). 글이나 문장. 문사(文詞＝글과 말. 문장).

- 取譽(취예) : 명예를 탐냄.
- 剽竊(표절) : 남의 시가(詩歌) · 문장(文章) 등을 훔치어 제가 지은 것처럼 발표함.
- 經傳(경전) : 경서와 그 경서를 주해한 책. 經은 성인이 지은 책으로, 곧 사서오경(四書五經). 사서는 대학 · 중용 · 맹자 · 논어이고, 오경은 시경 · 서경 · 주역 · 예기 · 춘추.
- 浮藻(부조) : 미사여구(美辭麗句)를 말함. 화려하기만 한 문장.
- 筆札(필찰) : 원래는 붓과 종이를 뜻하나 그 의미가 넓혀져 편지를 의미하기도 함. 공문서 서법(書法). 필적(筆跡). 수적(手蹟). 필한(筆翰). 筆紙(필지) : 붓과 종이.
- 業於琴酒(업어금주) : 거문고 타기와 술마시기를 본직으로 삼음. 여기서는 저속한 음악이나 술마시기를 일삼다.
- 優游卒歲(우유졸세) : 한가로이 세월을 보냄.
- 淸致(청치) : 깨끗한 운치(韻致).
- 圍碁局戲(위기국희) : 바둑이나 장기를 둠. 기(碁)는 바둑 기(棋), 바둑 기(棊)와 통용된다.
- 只資(지자) : 다만 그것만으로 일삼는다. 資(자) : 돕는다. 가져온다.
- 歆羨(흠선) : 부러워 함.
- 厭薄(염박) : 미워하며 냉대함.
- 嗜慾(기욕) : 기호(嗜好)하고자 하는 욕심. 즐기고 좋아하는 욕심.
- 斷制(단제) : 끊고 누름.
- 貨利(화리) : 재화(재물)와 이익.
- 聲色(성색) : 음악(아름다운 소리)과 여색(女色).
- 蔗(자) : 사탕수수. 사탕.
- 槩(개) : 대개. 대개 개(槪)로 쓴 판본도 있음. 대개여사(大槪如斯)는 대강 이와 같음. 여사(如斯)는 여차(如此), 여시(如是) 등과 같음.
- 悉擧(실거) : 모두 열거함.
- 篤實(독실) : 인정있고 성실하다. 열성있고 진실하다. 믿음이 깊고 진실되다.
- 朝悔其行, 暮已復然(조회기행, 모이부연) : 아침에 그 행동을 뉘우쳤다가

저녁이 되면 또 다시 그렇게 하게 된다는 것.

- 必須(필수) : 반드시 모름지기 ~해야 함.
- 根株(근주) : 뿌리.
- 淨洗心地(정세심지) : 마음을 깨끗이 씻음. 심지(心地)는 마음. 마음의 본바탕.
- 毫髮餘脈(호발여맥) : 터럭과 남은 줄기.
- 舊染之汚(구염지오) : 예전의 나쁜 풍습의 더러움.

餘說 이 문단은 자기 마음을 해롭히는 여덟 가지의 요소가 있어 구습을 개혁하는데 지장이 있다고 열거하고, 이 여덟 가지 구습을 고치는 데는 예리한 칼로 뿌리를 송두리째 잘라 버리어 마음속에 터럭만큼도 남은 줄기가 없게 하라고 말하고 있다.

**봉산서재**

강원도 평창군 봉평면에 있는 율곡 이이의 부친 이원수공이 수운판관으로 벼슬을 하던 때(1530) 이 고장 판관대에서 사임당 신씨와의 사이에 율곡을 잉태하였는데, 이 사실을 후세에 기리고 전하기 위하여 1906년에 세운 사당이다.

# 持身章 第三

[지신장 제삼]

## 배우는 자의 자세

● 解字

吾甥洪錫胤將歸覲母氏謂余曰非不欲
學志不竪立悠悠度日顧得警語貼于座
右朝夕省覽以起懶怠余曰玉不琢不成
器人不學不知道無以爲人士而
不學者是皆不惺爲禽獸者也旣不惺爲
禽獸則座有警語顧何益哉錫胤再請曰
元不欲學者無所用警語笑欲學而未能
者則遇戒而發矣余曰然人之有病二一
則血氣之病一則志氣之病血氣之病問
醫求藥治之以外物志氣之病自悟自修
治之以內心治以外者權在人者人多以
權在我在人者人多以誠求治而在我者
則畧不加功亦恠矣誠欲自修則知
懶爲病則治以勤篤知欲爲病則治以循
理知檢束不嚴爲病則治以
散亂爲病則治以主一病雖在已藥不外
求無不可治者矣余何憂學之不成乎錫胤
曰願聞持身要語余曰入則孝出則悌讀
書以資窮理行善以求復性靜則敬直乎
中動則義方於外策之以勇猛持之以悠
久如斯而已遂書以贈萬曆壬午仲秋晦
前二日栗谷書

# 持身章 第三 凡十三文段

▪이 장은 몸가짐에 관한 글로, 격몽요결의 제3장이며, 대개 13문단으로 되어 있다.

# 1

학문을 하는 사람은 반드시 성실한 마음으로 도를 향하여 나아가야 하고, 세상의 속된 여러 가지 일로써 그 학문하는 뜻을 어지럽게 해서는 안 된다. 어지럽히지 않은 연후에 학문을 하는 터전이 잡힌다. 그러므로 공자께서 말씀하시기를, 「충성과 신의를 주로 해야 한다」 하셨고, 주자는 이 말을 해석하여 말하기를, 「사람이 충성과 신의롭지 못하면 하는 일이 모두 진실함이 없어서 나쁜 짓은 쉽게 하고 착한 일을 실천하기는 어려워한다. 그러니 반드시 이 충신(忠信)으로써 주를 삼아야 한다」 했다. 반드시 충신으로써 주를 삼고 용감히 공부를 한 연후에야 능히 성취할 바가 있을 것이라는 것이다. 황면재(黃勉齋)라는 사람의 이른바 진실하고

성실한 마음을 가지고(眞實心地) 애써 공부하라(刻苦工夫)는
두 마디의 말씀이 그 모든 뜻을 다 내포하였다고 할 것이다.

學者 必誠心向道 不以世俗雜事 亂其志 然後
爲學 有基址 故 夫子曰 主忠信 朱子 釋之曰
人不忠信 事皆無實 爲惡則易 爲善則難 故
必以是爲主焉 必以忠信 爲主 而勇下工夫然
後 能有所成就 黃勉齋 所謂 眞實心地 刻苦
工夫 兩言 盡之矣

讀法 學者ㅣ 必誠心向道요 不以世俗雜事로 亂其
志ㄴ 然後에 爲學이 有基址라 故로 夫子ㅣ 曰,「主忠信」이
라」 하시어늘 朱子ㅣ 釋之曰,「人不忠信이면 事ㅣ 皆無
實하여 爲惡則易하고 爲善則難이라 故로 必以是爲主
焉이라」하니 必以忠信으로 爲主, 而勇下工夫, 然後에 能
有所成就라 黃勉齋ㅣ 所謂, 眞實心地하고 刻苦工夫,
라 함은 兩言이 盡之矣로다

直譯 배우는 사람은 반드시 성실한 마음으로 도를 향하고 세상의 속
된 여러 가지 일로써 그 뜻을 어지럽히지 말아야 하며, 그러한 연후에

학문을 하는 기초가 있어지게 된다. 그러므로 공자께서 말씀하시기를, 「충성과 신의를 주로 한다」 하셨으니, 주자께서 이를 풀어 말하기를, 「사람이 충성과 신의가 없다면 일이 다 진실이 없어서 악이라면 쉽게 하고 선이라면 어렵게 한다. 그러므로 반드시 이것으로써 주됨을 삼는다」 하니, 반드시 충의와 신의로써 주로 삼고서 용감히 공부를 한 다음에야 능히 성취할 바가 있을 것이다. 황면재(黃勉齋)가 이른바 진실하고 성실한 마음을 가지고 애써 공부하라는 것의 두 마디의 말이 그 뜻을 다하였다고 할 것이다.

語義 　•向道(향도) : 도심을 향함. 사람이 마땅히 행하여야 할 길로 향함.
• 世俗雜事(세속잡사) : 세상의 속된 사람의 잡일. 부귀영달이나 감각적인 욕망과 같은 세속적인 일들 혹은 그 가치관.
• 基址(기지) : 터전.
• 夫子(부자) : 스승의 존칭. 여기서는 공자의 존칭.
• 主(주) : 주로 함.
• 忠信(충신) : 성실하고 신의가 있음. 충성과 신의.
• 朱子(주자) : 주희(朱熹)의 경칭. 남송(南宋)의 대유학자(大儒學者). 휘주(徽州) 무원(婺源) 사람. 자는 원회(元晦) 또는 중회(仲晦), 호는 회암(晦庵)·회옹(晦翁)·고정(考亭) 등임. 경학(經學)에 정통하여 송학(宋學)을 대성하였는데 그 학을 주자학(朱子學)이라 일컬으며, 우리나라 조선시대의 유학에 큰 영향을 미쳤음. 저서로는 《시집전(詩集傳)》·《대학중용장구혹문(大學中庸章句或問)》·《논어맹자집주(論語孟子集註)》·《근사록(近思錄)》·《통감강목(通鑑綱目)》 등이 있음.
• 必以是爲主焉(필이시위주언) : 반드시 이것으로써 으뜸을 삼는다.
• 下(하) : 착수함. 손을 댐.
• 能有所成就(능유소성취) : 능히 성취할 바가 있음.
• 黃勉齋(황면재) : 송(宋)나라 학자 황간(黃榦 : 1152~1221). 자는 직경(直卿), 호가 면재(勉齋)다. 시호는 문숙(文肅). 주자의 제자. 저서에 《경해

(經解)》·《면재문집(勉齋文集)》이 있다.

• 心地(심지) : 마음. 마음의 본바탕.

• 刻苦(각고) : 대단히 애를 씀.

餘說　학문에는 반드시 충성(忠誠)과 신의(信義)를 위주로 해야 한다
는 것을 강조하고 있다. 공자의 말이나 주자의 풀이도 또는 황면재
의 두 마디의 말도 충신(忠信)의 부연이다.

논어 율곡언해

율곡전서

# 2

항상 일찍 일어나고 밤늦게 자야 하며, 의관을 반드시 단정히 하고 용모와 얼굴빛을 반드시 엄숙하게 하고, 두 손을 모으고 바르게 앉아야 하고, 걸음걸이는 조용하고 점잖아야 하고, 언어는 삼가고 무거워서 한 번 움직이고 한 번 쉬는 것이라도 언제나 경솔하거나 소홀히 해서는 아니되며, 조금이라도 아무렇게나 지나쳐 버려서는 안 된다. 몸과 마음가짐에 구용(九容:아홉 가지 몸가짐의 태도)보다 간절한 것은 없고, 학문을 진보시키고 지혜를 더하는 데는 구사(九思:아홉 가지 생각)보다 더 중요한 것은 없다. 이른바 구용(九容)이라는 것은 발의 모양은 무겁게 가져야 함과, 손의 모양은 공손하게 가져야 함과, 눈의 모양은 단정하게 가져야 함과, 입의 모양은 신중하게 가져야 함과, 소리의 모양은 조용하게 가져야 함과, 머리의 모양은 똑바르게 가져야 함과, 숨쉬는 모양은 정숙하게 가져야 함과, 서 있는 모양은 의젓하게 가져야 함과, 얼굴빛의 모양은 장엄하게 가져야 함이고, 이른바 구사라는 것은, 볼 적에는 분명하게 볼 것을 생각하고, 들을 적에는 분명히 들을 것을 생각하고, 얼굴빛은 온화하게 할 것을 생각하고, 용모는 공손하게 갖는 것을 생각하고, 말할 적에는 성실한 것을 생각하고, 어떤 일을 할 적에는 정성을 다할 것을 생각하고, 의심스러울 적에는 물을 것을 생각하고, 마음이 분할 적에는 닥쳐올 걱정거리를 생각하고, 이득을 볼 적에는 의로움을 생각해야 한다는 것이다. 항상 구용과 구사를 마음에 두고 그 몸가짐을 살펴야 하며, 잠깐 동안이라도 몸가짐과 마음가짐을 함부로 하지 말아야 한다. 또 이것을 앉는 자리의 구석에 써 붙이고서 때때로 눈여겨 볼 것이다.

※ 구사(九思)와 구용(九容) 小字 한글 번역은 語義 에 전부 자세히 있음.

常須夙興夜寐 衣冠必正 容色必肅 拱手危坐 行步安詳 言語愼重 一動一靜 不可輕忽 苟且放過 收斂身心 莫切於九容 進學益智 莫切於九思 所謂九容者 足容重 不輕擧也 若趨于尊長之前則 不可拘此 手容恭 手無事 則當端拱 不可弄手撫物 目容端 定其眼睫 視瞻當正 不可流眄邪睇 口容止 非言語飮 食之時 則口常不動 聲容靜 當整攝形氣 不可出噦咳等雜聲 頭容直 當正頭直身 不可傾回偏倚 氣容肅 當調和鼻息 不可使有聲氣 立容德 中立不倚 儼然有德之氣像 色容莊 顏色整齊 無怠慢之氣 所謂九思者 視思明 視無所蔽 則明無不見 聽思聰 聽無所壅 則聽無不聞 色思溫 容色和舒 無忿厲之氣 貌思恭 一身儀形 無不端莊 言思忠 一言之發 無不忠信 事思敬 一事之作 無不敬愼 疑思問 有疑于心 必就先覺審問 不知不措 忿思難 有忿必懲 以理自勝 見得思義 臨財必明義利之辨 合義然後取之 常以九容九思 存於心而檢其身 不可頃刻放捨 且書諸座隅 時時寓目

讀法 常須夙興夜寐,하고 衣冠必正,하고 容色必肅,하고 拱手危坐,하고 行步安詳,하고 言語愼重,하여 一動一靜,을 不可輕忽,하여 苟且放過.니라 收斂身心,엔 莫切於九容,이오 進學益智,엔 莫切於九思,니 所謂九容者,는 足容重, 과 手容恭,과 目容端,과 口容止,와 聲容靜,과 頭容直,과 氣容肅,과 立容德,과 色容莊.이오 所謂九思者,는 視思明,과 聽思聰,과 色思溫,과 貌思恭,과 言思忠,과 事思敬,과 疑思問,과 忿思難,과 見得思義.니 常以九容九思,로 存於心而檢其身,하여 不可頃刻放捨.요且書諸座隅,하여 時時寓目.이니라

直譯 항상 모름지기 일찍 일어나고 늦게 자야 하고, 의관을 반드시 바르게 하고, 얼굴빛을 반드시 엄숙하게 하고, 손을 끼고 바르게 앉아야 하고, 걸음걸이를 조용히 하며 조촐하게 해야 하고, 말을 조심하고 삼가서 일동 일정을 가볍고 소홀히 하여 구차스럽게 지나쳐 버릴 수는 없다. 몸과 마음가짐에는 구용(九容)보다 절실한 것이 없고, 학문을 발달시키고 지혜를 더하는 데는 구사(九思)보다 절실한 것이 없나니, 이른바 구용이라는 것은 발을 무겁게 가지는 것과, 손을 공손히 갖는 것과, 눈을 단정히 뜨는 것과, 입을 신중히 다무는 것과, 소리를 조용히 내는 것과, 머리를 똑바로 갖는 것과, 숨소리를 맑게 갖는 것과, 서 있는 모습을 의젓하게 갖는 것과, 얼굴빛을 장엄하게 갖는 것이오. 이른바 구사라는 것은 볼 때는 밝게 보는 것을 생각하는 것과, 들을 때는 똑똑하게 듣는 것을 생각하는 것과, 얼굴빛을 온화하게 갖는 것을 생

각하는 것과, 용모는 공손하게 갖는 것을 생각하는 것과, 말은 참되기를 생각하는 것과, 일은 공경스럽게 하는 것을 생각하는 것과, 의심스러운 것은 묻기를 생각하는 것과, 분할 때는 곤란할 때를 생각하는 것과, 재물이 생기게 되면 꼭 의로운가의 여부를 밝히고 의리에 합당한 것을 안 연후에 받을 것이니, 항상 구용과 구사로써 마음가짐을 갖고 그 몸가짐을 살펴서 잠깐 동안이라도 함부로 할 수 없을 것이오. 또 이 것을 앉는 자리의 모퉁이에 써 붙여 두고서 때때로 눈여겨 볼 것이다.

語義 • 常須(상수) : 항상 모름지기 ~해야 함.

• 夙興夜寐(숙흥야매) : 새벽에 일어나고 밤에는 늦게 잔다는 뜻으로, 부지런히 일을 하거나 학문을 닦음을 이름.

• 衣冠(의관) : 옷과 갓. 전하여 예모(禮貌).

• 容色(용색) : 용모와 안색(顔色).

• 必肅(필숙) : 반드시 엄숙히 함.

• 拱手(공수) : 공경하는 뜻에서 두 손을 마주잡음.

• 危坐(위좌) : 무릎 꿇고 똑바로 앉음. 무릎 꿇고 단정히 앉음. 궤좌(跪坐). 정좌(正坐).

• 行步(행보) : 걸음걸이. 보행.

• 安詳(안상) : 성질이 찬찬하고 자상함. 침착하고 조용함. 거동이 점잖음. 「편안하고 차분하게.

• 一動一靜(일동일정) : 때로는 움직이고 때로는 정지함. 활동하기도 하고 정지하기도 함.

• 輕忽(경홀) : 경박하고 소홀함. 소홀히 함. 등한시 함.

• 苟且(구차) : 일시를 미봉함. 등한이 함. 살림이 매우 가난함. 궁색스럽고 구구함. 말이나 행동이 떳떳하거나 버젓하지 못함.

• 放過(방과) : 지나쳐 버림.

• 收斂身心(수렴신심) : 몸과 마음가짐. 수렴(收斂)은 가다듬는 것.

• 莫切於九容(막절어구용) : 아홉 가지 태도보다 더 중요한 것은 없다.

• 進學益智(진학익지) : 학문을 깊게 하고 지혜를 더하는 것.

• 足容重(족용중) : 발의 모양은 무겁게 움직여야 함. 할주에는 「不輕擧也, 若趨于尊, 長之前則, 不可拘此(불경거야 약추우존 장지전즉 불가구차)」 즉 경솔히 거동하지 않는다. 만일 어른의 앞에서 빨리 걸을 때는 이 조목에 구애받지 않는다. 추(趨)는 빨리 걷는다는 뜻. 우(于)는 어조사 어(於)와 같이 씀. ~에, ~에서.

- 手容恭(수용공) : 손의 모양은 공손해야 함. 할주의 「手無事, 則當端拱, 不可弄手撫物(수무사 즉당단공 불가롱수무물)」이 「手無慢弛, 無事, 則當端拱, 不妄動(수무만이 무사 즉당단공 불망동)」으로 되어 있는 책도 있으나, 이 책은 율곡(栗谷)의 초본(草本)에 따랐음. 즉 아무 할 일이 없으면 마땅히 단정히 손을 맞잡을 것이며, 손을 놀리거나 물건을 어루만져서는 안 된다. 전집목판본(全集木版本) 「손을 게을리하지 않는다. 아무 할 일이 없을 때는 마땅히 손을 한데 모으고 쓸데없이 움직이지 말라.」

- 目容端(목용단) : 눈의 모양은 단정해야 함. 할주에는 「定其眼睫, 視瞻當正, 不可流眄邪睨(정기안첩 시첨당정 불가유면사제)」 즉 눈매를 안정시켜서 똑바로 쳐다보고, 흘겨보거나 곁눈질하지 말아야 한다.

- 口容止(구용지) : 입의 모양은 신중하게 가짐. 할주에는 「非言語飲食之時, 則口常不動(비언어음식지시 즉구상부동)」 즉 말을 할 때나 음식을 먹을 때가 아니면 항상 입을 움직이지 말아야 함.

- 聲容靜(성용정) : 목소리는 조용하게 해야 함. 할주에는 「當整攝形氣, 不可出噦咳等雜聲(당정섭형기 불가출얼해등잡성)」 즉 목소리는 마땅히 형상과 기운을 바르게 가지고 조용히 내되, 딸꾹질이나 기침 등의 잡된 소리를 내서는 안 된다.

- 頭容直(두용직) : 머리 모양은 똑바로 가져야 함. 할주에는 「當正頭直身, 不可傾回偏倚(당정두직신 불가경회편의)」 즉 마땅히 머리를 똑바로 들고 몸을 꼿꼿이 하며, 이리저리 돌리거나 한편으로 기우뚱하게 기울이지 말아야 함.

- 氣容肅(기용숙) : 숨소리의 모양을 정숙히 가져야 함. 할주에는 「當調和鼻息, 不可使有聲氣(당조화비식 불가사유성기)」 즉 마땅히 콧숨으로 고르게 하고, 거센 소리가 있어서는 안 됨.

- 立容德(입용덕) : 서 있는 모양은 의젓하여야 함. 할주에는 「中立不倚, 儼然有德之氣像(중립불의 엄연유덕지기상)」 즉 중심을 세워 기대지 말며, 엄연히 덕(德)이 있는 기상을 가져야 함.

- 色容莊(색용장) : 얼굴의 모양은 장엄하게 가져야 함. 할주에는 「顏色整齊, 無怠慢之氣(안색정제 무태만지기)」 즉 얼굴빛이 정돈되고 가지런하여 게으르거나 거만한 기색이 없도록 해야 함.

- 視思明(시사명) : 볼 때는 밝게 보는 것을 생각함. 할주에는 「視無所蔽, 則明無不見(시무소폐 즉명무불견)」 즉 사물을 볼 때 편견이나 욕심으로 가리는 것이 없으면 환해서 보이지 않는 것이 없음.

- 聽思聰(청사총) : 들을 때에는 똑똑히 들을 것을 생각함. 할주에는 「听無

所雍, 則聰無不問(은무소옹 즉총무불문)」 책에 따라서는 「聽無所雍, 則聰
無不聞(청무소옹 즉총무불문)」으로 되어 있는데, 이 책은 나중 문장인 전
집본(全集本)에 따르기로 했다. 소리를 들어서 막히는 바가 없도록 밝게
들어서 듣지 못하는 것이 없어야 함.

- 色思溫(색사온) : 얼굴빛은 온화하게 갖기를 생각함. 할주에는 「容色和舒, 無
  忿厲之氣(용색화서 무분려지기)」 즉 얼굴빛은 온화하고 부드럽게 가져 화를
  내거나 사나운(거친) 기색이 없어야 함.
- 貌思恭(모사공) : 용모는 공손하게 할 것을 생각함. 할주에는 「一身儀形,
  無不端莊(일신의형 무불단장)」 즉 자신의 몸가짐은 단정하고 씩씩해야 함.
- 言思忠(언사충) : 말은 성실하게 할 것을 생각해야 함. 할주에는 「一言之
  發, 無不忠信(일언지발 무불충신)」 즉 한 마디의 말을 하더라도 성실하고
  신의로워야 함.
- 事思敬(사사경) : 일에 처해서는 공경함을 생각해야 함. 할주에는 「一事之
  作, 無不敬愼(일사지작 무불경신)」 즉 하나의 일을 하더라도 공경하고 신
  중해야 한다.
- 疑思問(의사문) : 의심스러운 것은 물을 것을 생각함. 할주에는 「有疑于
  心, 必就先覺審問, 不知不措(유의우심 필취선각심문 부지부조)」 즉 자기
  마음에 의심이 있으면 반드시 먼저 깨우친 자에게 나아가 자세히 물어서
  모르는 상태로 두지 않는다.
- 忿思難(분사난) : 분할 적에는 곤란할 때를 생각함. 할주에는 「有忿必懲, 以理自
  勝(유분필징 이리자승)」 즉 분함이 있을 적에는 반드시 자신을 징계하여 이성으
  로써 자신을 이겨내야 한다.
- 見得思義(견득사의) : 이득을 보거든 의로운 것인가 아닌가를 생각해야
  함. 할주에는 「臨財必明義利之辨, 合義然後取之(임재필명의리지변 합의
  연후취지)」 즉 재물이 생기게 되면 반드시 의(義)와 이(利)의 구분을 밝
  혀, 의(도리)에 합당한 것을 안 연후에 갖는다.
- 頃刻(경각) : 잠시. 잠깐 동안.
- 放捨(방사) : 놓는다.
- 座隅(좌우) : 앉는 자리의 한 구석.
- 寓目(우목) : 눈여겨 봄.

餘說 이 문단은 구사(九思)나 구용(九容)을 일일이 열거하고, 터럭
끝만큼이라도 일시의 미봉이나 지나쳐 버려서는 안 된다고 하였다.

# 3

예의에 어긋나는 것은 보지 말고, 예의에 어긋나는 것은 듣지 말고, 예의에 어긋나는 것은 말하지 말고, 예의에 어긋나는 것은 행동하지 말라. 이 네 가지 것은 몸을 닦는 데 가장 요긴한 것이다. 예의와 예의에 어긋나는 것을 처음 공부하는 이는 분별하기 어려우니, 반드시 사물의 이치를 깊이 연구하여 밝혀서 다만, 이미 자기가 아는 데까지만이라도 힘써 행한다면 생각한 바가 이미 반을 넘었다 할 것이다.

非禮勿視 非禮勿聽 非禮勿言 非禮勿動 四者
修身之要也 禮與非禮 初學 難辯 必須窮理而
明之 但於已知處 力行之 則思過半矣

[讀法] 非√禮 勿√視,하며 非√禮 勿√聽,하며 非√禮 勿√言,하며 非√禮
勿√動.이니 四 者,는 修√身 之 要 也.니라 禮 與 非√禮,를 初 學이
難√辯.이니 必 須 窮√理 而 明√之,하여 但 於 已 知 處,에 力 行√之,
則 思 過√半 矣.리라

[直譯] 예의가 아니거든 보지 말며, 예의가 아니거든 듣지 말며, 예의가 아니거든 말하지 말며, 예의가 아니거든 움직이지 말 것이니, 네 가

지의 것은 몸을 닦는 요점이다. 예의와 예의가 아닌 것을 처음 배우는
이는 분별하기 어려우니, 반드시 모름지기 이치를 궁구하여 이것을
밝혀서 다만, 이미 아는 데에 있어서 힘써 이것을 행하면 생각함이 반
을 넘었다 할 것이다.

語義　•非禮勿視(비례물시) : 예의에 어긋나는 것은 보지 말라.
•非禮勿動(비례물동) : 예의에 어긋나는 것은 행동하지 말라.
•初學難辯(초학난변) : 처음 공부하는 사람은 예의에 맞는 것인지 예의에
　어긋나는 것인지 분별하기 어려움.
•必須窮理而明之(필수궁리이명지) : 반드시 사물의 이치를 궁리(연구)하여
　밝힘. 궁리(窮理) : ① 사물의 이치를 연구함. ② 정주학(程朱學)에서 사물
　의 도리·원칙을 연구하여 일관(一貫)된 이치를 찾는 것.
•但於已知處(단어이지처) : 다만 이미 아는 데까지만.
•思過半(사과반) : 생각한 것에 반은 넘는다.

餘說　예의에 어긋나는 것은 보지도 듣지도 말하지도 행동하지도
말라는 것이며, 이것이 수신의 요점이니, 반드시 사물의 이치를 깊
이 궁구하여 무엇이 예의이며 무엇이 예의에 어긋나는 것인가를 밝
혀 행하라는 것이다.

# 4

학문을 한다는 것은 일상 생활하고 일을 하는 가운데에 있는 것이다. 만일 평상시에 있어서 생활함을 공손히 하고, 하는 일을 집행하기를 공경히 하고, 남과 더불어 성실하면 이것을 곧 학문한다고 이름할 수 있다. 책을 읽는 것은 이 이치를 밝히고자 하려는 것일 뿐이다.

> 爲學 在於日用行事之間 若於平居 居處恭
> 執事敬 與人忠 則是名爲學 讀書者 欲明此
> 理而已

[讀法] 爲√學,이 在 於 日 用 行√事 之 間,이니 若 於 平 居,에 居 處 恭,하고 執 事 敬,하고 與 人 忠,이면 則 是 名 爲√學.이니 讀√書 者,는 欲√明 此 理 而 已.니라

[直譯] 학문을 함이 일상 생활하고 일을 하는 사이에 있는 것이니, 만약 평상시에 있어 거처함을 공손히 하고, 하는 일을 공경히 하고, 남과 더불어 성실하면, 이것을 곧 이름하여 학문한다고 할 것이니, 책을 읽는 것은 이 이치를 밝히고자 하는 것일 뿐이다.

[語義] • 平居(평거) : 평상시(平常時). 또 평생(平生).

• 居處(거처) : ① 집에 있음. ② 있는 곳. 거소(居所).
• 執事(집사) : ① 사무를 봄. 또 그 사람. ② 귀인(貴人)을 모시고 그 집안 살림을 맡은 사람.

餘說 공(恭)·경(敬)·충(忠)에 대한 것이 곧 학문하는 것임을 일깨 워주는 글이다.

신항서원
청주에 있는 이이의 위패를 모신 서원.
이이는 한때 청주 목사를 지내기도 했다.

# 5

의복은 화려하고 사치스러운 것을 위주로 해서는 안 된다. 추위를 막을 만하면 되고, 음식은 맛만을 위주로 해서는 안 되고 굶주림을 면할 만하면 된다. 거처하는 곳은 편안하고 태평함을 위주로 해서는 안 되고 다만 병이 나지 않을 만하면 된다. 오직 학문하는 공력과 마음의 올바름과 예의에 맞아 위엄 있는 거동의 예법을 지키기를 날마다 힘쓰고 힘쓰되 스스로 만족하는 생각을 가지지 말아야 할 것이다. 자신의 사사로운 욕심을 누르고 자기 자신을 이기(克己)는 공부가 가장 일상 생활에 요긴한 것이다. 이른바 자기(自己)라는 것은 내 마음에 좋아하는 것이 하늘의 이치에 맞지 않는 것을 말한다. 반드시 내 마음을 점검하여 살피되 여자를 좋아하는가, 이(利)익을 좋아하는가, 명예를 좋아하는가, 벼슬하는 것을 좋아하는가, 몸이 편안하고 한가함을 좋아하는가, 잔치를 베풀고 즐김을 좋아하는가, 진귀한 보배를 좋아하는가 하여 모든 온갖 좋아하는 것이 만일 이치에 맞지 않으면 모두 단호히 끊어 버려 그 싹과 뿌리를 남겨 놓지 않아야 한다. 그러한 연후에야 내 마음의 좋아하는 것이 비로소 올바른 의리에 놓이게 되므로 그대로 내버려 두어도 내 몸을 저절로 이기게 될 것이다.

衣服 不可華侈 禦寒而已 飲食 不可甘美 救
飢而已 居處 不可安泰 不病而已 惟是 學問
之功 心術之正 威儀之則 則日勉 勉而不可自
足也 克己工夫 最切於日用 所謂己者 吾心所
好不合天理之謂也 必須檢察吾心 好色乎 好
利乎 好名譽乎 好仕宦乎 好安逸乎 好宴樂乎
好珍玩乎 凡百所好 若不合理 則一切痛斷 不
留苗脈然後 吾心所好 始在於義理 而無己可
克矣

讀法 衣服은 不可華侈니 禦寒而已요 飲食은 不可甘
美니 救飢而已요 居處는 不可安泰니 不病而已라 惟
是, 學問之功과 心術之正과 威儀之則, 則日勉, 勉而
不可自足也니라 克己工夫ㅣ 最切於日用이니 所謂
己者는 吾心所好ㅣ 不合天理之謂也라 必須檢察吾
心하되 好色乎아 好利乎아 好名譽乎아 好仕宦乎아
好安逸乎아 好宴樂乎아 好珍玩乎아 하여 凡百所好,
ㅣ 若不合理, 則一切痛斷하여 不留苗脈, 然後에야 吾心
所好, ㅣ 始在於義理하여 而無己可克矣리라

[直譯] 의복은 화려하거나 사치한 것은 옳지 않나니 추위를 막는 것뿐
이고, 음식은 맛난 것은 옳지 않나니 굶주림을 돕는 것뿐이고, 거처는
편안한 것은 옳지 않나니 병들지 않는 것뿐이다. 오직 곧 학문의 공과
마음씨를 바르게 함과 엄숙한 의식을 지키기를 날로 힘써야 하고, 힘쓰
되 스스로 만족해 할 수 없다. 스스로 자기를 이기는 공부가 가장 일상
생활에 요긴한 것이니,  이른바 자기라는 것은 내 마음에 좋아하는 것
이 하늘의 이치에 합당치 않는 것을 말한다. 반드시 모름지기 내 마음
을 잘 살펴보되 여자를 좋아하는가, 이익을 좋아하는가, 명예를 좋아하
는가, 벼슬하기를 좋아하는가, 편안하게 지내기를 좋아하는가, 잔치를
베풀고 즐기기를 좋아하는가, 진귀한 보배를 좋아하는가 하여 무릇 여
러 가지 좋아하는 바가 만일 이치에 맞지 않는다면, 모두 단호히 끊어
버려 싹과 뿌리를 남겨 놓지 않은 그런 다음에야 내 마음의 좋아하는
것이 비로소 올바른 의리에 놓이게 되므로 자기를 이겨야 할만한 사욕
이 없게 되는 것이다.

[語義]  • 華侈(화치) : 화려하고 사치스러움.
• 禦寒(어한) : 추위를 막음.
• 甘美(감미) : 맛이 있음.
• 救飢(구기) : 굶주림을 구원해 줌.
• 居處(거처) : 있는 곳. 거소(居所).
• 安泰(안태) : 편안하고 태평함. 안강(安康). 안녕(安寧). 아무 탈도 없음.
  태평무사(太平無事).
• 心術(심술) : 마음씨.
• 威儀(위의) : ① 예의에 맞아 위엄 있는 거동. ② 예의 세칙. ③ 의식.
• 克己(극기) : 자기의 사욕을 이성으로 눌러 이김.
• 檢察(검찰) : 여기서는 점검하여 살핌.
• 仕宦(사환) : 벼슬을 함.

- 安逸(안일) : 몸이 편하고 한가함.
- 宴樂(연락) : 잔치를 베풀고 즐김.
- 珍玩(진완) : 진귀한 완구(玩具). 진귀한 노리개(보배). 노리개는 패물(佩物)로 사람의 몸에 차는 장식품의 총칭.
- 痛斷(통단) : 단호히 끊어 버림.
- 苗脈(묘맥) : ① 묘예(苗裔). ② 지중(地中)의 광맥(鑛脈). ③ 싹과 뿌리. 일의 실마리. 어떠한 일의 내비침.

餘說 의식주(衣食住)는 인간에 있어 절대로 필요한 것임에는 틀림없다. 그렇다고 해서 본래의 분수를 넘어서 호의(好衣)하고 호식(好食)하며 안택(安宅)함을 추구할 게 아니라, 학문에 힘쓰고 마음씨를 바르게 가지며 엄격한 몸가짐으로 극기(克己), 공부(工夫)하되 자신의 결점을 알아내어 불합리(不合理)한 것을 통단(痛斷)하라는 것이다.

이이(李珥) 선생의 묘

# 6

　말이 많고 쓸데 없는 생각이 많은 것이 마음을 수양하는데 가장 해롭다. 일이 없으면 마땅히 조용히 앉아서 마음을 가라앉히고, 사람을 대할 때는 마땅히 말을 가려서 간결하고 신중하게 하라. 때에 맞추어 말을 하면 말이 간략하지 않을 수 없다. 말이 간결하다는 것은 도(道)에 가까운 것이다.

　「선왕의 법도에 맞는 옷이 아니면 감히 입지 아니하고, 선왕의 법도에 맞는 말이 아니면 감히 말하지 않고, 선왕이 마련한 덕행이 아니면 감히 실행하지 않는다.〈이상은 효경(孝經)에 있는 말이다.〉」 이것은 마땅히 죽을 때까지 잘 지켜 잠시도 잊지 않을 일이다.

多言多慮 最害心術 無事 則當靜坐存心 接人
則當擇言簡重 時然後 言 則言不得不簡 言簡
者 近道 非先王之法服 不敢服 非先王之法言
不敢道 非先王之德行 不敢行 此當終身服膺
者也

[讀法] 多言多慮, 丨 最害心術.이니 無事,면 則當靜坐存心,하고 接人, 則當擇言簡重,하여 時然後,에 言, 則言不得不簡.이니 言簡者,는 近道.니라 非先王之法服,이면 不

敢服.이오 非先王之法言,이면 不敢道.요 非先王之德
行,이면 不敢行.이니 此.는 當終身服膺者也.니라

[直譯] 말이 많으며 생각이 많은 것이 가장 마음씨에 해로운 것이니,
일이 없으면 마땅히 정숙히 앉아서 마음을 잡고, 사람을 접하면 마땅
히 말을 가려서 간단하고 신중하게 하여, 때에 그렇게 한 후에 말을 하
면 말이 간단하지 않을 수 없고, 말이 간단한 것은 도리에 가깝다. 선
왕이 마련한 옷이 아니면 감히 입지 아니하고, 선왕이 마련한 말이 아
니면 감히 말하지 아니할 것이고, 선왕의 덕행이 아니면 감히 행하지
않을 것이니, 이것은 마땅히 몸을 마칠 때까지 명심할 일이다.

[語義] • 心術(심술) : 마음가짐. 마음을 수양하는 공부.
• 簡重(간중) : 간단(간결)하고 신중함.
• 不得不簡(부득불간) : 간단하지 않을 수 없다.
• 先王(선왕) : 선대(先代)의 군왕(君王). 역대 훌륭한 임금. 옛날의 성왕(聖
   王), 선군(先君).
• 法服(법복) : 제정된 정식의 의복. 제복(制服). 법도에 맞는 의복.
• 服膺(복응) : 잘 지켜 잠시도 잊지 아니함. 답습해서 적응해 나감. 교훈 등
   을 마음에 간직하여 잊지 않음.

[餘說] 쓸데없이 말을 많이 한다거나 생각이 많은 것이 마음씨를 해
치는 가장 좋지 못한 것이니, 일이 없거든 정숙히 앉아 조심(操心)해
야 한다. 말이란 꼭 할 말만 하게 되면 말이 간결하게 되고 도에 가
깝게 된다. 한 마디 하나의 행동마다 모두 법을 따라 선왕의 도를
따른다면, 이치에 맞지 않고 의리에 순종치 않는 것이 없을 것이라
는 게 이 문단의 주지(主旨)이다.

# 7

　학문을 하는 사람은 한결같이 도를 향해서만 나아가야 할
것이요, 바깥 사물이 이 틈을 타서 들어오지 못하게 해야 한
다. 바깥의 사물이 바르지 못한 것이라면 마땅히 일체 마음
에 두지 말아야 한다. 동네 사람들이 모인 곳에서 만일 장기
나 바둑 저포 같은 노름판을 벌이고 있으면 마땅히 눈여겨
보지 말고 뒷걸음질쳐서 물러가며, 만일 기생들이 노래하고
춤추는 것을 만나거든 반드시 피해가야 하며, 만일 시골에서
큰 모임을 연 자리에서 혹 웃어른이 굳이 만류하여 피해 물
러날 수 없거든 비록 그 자리에 있을지라도 용모를 단정히
하고 마음을 맑게 가져서 간사한 소리나 음란한 기색으로 해
서 내 마음에 침범하는 바가 있어서는 안 되고, 잔치를 만나
술을 마시되 빠지게 취하도록 마시지 말고 얼큰할 정도면 그
만 마시는 게 옳다. 모든 음식은 정도에 알맞게 먹어야 하고
자기 뜻대로 입에 맞는다고 해서 자기 기운을 해칠 정도로
먹어서는 안 된다(과식하지 말라는 말이다). 말과 웃음은 마
땅히 간결하고 신중해야 한다. 시끄럽게 떠듦으로써 그 절도
를 벗어나서는 안 되고, 행동거지는 마땅히 안정되고 세심해
야 하며 거칠거나 경솔하게 하여 그 몸가짐을 흐트러서는 안
된다.

爲學者　一味向道　不可爲外物所勝　外物之不

正者 當一切不留於心 鄕人會處 若設博奕樗
蒲等戲 則當不寓目 逡巡引退 若遇娼妓 作歌
舞 則必須避去 如値鄕中大會 或尊長 强留
不能避退 則雖在座 而整容淸心 不可使奸聲
亂色 有干於我 當宴飮酒 不可沈醉 浹洽而止
可也 凡飮食 當適中 不可快意 有傷乎氣 言
笑 當簡重 不可喧譁 以過其節 動止 當安詳
不可粗率 以失其儀

讀法 爲學者ㅣ 一味向道요 不可爲外物所勝이니 外
物之不正者를 當一切不留於心할지니라 鄕人會處에
若設博奕·樗蒲等戲 則當不寓目하고 逡巡引退하며
若遇娼妓에 作歌舞어든 則必須避去하며 如値鄕中大
會하여 或尊長이 强留하여 不能避退 則雖在座 而整
容淸心하여 不可使奸聲亂色으로 有干於我요 當宴
飮酒에 不可沈醉니 浹洽而止ㅣ 可也요 凡飮食은 當
適中이니 不可快意하여 有傷乎氣요 言笑는 當簡重이
니 不可喧譁하여 以過其節이오 動止는 當安詳이니 不
可粗率하여 以失其儀니라

[直譯] 학문을 하는 사람은 한결같이 학문하는 길로 향할 것이요, 바깥 사물이 이 틈을 타서 들어오지 못하게 해야 한다. 바깥 사물의 바르지 못한 것을 마땅히 일체 마음에 두지 말아야 할 것이다. 시골 사람이 모인 곳에서는 만일 장기나 바둑 저포(樗蒲) 같은 노름이 벌어지거든 마땅히 눈여겨 보지 말고 뒷걸음질쳐 물러나며, 만일 창기(娼妓)에게 노래를 불리우고 춤을 추게 하는 것을 만나면 반드시 곧 피해 가야 하며, 만일 향중대회를 당하여 혹 웃어른이 굳이 만류하여 피해 물러날 수 없으면, 비록 자리에 있을지라도 용모를 단정히 하고 마음을 맑게 가져서 간사한 소리, 음란한 기색으로 하여금 나를 침범함이 있을 수 없게 하고, 잔치자리에 임하여 술을 마심에는 빠지도록 취해서는 안 되나니, 거나하면 곧 그만두는 것이 옳고, 모든 음식은 마땅히 알맞게 먹을 것이니, 입에 맞는다고 마구 먹어서 기를 상함이 있어서는 안 되고, 말과 웃음은 마땅히 간단하고 신중할 것이니, 시끄럽게 떠들어서 이로써 그 절도를 넘어서는 안 되고, 행동거지는 마땅히 안정되고 세심하게 할 것이니, 거칠게 하여 이로써 그 몸가짐을 잃어서는 안 된다.

[語義] ∙一味(일미) : 한결같이.
∙向道(향도) : 공부하는 길로 향함.
∙外物(외물) : 바깥 사물.
∙不留於心(불류어심) : 마음에 남겨두지 아니함.
∙鄕人會處(향인회처) : 동네 사람이 모인 곳.
∙博奕(박혁) : 장기와 바둑. 전하여 도박의 뜻으로 쓰임.
∙樗蒲(저포) : 쌍륙〔雙陸〕. 노름. 도박. 옛날에 저(樗)·포(蒲)의 열매로 주사위를 만든 데서 이름 지어짐. 골패 등속의 옛날의 도박.
∙等戱(등희) : 등의 노름.
∙逡巡(준순) : 뒷걸음질 침. 후퇴함.
∙引退(인퇴) : 물러남. 물러감.

- 娼妓(창기) : 손님을 잠자리에 모시는 것을 업(業)으로 삼아 노는 계집. 갈보. 기생(妓生).
- 避去(피거) : 피하여 감.
- 値(치) : 만남. 당함.
- 尊長(존장) : 웃어른.
- 强留(강류) : 억지로 만류함. 굳이 만류함. 강제로 머무르게 함.
- 整容淸心(정용청심) : 용모를 단정히 하고 마음을 맑게 가짐.
- 奸聲亂色(간성난색) : 간사한 음성과 음란한 기색(氣色).
- 干(간) : 범함.
- 沈醉(침취) : 빠지도록 취함. 몹시 취함.
- 浹洽(협흡) : 두루 미침. 여기서는 술의 취기가 얼큰함을 이름.
- 適中(적중) : 알맞음.
- 快意(쾌의) : 마음이 상쾌함. 기분이 좋음. 뜻대로. 뜻에 하고 싶은 대로 함.
- 喧譁(훤화) : 떠들썩하게 시끄러움.
- 安詳(안상) : 안정되고 세심함.
- 粗率(조솔) : 거칠고 경솔함. 정세(精細)하지 못함.
- 儀(의) : 용모. 몸가짐.

[餘說] 공부를 하는 사람은 일체 공부 이외의 것에는 마음을 두어서는 안 된다고 전제하고, 다음에는 예를 들어 가르치고 있다. 동네 사람들이 모인 자리에 바둑·장기 등의 도박이 벌어지면 외면하고 물러가야 하고, 만약 기생에게 노래와 춤을 추게 하는 경우를 만나면 반드시 피해 가야 하며, 만일 향중대회에서 웃어른의 만류에 못 이기어 그 자리에 있게 되면 용모를 단정하게 갖고 마음을 맑게 가지며, 간성(奸聲)이나 난색(亂色)이 자기를 범하지 못하게 하고, 술은 취기가 오를 듯할 정도에서 그치고, 음식도 알맞을 정도로 먹으며, 말과 웃음도 시끄럽게 떠들어서 추태를 보여서는 안 된다는, 공부하는 사람에 대한 몸가짐, 마음가짐의 좋은 교훈이라 하겠다.

# 8

무슨 일이 있으면 이치에 따라서 일을 처리하고, 책을 읽거든 성실하게 이치를 연구하며, 이 두 가지 것을 제한 외에는 조용히 앉아서 내 마음을 수습해 거두어서, 쓸쓸하고 고요하여 복잡하게 일어나는 생각을 없게 하며, 스스로 경계하여 깨달아서 어리석은 실수가 없게 하는 것이 옳다. 이른바 공경함으로써 마음속을 바르게 한다는 것이 바로 이와 같은 것이다.

有事 則以理應事 讀書 則以誠窮理 除二者外
靜坐 收斂此心 使寂寂無紛起之念 惺惺無昏
昧之失 可也 所謂敬以直內者 如此

[讀法] 有√事, 則以√理應√事,하고 讀√書, 則以√誠窮√理,하되 除二
者外,엔 靜坐,하여 收斂此心,하여 使寂寂無紛起之
念,하며 惺惺無昏昧之失,이 可也.니 所√謂敬以直√內者
丨 如√此.니라

[直譯] 일이 있으면 이치로써 일에 응하고, 책을 읽으면 정성으로써
이치를 궁구하되, 이 두 가지를 제한 외에는 조용히 앉아서 내 마음을

수렴하여 고요히 하고, 어지럽게 일어나는 잡념이 없으며 분명하여
어리석은 실수가 없게 하는 것이 옳을 것이니, 이른바 공경으로써 마
음속을 바르게 한다는 것이 이와 같은 것이다.

語義 •應事(응사) : 일을 감당함. 일에 응함.
• 窮理(궁리) : 이치를 깊이 연구함. 문리 또는 사리를 깊이 연구함.
• 收斂(수렴) : 여기서는 몸을 단속함. 근신함. 정신을 차림.
• 寂寂(적적) : 쓸쓸하고 고요한 모양.
• 紛起(분기) : 복잡하게 일어남.
• 惺惺(성성) : 스스로 경계하여 깨닫는 모양.
• 昏昧(혼매) : 어리석음.
• 直內(직내) : 마음속을 바르게 함.

餘說 일은 사리로 감당하고, 글은 성실로 깊이 연구하며, 분기지념
(紛起之念)이나 혼매지실(昏昧之失)이 없게 하고, 공경으로써 내심을
바르게 하라는 것이다.

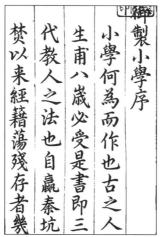

「소학제가집주(小學諸家集註)」
이이(李珥)(조선) 편. 무신자본(戊申字本).
숙종(肅宗). 20(1694년), 내사(內賜) 간(刊).

# 9

마땅히 자기의 몸과 마음을 바르게 해서 겉과 속이 한결 같게 해야 한다. 깊숙한 곳에 있더라도 드러난 곳에 있는 것 같이 하고, 혼자 있더라도 여럿이 있는 것 같이 해서, 내 마음을 푸른 하늘의 밝은 태양같이 남들이 모두 나를 볼 수 있도록 할 것이다.

> 當正身心 表裏如一 處幽如顯 處獨如衆 使此心 如靑天白日 人得而見之

**[讀法]** 當正身心,하여 表裏如一,하여 處幽如顯,하고 處獨如衆,하여 使此心,으로 如靑天白日,하여 人得而見之.니라

**[直譯]** 마땅히 몸과 마음을 바르게 하여 겉과 속이 한결같게 하여서 깊숙한 곳에 있더라도 드러난 곳에 있는 것 같이 하고, 혼자 있더라도 여럿이 있는 것 같이 하여, 내 마음으로 하여금 푸른 하늘의 밝은 해같이 하여서 남들이 나를 볼 수 있도록 할 것이다.

**[語義]** • 處幽如顯(처유여현) : 깊숙한 곳에 있더라도 드러난 곳에 있는 것 같이 함.

• 處獨如衆(처독여중) : 혼자 있더라도 여럿이 있는 것 같이 함.

• 靑天白日(청천백일) : ① 말끔히 갠 날. ② 심사가 명백하여 조금도 은폐

하거나 의혹하는 것이 없음. ③ 혐의 또는 원죄(冤罪)가 풀림. 여기서는
②의 뜻.

餘說 이 문단은 몸과 마음을 바르게 가지라는 것이다.

**율곡선생신도비**(栗谷先生神道碑)

경기도 파주시 광탄면. 향토유적 제6호. 자운서원 경내 좌측 산기슭에 세워져
있는데 조선 중기 대학자인 율곡 이이 선생의 일대기를 기록한 비(碑)이다.

# 10

항상 한 가지라도 의(義)롭지 못한 일을 행하거나, 한 사람이라도 죄 없는 사람을 죽여서 천하를 얻을 수 있다 할지라도, 해서는 안 된다는 것을 마음속 깊이 생각함으로써 이 생각을 가슴 속에 명심하고 있어야 한다.

常以行一不義 殺一不辜 而得天下 不爲底意思 存諸胸中

讀法 常(상) 以(이)下 行(행)二 一(일) 不(불)√ 義(의),하고 殺(살)二 一(일) 不(불)√ 辜(고),하여 而(이) 得(득)二 天(천) 下(하),一라도 不(불)√ 爲(위) 底(저)√ 意(의) 思(사)上,로 存(존)二 諸(저) 胸(흉) 中(중).一할지니라

直譯 항상 한 가지라도 의롭지 못한 일을 행하고, 한 사람이라도 허물 없는 사람을 죽이고서 천하를 얻는다고 하더라도, 해서는 안 된다고 마음속에 생각함으로써 이를 가슴 속에 가지고 있어야 한다.

語義 • 辜(고) : 허물. 죄.
• 底意(저의) : 마음속.
• 胸中(흉중) : 가슴속. 마음. 생각. 흉우(胸宇). 흉차(胸次). 흉억(胸臆).

餘說 천하는 불의(不義)와 바꿀 수 없다는 것이다.

# 11

　항상 마음을 바르게 하여 품행을 닦음으로써 근본을 삼고, 세상의 이치를 깊이 연구함으로써 선을 밝히고, 힘써 행함으로써 그 진실을 실천한다. 이 세 가지 것은 죽을 때까지 해야 할 일들이다.

居敬 以立根本 窮理 以明乎善 力行 以踐其實 三者 終身事業也

**讀法** 居敬, 以立根本하고 窮理, 以明乎善하고 力行, 以踐其實하나니 三者는 終身事業也니라

**直譯** 삼가하여 몸을 가짐으로써 근본을 세우고, 사리를 깊이 연구함으로써 선을 밝히고, 힘써 행함으로써 그 진실을 실천하나니, 세 가지 것은 몸을 마칠 때까지 해야 할 사업이다.

**語義** • 居敬(거경) : 항상 마음을 바르게 하여 품행(品行)을 닦음.
• 窮理(궁리) : 사리를 깊이 연구함. 사물의 이치를 연구함. 정주학(程朱學)에서 사물의 도리(道理)·원칙(原則)을 연구하여 천리(天理)를 아는 일.

**餘說** 경(敬)·이(理)·행(行)의 세 가지는 종신토록 행하여야 할 일이라는 것이다. 이입근본(以立根本)의 근자(根字)가 기자(其字)로 된 판본도 있음.

# 12

간사한 일을 생각지 말라. 그리고 무슨 일이든지 공경하라. 이 두 구절만은 평생 동안 받아쓰더라도 다하지 않을 일이니, 마땅히 이것을 벽 위에 써 붙여 놓고서 잠시라도 잊지 말아야 할 것이다.

> 思無邪 毋不敬 只此二句 一生受用 不盡 當
> 揭諸壁上 須臾不可忘也

[讀法] 思 無邪,하며 毋不敬.이란 只 此 二 句,는 一 生 受 用,하되 不盡.이니 當 揭 諸 壁 上,하여 須 臾 不可忘 也.니라

[直譯] 간사한 일을 생각지 말며 무슨 일이든지 공경하라. 오직 이 두 구절만은 일생을 받아쓰되 다하지 못할 것이니, 마땅히 저 벽 위에 붙여 놓고서 잠깐 동안이라도 잊어서는 안 될 것이다.

[語義] • 思無邪(사무사) : 마음에 조금도 사(邪)가 없음.
• 受用(수용) : 받아 씀.
• 須臾(수유) : 잠깐 동안.

[餘說] 사무사(思無邪), 무불경(毋不敬)의 두 구절만은 일생 동안 실천해도 끝간 데가 없을 것이니, 벽에다 써 붙여 놓고 잠깐 동안이라도 잊지 않도록 하라는 것이다.

# 13

　날마다 자주 자기 자신을 돌이켜 자세히 점검하여서 혹시 마음이 올바르지 않은 데가 있지 않은가, 학문이 진전되지 않음이 있었던가, 행하고 실천하는데 힘을 쓰지 않고 있지 않는가를 살펴야 한다. 만일 이 세 가지 중에 한 가지라도 있으면 이것을 고치고, 없으면 더 힘써서 부지런히 하고 게으르지 말아야 한다. 그리하여 이런 반성은 자기 몸이 죽은 뒤에라야 그만둘 것이다.

> 每日 頻自點檢 心不存乎 學不進乎 行不力乎
> 有則改之 無則加勉 孜孜毋怠 斃而後已

[讀法] 每日에 頻自點檢하되 心不√存乎아 學不√進乎아 行不√力乎아 하여 有則改之하고 無則加勉하여 孜孜毋√怠하여 斃而後已.할지니라

[直譯] 날마다 자주 스스로를 점검하되 마음이 제자리에 있지 않지는 않은가, 학문이 진보하지 않지는 않은가, 행하기에 힘을 쓰고 있지 않지는 않은가 하여, 있으면 그것을 고치고 없으면 더 부지런히 하여 힘쓰고 힘써서 게으름이 없도록 하여 자기 몸이 죽은 후에야 그만둘 것이다.

語義  •點檢(점검) : 낱낱이 조사함. 자세히 검사함.

• 孜孜(자자) : 부지런한 모양. 쉬지 않고 힘쓰는 모양.

• 毋怠(무태) : 게으름 피우지 말라.

• 斃而後已(폐이후이) : 죽은 뒤라야 그만둠. 폐(斃)는 넘어지다, 쓰러지다, 즉 죽는다.

餘說  이 문단은 자기 몸을 살펴보기를 게을리 말고, 자기가 죽기 전까지는 그 일을 그치지 말아야 한다는 것이다.

자운서원(紫雲書院)

경기도 파주에 있는 이이의 학문과 덕행을 추모하기 위해 세워진 서원으로 경기도 지방 기념물 제 45호이며 근처에 율곡 교육관과 이이의 부모님 묘소가 있다.

# 讀書章第四

## 배움의 방법

# 讀書章 第四 凡十五文段
독 서 장 제 사 범 십 오 문 단

▪글을 읽으라는 글로, 격몽요결의 제4장이며, 대개 15문단으로 나뉘고 있다.

# 1

배우는 사람은 항상 그 마음을 학문에 두어 다른 사물에 현혹되어서는 안 된다. 반드시 이치를 깊이 연구하고 선을 밝혀야 한다. 그러한 연후에야 마땅히 행할 도리가 분명하게 앞에 놓이게 되어 이로써 실력이 차차 발전해 나가야 할 것이다. 그래서 학문의 길로 들어가는 것은 이치를 연구하는 것보다 먼저 할 것이 없고, 이치를 연구함에는 책을 읽는 것보다 먼저 할 것이 없다.

성인(聖人)과 현인(賢人)이 마음을 쓴 자취와 선과 악의 본받아야 할 것과 경계하여야 할 것이 모두 책 속에 쓰여 있기 때문이다.

學者 常存此心 不被事物所勝 而必須窮理明
善 然後 當行之道 曉然在前 可以進步 故 入
道 莫先於窮理 窮理 莫先乎讀書 以聖賢用心
之跡 及善惡之可效可戒者 皆在於書故也

[讀法] 學<sup>학</sup>者<sup>자</sup>ㅣ 常<sup>상</sup>存<sup>존</sup>此<sup>차</sup>心<sup>심</sup>하여 不<sup>불</sup>被<sup>피</sup>事<sup>사</sup>物<sup>물</sup>所<sup>소</sup>勝<sup>승</sup>하고 而<sup>이</sup>必<sup>필</sup>須<sup>수</sup>窮<sup>궁</sup>理<sup>리</sup>明<sup>명</sup>善<sup>선</sup>然<sup>연</sup>後<sup>후</sup>에 當<sup>당</sup>行<sup>행</sup>之<sup>지</sup>道<sup>도</sup>ㅣ 曉<sup>효</sup>然<sup>연</sup>在<sup>재</sup>前<sup>전</sup>하여 可<sup>가</sup>以<sup>이</sup>進<sup>진</sup>步<sup>보</sup>라 故<sup>고</sup>로 入<sup>입</sup>道<sup>도</sup>는 莫<sup>막</sup>先<sup>선</sup>於<sup>어</sup>窮<sup>궁</sup>理<sup>리</sup>요 窮<sup>궁</sup>理<sup>리</sup>는 莫<sup>막</sup>先<sup>선</sup>乎<sup>호</sup>讀<sup>독</sup>書<sup>서</sup>니 以<sup>이</sup>聖<sup>성</sup>賢<sup>현</sup>用<sup>용</sup>心<sup>심</sup>之<sup>지</sup>跡<sup>적</sup>과 及<sup>급</sup>善<sup>선</sup>惡<sup>악</sup>之<sup>지</sup>可<sup>가</sup>效<sup>효</sup>可<sup>가</sup>戒<sup>계</sup>者<sup>자</sup>ㅣ 皆<sup>개</sup>在<sup>재</sup>於<sup>어</sup>書<sup>서</sup>故<sup>고</sup>也<sup>야</sup>니라

[直譯] 배우는 사람은 항상 이 마음을 가지고서 사물에 이김을 당하는 바가 되지 말고, 반드시 모름지기 사리를 궁구하며 선을 밝힌 연후에야 마땅히 행하는 길이 환히 앞에 있어서 가히 써 차차 발전할 것이다. 그러므로 학문의 길에 들어가는 데는 사리를 궁구하는 것보다 먼저 하는 것이 없고, 사리를 궁구하는 데는 책을 읽는 것보다 먼저 하는 것이 없나니, 성인과 현인의 마음 쓴 자취와 선과 악을 본받아야 하고 경계하여야 할 것이 모두 책에 씌어있기 때문이다.

[語義]  • 常存此心(상존차심) : 늘 이 같은 마음을 간직하다.
• 所勝(소승) : 이김을 당하다, 즉 진다.

- 當行之道(당행지도) : 마땅히 행할 바 도리.
- 曉然(효연) : 요연(瞭然). 환한 모양.
- 進步(진보) : ① 앞으로 나아감. ② 차차 발달하여 나아감.
- 入道(입도) : ① 도(道)에 들어감. ② 도교(道敎)를 믿어 도사(道士)가 됨. ③ 불도(佛道)에 들어가는 일. 또는 그 사람. 여기서는 학문의 길로 들어감.
- 莫先於窮理(막선어궁리) : 사리(일의 이치)를 깊이 연구하는 것보다 먼저 할 것이 없음. 먼저 사리(일의 이치)를 깊이 연구하여야 함.
- 可效可戒者(가효가계자) : 본받아야 하고 경계하여야 할 것.

餘說 이 문단의 대의(大意)는 사리를 깊이 연구하고 선을 밝히는 데는 책을 읽는 것보다 먼저 할 것이 없다는 것이다.

자운서원 묘정비(紫雲書院 廟庭碑)

# 2

무릇 책을 읽는 사람은 반드시 단정하게 팔짱을 끼고 무릎을 꿇고 똑바로 앉아서 공경스럽게 책을 대하여 마음을 오로지 하고 뜻을 극진히 하며, 자세히 생각하고 두루 살펴서(함영〈涵泳 : 책의 내용을 깊이 이해한다는 뜻〉이라는 것은 여러 차례 읽고 깊이 생각함을 이른다) 깊이 뜻을 이해하여 구절마다 반드시 실천하는 방법을 탐구할 것이다. 만일 입으로만 읽을 뿐 마음에 체험하지 못하고 몸으로, 실행하지 않는다면 책은 책대로, 나는 나대로일 것이니, 무슨 이익이 있겠는가?

凡讀書者 必端拱危坐 敬對方冊 專心致志 精思涵泳 涵泳者 熟讀深思之謂 深解義趣而每句 必求踐履之方 若口讀 而心不體 身不行 則書自書 我自我 何益之有

讀法 凡 讀書者, ㅣ 必 端拱危坐,하여 敬對方冊,하여 專心致志,하고 精思涵泳, (涵泳者는 熟讀深思之謂) 하여 深解義趣,而 每句,에 必 求踐履之方,할지니 若 口讀,而 心不體,하고 身不行, 則書自書, 我自我,니 何益之有.리오

[直譯] 무릇 책을 읽는 사람은 반드시 단정히 팔짱을 끼고 똑바로 앉아서 공경스럽게 책을 대하여 마음을 오로지 해서 뜻을 다하고 자세히 생각하고 함영(涵泳)하여, 깊이 뜻을 이해하여 구절마다 반드시 실천할 방법을 탐구할 것이니, 만일 입으로만 읽어서 마음에 체험하지 못하고, 몸으로 실행하지 못하면 책은 책대로, 나는 나대로일 것이니, 무슨 이로움이 있으리오?

[語義]  • 端拱危坐(단공위좌) : 단정히 팔짱을 끼고 무릎을 꿇고 똑바로 앉음. 정좌(正坐)
• 方册(방책) : 책.
• 專心致志(전심치지) : 마음을 오로지 하고 뜻을 극진히 함.
• 精思涵泳(정사함영) : 자세히 생각하고 두루 살핌. 함영(涵泳)은 물속에서 헤엄친다는 뜻이지만 전하여 두루 살핌. 즉 책의 내용을 깊이 이해한다는 뜻. 숙독하고 깊이 생각하는 것.
• 深解義趣(심해의취) : 깊이 뜻을 이해함.
• 必求踐履之方(필구천리지방) : 꼭 실천하는 방법을 탐구(探求)함.
• 體(체) : 몸소 체험하는 것.
• 書自書, 我自我(서자서, 아자아) : 책은 책대로, 나는 나대로.
• 何益之有(하익지유) : 무슨 이익이 있겠는가?

[餘說]  조용히 앉아 깊이 이해하고, 구절마다 반드시 실천하는 방법을 생각해야 한다는 것이니, 바꾸어 말하면 학문은 학문대로 존재하는 것이 아니라 이론과 실천이 병행되어야 한다는 지당한 말이라 하겠다.

「소학제가집주(小學諸家集註)」
이이(李珥)조선 편, 훈련도감자(訓鍊都監字).
광해군(光海君) 4(1612년) 내사(內賜) 간(刊).

# 3

　책은 먼저 《소학》을 읽어서 부모를 효도로 섬기고, 형을 공경으로 섬기며, 임금을 충성으로 섬기고, 어른을 공경으로 섬기며, 스승을 존경으로 섬기고, 벗을 친함으로써 사귀는 도리에 있어 하나하나 자세하게 익혀서 힘써 이것들을 실행할 것이다.

先讀小學 於事親 敬兄 忠君 弟長 隆師 親友
之道 一一詳玩 而力行之

　**讀法** 先讀小學하여 於事親·敬兄·忠君·弟長·隆師·親友之道에 一一詳玩, 而力行之.니라

　**直譯** 먼저 《소학》을 읽어서, 어버이를 섬기고, 형을 공경하며, 임금에게 충성하고, 어른을 공경하며, 스승을 높이고, 벗과 친하는 도리에 있어 하나하나 자세히 익혀서 힘써 이를 실행할 것이다.

　**語義**　• 小學(소학) : 유서(儒書)의 하나. 육편(六編). 송(宋)나라의 주희(朱熹)의 편이라 하나, 실은 그의 문인 유자징(劉子澄)의 저. 경서나 고금의 전기 중에서 수신 도덕에 관한 이야기를 모은 것.
• 弟長(제장) : 여기서의 제(弟)는 공손할 제(弟)로 풀이한다. 즉 어른에게 공손히 하는 것.
• 隆師(융사) : 스승을 높여 받든다.
• 詳玩(상완) : 자세히 익힘.

　**餘說** 인륜을 밝히는 도리, 즉 명륜의 길을 말하고 있다. 이에 대해서는 《소학》에 기록되어 있으니 우선 이 책을 자세히 익히라고 하였다.

# 4

　다음에는《대학》과《대학혹문》을 읽어서 이치를 깊이 연구하는 것〈궁리(窮理)〉, 마음을 바르게 갖는 것〈정심(正心)〉, 몸을 닦는 것〈수기(修己)〉, 남을 다스리는〈치인(治人)〉 도리 등에 하나하나 참되게 알고 성실히 실천할 것이다.

次讀大學及或問 於窮理 正心 修己 治人之道
一一眞知 而實踐之

[讀法] 次讀大學及或問,하여 於窮理·正心·修己·治
人之道,에 一一眞知,하여 而實踐之.니라

[直譯] 다음에는《대학》과《혹문》을 읽어서 사리를 궁구하고, 마음을 바로잡으며, 자기의 몸을 닦고, 남을 다스리는 도리에 있어 하나하나 참되게 알아서 이것을 성실히 실천할 것이다.

[語義] • 大學(대학) : 사서(四書)의 하나. 삼강령(三綱領) 팔조목(八條目)으로 윤리(倫理)·정치의 이념을 기록 설명했음.《예기(禮記)》의 편명(篇名).
• 或問(혹문) : 주자(朱子)의《대학혹문(大學或問)》. 어떤 사람의 물음에 대하여 이에 대답하는 형식으로《대학》을 해설한 것.

[餘說] 격물치지(格物致知)하는 방법을《대학》의 삼강령(三綱領) 팔조목(八條目)으로 알아야 한다는 것을 가르치고 있다.

# 5

　다음에는《논어》를 읽어서 인(仁)을 구하여 자기의 수양으로 하고, 근본적이고 원천적으로 학식을 넓혀서 심성(心性)을 닦는 공부에 대해서 하나하나 세밀히 생각하여 깊이 이것을 체험하여 나의 것으로 만들 것이다.

> 次讀論語 於求仁 爲己 涵養本源之功 一一精思 而深體之

[讀法] 次 讀 論 語,하여 於 求 仁·爲 己·涵 養 本 源 之 功,에
一 一 精 思,하여 而 深 體 之.니라

[直譯]　다음에는《논어(論語)》를 읽어서 인(仁)을 구하는 것, 자기를 위하는 것, 본디의 근원을 길러내는 것 등의 공에 하나하나 자세히 생각하고 깊이 이것을 체득할 것이다.

[語義]　• 論語(논어) : 경서(經書)의 하나. 사서(四書)의 하나. 20편(二十篇). 공자(孔子)와 그의 제자 또는 당시의 사람들과 문답한 말 및 제자들끼리 주고받은 말들을 공자 사후에 그의 제자들이 편수했음. 공자의 인(仁)·예(禮)·정치(政治)·교육(敎育) 등에 대한 것을 주로 기술했음.
• 求仁(구인) : 인(仁)에 관한 참뜻을 알아냄.
• 爲己(위기) : 자기 자신을 위함. 여기서는 자신의 수양을 삼음.
• 涵養(함양) : 학식을 넓혀서 심성(心性)을 닦음.
• 精思(정사) : 세밀하게 생각함.
• 深體之(심체지) : 자기의 몸에 배게 체험함.

[餘說]　본원(本源)을 함양(涵養)하기 위하여《논어》를 읽으라는 것이다.

# 6

다음에는 《맹자(孟子)》를 읽어서 의리와 이익을 명확히 판별하고, 사람의 지나친 욕심을 막고 하늘의 이치가 있다는 주장에 있어 하나하나 밝게 살펴서 이것을 더욱 확충해야 할 것이다.

> 次讀孟子 於明辨義利 過人慾 存天理之說 一一明察 而擴充之

[讀法] 次 讀 孟 子,하여 於 明 辨 義 利·過 人 慾·存 天 理 之 說,에 一 一 明 察,하여 而 擴 充 之,니라

[直譯] 다음에는 《맹자(孟子)》를 읽어서 의리와 이익을 분명하게 구별하는 것과, 사람의 지나친 욕심을 막는 것과, 하늘의 이치가 있다는 주장에 있어서는 일일이 밝게 살펴서 그것을 확대 충실하게 할 것이다.

[語義] • 孟子(맹자) : ① 전국시대(戰國時代)의 철인(哲人). 이름은 가(軻). 자는 자여(子輿). 노(魯)나라 사람. 학업을 자사(子思)의 문인(門人)에게 받음. 《맹자》 7편을 저술하여 왕도(王道)와 인의(仁義)를 존중하였으며 성선설(性善說)을 주창(主唱)하였음. 후세에 공자 다음으로 간다 하여 아성(亞聖)이라 일컬었음. ② 책 이름. 7편. 맹가(孟軻)의 찬(撰). 송대(宋代)에 비로소 높여 경서(經書)에 넣었음.
• 明辨(명변) : 명확히 판별함. 분명하게 가려냄. 명확히 판단함.

- 遏人慾(알인욕) : 지나친 욕심을 막음. 遏(알) : 막음.
- 擴充之(확충지) : 확대 충실하게 함.

餘說 원문(原文) 가운데 《율곡 수초 격몽요결(栗谷 手草 擊蒙要訣)》에는 「遏欲人」으로 되어 있는데, 책에 따라서는 「遏人慾」으로 되어 있다. 이 책은 「遏人慾」을 따르기로 했다.

이 문단은 의리와 이익을 명확히 판별하고 천칙(天則)을 순종하라는 것이다.

「대학언해(大學諺解)」
선조(조선) 명 편(命 編).
교서관목활자(校書館木活字).
광해군 3(1611년) 간(刊).

「대학혹문(大學或問)」
주희(朱熹) 송(宋) 저(著)
목판본(木版本) 명판(明板),
간사자 미상(刊寫者 未詳), 세종 11(1429).

「논어언해(論語諺解)」 4권,
선조명찬(宣祖命撰). 목판본(木版本).
광해군 4(1612년) 내사(內賜) 간(刊).

「맹자언해(孟子諺解)」 14권.
이이(李珥) 편찬. 원종자본(元宗字本).
숙종 19(1693년) 내사(內賜) 간(刊).

# 7

다음에는《중용(中庸)》을 읽어서 성질과 심정의 덕과 사물의 이치를 추궁하는 공부와, 천지가 제 위치에 있고 만물이 화합하여 육성되는 미묘한 이치에 관하여 하나하나 글의 뜻을 곰곰이 생각하여 찾아서 얻는 것이 있도록 할 것이다.

> 次讀中庸 於性情之德 推致之功 位育之妙 一
> 一玩索 而有得焉

[讀法] 次<sub>차</sub> 讀<sub>독</sub>中<sub>중</sub>庸<sub>용</sub>하여 於<sub>어</sub>性<sub>성</sub>情<sub>정</sub>之<sub>지</sub>德<sub>덕</sub>과 推<sub>추</sub>致<sub>치</sub>之<sub>지</sub>功<sub>공</sub>과 位<sub>위</sub>育<sub>육</sub>之<sub>지</sub>妙<sub>묘</sub>에 一<sub>일</sub>一<sub>일</sub>玩<sub>완</sub>索<sub>색</sub>하여 而<sub>이</sub>有<sub>유</sub>得<sub>득</sub>焉<sub>언</sub>이니라.

[直譯] 다음에는《중용》을 읽어서, 성정의 덕과 사리를 궁구하여 아는 공과, 천지가 제 자리를 얻고 만물이 화합하고 육성되는 미묘한 이치에 있어서 하나하나 그 뜻을 깊이 탐색하여 얻는 것이 있도록 할 것이다.

[語義] • 中庸(중용) : 책 이름. 사서(四書)의 하나. 공자(孔子)의 손자 자사(子思)의 저(著). 1권.《예기》49편 중 제31편임.
• 性情(성정) : ① 성질과 심정. ② 타고난 본성.
• 推致(추치) : 사물의 이치를 궁구함.
• 位育(위육) : 천지가 바른 위치를 찾고 만물이 화육함.
• 玩索(완색) : 글의 뜻을 곰곰이 생각하여 찾음.

[餘說] 이 문단은《중용》을 읽어 그 속에 담겨 있는 덕과 공과 묘를 찾아내어 얻음이 있도록 하라고 했다.

# 8

　다음에는《시경(詩經)》을 읽어서, 성품이나 감정의 간사하
고 바른 것과, 착한 것을 권장하고 악한 것을 경계하는 일들
을 하나하나 찬찬히 깊이 생각하여 풀어나감으로써 마음속
에 저절로 감동되어 이로써 간사하고 악한 마음을 징계해야
할 것이다.

次讀詩經 於性情之邪正 善惡之褒戒 一一潛
繹 感發而懲創之

[讀法] 次讀詩經하여 於性情之邪正과 善惡之褒戒에
一一潛繹하여 感發而懲創之니라

[直譯] 다음에는《시경》을 읽어서, 성정의 사악하고 바름과 선악의 기
림과 징계함에 있어서 하나하나 깊이 생각하여 선한 마음의 느낌을 일
으키고 악한 마음을 징계해야 할 것이다.

[語義]　• 詩經(시경) : 중국 상고(上古)의 시를 모은 책 이름. 오경(五經)의
　　하나. 원래 3천여 수인 것을 공자가 산제(刪除)하여 311편으로 함.
• 邪正(사정) : 사곡(邪曲)과 정직(正直).
• 褒戒(포계) : 기리고 징계함. 칭찬하여 포상하거나 징계함.
• 潛繹(잠역) : 깊이 궁구함. 조용히 깊이 생각함. 깊숙히 스며들어서 풀어
　　나간다.
• 懲創(징창) : 징계(懲戒)함. 자기 스스로 과거에 당한 일을 돌아보아 뉘우
　　치고 경계함.

餘說 원문 중의 「일일잠역(一一潛繹)」의 잠(潛)자를 수초본(手草本)에는 僭자로 오자(誤字)를 내고 있다.

이 문단은 《시경》을 읽는 태도를 가르치고 있다.

「중용(中庸)」
내각장판(內閣藏版).

「시경언해(詩經諺解)」 20권,
선조명찬(宣祖命撰). 목활자본(木活字本).

# 9

　다음에는 《예기(禮記)》를 읽어서 천지자연의 이치와 사리에 따라 정한 조리와 사람이 지켜야 할 법칙의 정한 제도에 관하여 좋은 방법을 궁리해서 마음가짐과 몸가짐이 잘 이루어지게 해야 할 것이다.

---

次讀禮經　於天理之節文　儀則之度數　一一講
究 而有立焉

---

[讀法]　次 讀 禮 經,하여 於 天 理 之 節 文,과 儀 則 之 度 數,에
一 一 講 究, 하여 而 有√立 焉.이니라

[直譯]　다음에는 《예경》을 읽어서, 천지자연의 이치에 따르는 예절에 관한 문장과, 사람이 마땅히 지켜야 할 법칙에 관한 제도에 있어서, 하나하나 강구해서 마음가짐과 몸가짐을 세우도록 할 것이다.

[語義]　•禮經(예경) : 예기(禮記). 오경(五經)의 하나. 진한시대(秦漢時代)의 고례(古禮)에 관한 것을 수록한 책. 한무제(漢武帝) 때에 하간(河間)의 헌왕(獻王)이 고서(古書) 131편을 편술한 뒤에 214편으로 된 대대례(大戴禮)와 대덕(戴德)이 그것을 85편으로 줄이고, 선제(宣帝) 때에 그의 조카 대성(戴聖)이 다시 49편으로 줄인 소대례(小戴禮)가 있음. 지금의 예기는 소대례를 이름. 주례(周禮) · 의례(儀禮)와 함께 삼례(三禮)라 함.
•天理(천리) : 천지자연(天地自然)의 이치(理致).

- 節文(절문) : 적절히 꾸며 훌륭하게 함. 또 사리(事理)에 따라 정한 조리 (條理). 조절해서 표현하다.
- 儀則(의칙) : 사람이 지켜야 할 법칙.
- 度數(도수) : 여기서는 정한 제도.
- 講究(강구) : 좋은 방법을 궁리함.
- 有立(유립) : 이루어짐이 있음.

餘說  이 문단은 《예기》를 읽어서 사람이 지켜야 할 법칙을 일일이 강구하여 이루어짐이 있게 하라는 것이다.

예기(禮記)
내각장판(內閣藏版).

# 10

　다음에는 《서경(書經)》을 읽어서, 이제(二帝=요〈堯〉, 순〈舜〉)
와 삼왕(三王=우〈禹〉, 탕〈湯〉, 문〈文〉·무〈武〉)의 공명 정
대한 원리와 원칙에 관하여 일일이 요령을 알아서 그 근본
으로 거슬러 올라가 자세히 상고할 것이다.

> 次讀書經 於二帝三王 治天下之大經大法 一
> 一領要 而遡本焉

　　　　　　　차 독 서 경　　　　어 이 제 삼 왕　　치 천 하 지 대 경 대
[讀法] 次 讀 書 經,하여 於 二 帝 三 王,의 治 天 下 之 大 經 大
　법　일 일 영 요　　이 소 본 언
法,에 一 一 領 要,하여 而 遡 本 焉.이니라

[直譯] 다음에는 《서경》을 읽어서, 이제(二帝)와 삼왕(三王)의 천하를
다스린 공명 정대한 원리 원칙에 있어서 하나하나 요령을 알아서 근본
에 거슬러 올라갈 것이다.

[語義] • 書經(서경) : 중국 최고의 경서(經書). 오경(五經) 또는 십삼경(十
　　三經)의 하나로 우(虞)·하(夏)·상(商)·주(周) 사대(四代)의 사실(史
　　實)·사상(思想) 등을 기록하여 100편으로 된 것을 공자가 산정(刪正)하
　　였다고 함. 현존하는 것은 58편 뿐임. 서(書) 또는 상서(尙書)라고도 함.
　• 二帝三王(이제삼왕) : 이제(二帝) 당요(唐堯)·우순(虞舜)과 삼왕(三王) 하
　　(夏)나라의 우왕(禹王)·은(殷)나라의 탕왕(湯王) 및 주(周)나라의 문왕(文
　　王)·무왕(武王).

- 大經大法(대경대법) : 공명정대(公明正大)한 원리와 법칙.
- 領要(영요) : 요령.
- 溯本(소본) : 근본으로 거슬러 올라감.

餘說  경세제민(經世濟民)의 요령을 《서경》을 통하여 배우라는 문단이다. 이것이 경제(經濟)인 것이다.

서경(書經)
2권 2책, 채침(蔡沈) 편(編)
예각인서체자본(藝閣印書體字本)

서전대전(書傳大全)
8권, 주희(朱熹) 집주(集註)
목판본(木板本) 10권 10책.

# 11

다음에는 《주역(周易)》을 읽어서 길흉 · 존망 · 진퇴 · 영고 성쇠의 기틀에 관하여 일일이 자세히 관찰하여 깊이 연구해서, 그것을 통하여 윤리와 도덕을 알아야 할 것이다.

次讀易經 於吉凶 存亡 進退 消長之幾 一一 觀玩 而窮研焉

[讀法] 次 讀 易 經,하여 於 吉 凶 · 存 亡 · 進 退 · 消 長 之 幾,에 一 一 觀 玩,하여 而 窮 研 焉.이니라

[直譯] 다음에는 《역경》을 읽어서 길흉 · 존망 · 진퇴 · 소장의 기미에 있어 하나하나 관찰하여 깊이 연구할 것이다.

[語義] • 易經(역경) : 오경(五經)의 하나. 복서(卜筮)를 통하여 윤리 도덕을 설명한 책. 주역(周易)이라고도 함.
• 吉凶(길흉) : ① 길함과 흉함. 선과 악. 행복과 불행. ② 혼례(婚禮)와 장례(葬禮).
• 存亡(존망) : 존속(存續)과 멸망. 삶과 죽음. 또 안태(安泰)함과 위태로움. 흥폐(興廢).
• 進退(진퇴) : ① 나아감과 물러감. ② 벼슬을 함과 벼슬에서 물러남. 거취(去就). ③ 행동거지.
• 消長之幾(소장지기) : 쇠하여 줄어감과 성하여 늘어감의 기미. 영고성쇠

(榮枯盛衰)의 기미.

• 觀玩(관완) : 자세히 관찰하여 익숙케 함.

• 窮研(궁연) : 궁구(窮究=궁리하고 연구하는 것). 깊이 연구함.

餘說 《주역》은 점을 치는 책인데, 길흉이나 존망이나 진퇴나 소장의 기미를 통해서 윤리 도덕을 깊이 연구하라는 것이다.

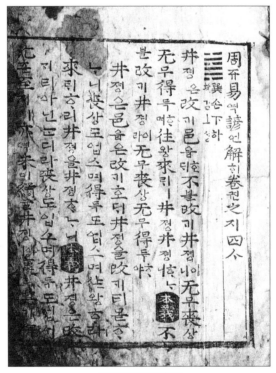

주역언해(周易諺解)
9권 6책. 선조 39년(1606). 목판본(木版本)

# 12

　다음에는 《춘추(春秋)》를 읽어서, 성인들이 착한 행실을
한 사람에게는 상을 주고 악한 행실을 한 사람에게는 벌을
주며, 혹은 누르고 혹은 찬양하며, 마음대로 다루는 완곡(婉
曲=말씨가 곱고 차근차근함)한 말과 깊은 뜻에 관하여 일일
이 자세히 연구해서 잘 깨닫도록 해야 할 것이다.

次讀春秋 於聖人 賞善 罰惡 抑揚 操縱之微
辭奧義 一一精研 而契悟焉

[讀法] 次 讀 春 秋,하여 於 聖 人의 賞√善·罰√惡·抑 揚·操 縱
之 微 辭·奧 義,에 一 一 精 研,하여 而 契 悟 焉.이니라

[直譯] 다음에 《춘추》를 읽어서, 성인의 선을 기리고 악을 벌주며 억압
할 제, 억압하고 드날려야 할 제 드날리며, 조종하는 기미와 오묘한 뜻
에 관하여 하나하나 자세히 연구하여 잘 깨닫도록 할 것이다.

[語義]　·春秋(춘추) : 공자가 저술(著述)한 노(魯)나라의 역사. 1권. 은공
(隱公)부터 애공(哀公)까지 십이공(十二公) 242년간의 역사를 엮었음. 곧
해설서에 좌구명(左丘明)의 《좌씨전(左氏傳)》 30권, 공양고(公羊高)의 《공양전(公
羊傳)》 11권, 곡량적(穀梁赤)의 《곡량전(穀梁傳)》이 있어 이것들을 통틀어
춘추삼전(春秋三傳)이라 한다.

- 賞善(상선) : 선을 기리어 상을 줌.
- 罰惡(벌악) : 악을 저주하여 벌을 줌.
- 抑揚(억양) : 혹은 누르고 혹은 찬양함.
- 操縱(조종) : 마음대로 다룸. 자유로 부림.
- 微辭(미사) : 은근히 돌려서 말하는 언어 · 문자 · 완곡(婉曲)한 말. 가만가 만히 하는 말. 몇 마디 되지 않는 말. 완곡(婉曲)은 언행(言行)이 노골적이 아님. 말씨가 곱고 차근차근함.
- 奧義(오의) : 깊은 뜻.
- 精硏(정연) : 자세히 연구함.
- 契悟(계오) : 잘 깨달음.

餘說 《춘추》를 읽고 그 책에서 얻어야 할 것을 서술하고 있다.

「춘추좌씨전집해(春秋左氏傳集解)」
30권, 목문희(穆文熙) 편.
훈련도감자본(訓鍊都監字本).

「춘추좌전직해(春秋左傳直解)」
곽등(郭登)(명) 직해(直解),
악정(岳正)(명) 교정(校正),
손훈(孫勛)(명) 재행(梓行).

# 13

오서오경(五書五經)을 번갈아가며 익숙해지도록 읽어 이해하여 그 사리(事理)를 깨달아서 뜻과 이치로 하여금 날로 밝아지게 한다. 그리고 송나라 선현(先賢)들의 저서인 《근사록》·《주자가례》·《심경》·《이정전서》·《주자대전》·《주자어류》와 그 밖의 「성리의 학설」을 틈틈이 정독하여 뜻과 이치로 하여금 내 마음에 흠뻑 젖어들어 어느 때고 끊어짐이 없도록 하고, 남은 여가에 또한 역사에 관한 책을 읽어서 옛날과 지금의 역사에 통달하고 사물의 변화를 알아서 이로써 학식과 견문을 발전시킨다. 그리고 이단인 잡서류의 바르지 못한 책이면 잠깐 동안이라도 펴 보아서는 안 된다.

五書五經 循環熟讀 理會不已 使義理 日明
而宋之先正所著之書 如近思錄 家禮 心經 二
程全書 朱子大全 語類 及他性理之說 宜間間
精讀 使義理 常常浸灌吾心 無時間斷而餘力
亦讀史書 通古今 達事變 以長識見 若異端雜
類 不正之書 則不可頃刻披閱也

讀法 五書五經을 循環熟讀하여 理會不已하여 使義理

로 日<sub>일</sub>明<sub>명</sub>, 而<sub>이</sub>宋<sub>송</sub>之<sub>지</sub>先<sub>선</sub>正<sub>정</sub>所<sub>소</sub>✓著<sub>저</sub>之<sub>지</sub>書<sub>서</sub>,에 如<sub>여</sub>近<sub>근</sub>思<sub>사</sub>錄<sub>록</sub>·家<sub>가</sub>禮<sub>례</sub>·心<sub>심</sub>

經<sub>경</sub>·二<sub>이</sub>程<sub>정</sub>全<sub>전</sub>書<sub>서</sub>·朱<sub>주</sub>子<sub>자</sub>大<sub>대</sub>全<sub>전</sub>·語<sub>어</sub>類<sub>류</sub>,와 及<sub>급</sub>他<sub>타</sub>性<sub>성</sub>理<sub>리</sub>之<sub>지</sub>說<sub>설</sub>,을 宜<sub>의</sub>

間<sub>간</sub>間<sub>간</sub>精<sub>정</sub>讀<sub>독</sub>,하여 使<sub>사</sub>義<sub>의</sub>理<sub>리</sub>,로 常<sub>상</sub>常<sub>상</sub>浸<sub>침</sub>灌<sub>관</sub>吾<sub>오</sub>心<sub>심</sub>,하여 無<sub>무</sub>時<sub>시</sub>間<sub>간</sub>

斷<sub>단</sub>, 而<sub>이</sub>餘<sub>여</sub>力<sub>력</sub>,에 亦<sub>역</sub>讀<sub>독</sub>史<sub>사</sub>書<sub>서</sub>,하여 通<sub>통</sub>古<sub>고</sub>今<sub>금</sub>,하고 達<sub>달</sub>事<sub>사</sub>變<sub>변</sub>,하여 以<sub>이</sub>

長<sub>장</sub>識<sub>식</sub>見<sub>견</sub>.이니 若<sub>약</sub>異<sub>이</sub>端<sub>단</sub>雜<sub>잡</sub>類<sub>류</sub>의 不<sub>부</sub>✓正<sub>정</sub>之<sub>지</sub>書<sub>서</sub>, 則<sub>즉</sub>不<sub>불</sub>可<sub>가</sub>頃<sub>경</sub>刻<sub>각</sub>披<sub>피</sub>

閱<sub>열</sub>也<sub>야</sub>.니라

[直譯] 오서와 오경을 번갈아 익혀 읽어 이해하게 하기를 마지않아 서 뜻과 이치로 하여금 날로 밝게 하여 송(宋)나라의 어진 선비들이 지은 책에 《근사록》·《가례》·《심경》·《이정전서》·《주자대전》· 《어류》와 같은 것과 다른 성리의 학설을 마땅히 틈틈이 정독해서 뜻 과 이치로 하여금 항상 내 마음에 흠씬 젖어들어 끊일 때가 없도록 하 고, 남은 힘에 또한 역사책을 읽어서 옛 과 지금에 통하고 사물의 변 화에 통하여 이로써 학식과 견문을 신장케 할 것이다. 이단잡류(異端 雜類)의 바르지 못한 책 같은 것이라면 잠깐 동안이라도 펼쳐 보아서 는 안된다.

[語義] •五書(오서) : 《소학》·《대학》·《논어》·《맹자》·《중용》을 일컫는 말. 보통 사서(四書)라고 하는데, 여기에 《소학》을 더하여 일컫는 말.
• 五經(오경) : 《시경》·《서경》·《역경》의 삼경(三經)에 《예기》·《춘추》를 더하여 일컫는 말.
• 循環熟讀(순환숙독) : 돌려가며 익숙하게 읽음. 반복하여 몇 번이고 자꾸 읽음.
• 理會不已(이회불이) : 이회(理會)는 깨달아 앎. 이해(理解). 불이(不已)는

마지않음.

- 義理(의리) : 뜻과 이치.
- 宋之先正(송지선정) : 「선정(先正)」은 선철(先哲). 선현(先賢). 즉 송나라의 선현.
- 近思錄(근사록) : 송나라 주희(朱熹)·여조겸(呂祖謙)이 편찬한 책. 모두 14권. 주무숙(周茂叔)·정명도(程明道)·정이천(程伊川)·장횡거(張橫渠)의 설(說)에서 일상 생활의 수양에 필요한 622조를 가려서 14문(門)으로 분류하였음.
- 家禮(가례) : 《주자가례(朱子家禮)》를 이르는 말로, 송나라 주희(朱熹)가 관혼상제(冠婚喪祭)의 네 가지 예법에 관하여 기록한 책. 5권에 부록 1권. 우리나라 조선조에서는 오로지 《주자가례》에 의하여 모든 예가 행해졌다.
- 心經(심경) : 송나라 진덕수(眞德秀)가 지은 책. 1권. 성현들의 마음[心]을 논한 격언(格言)을 모아 주를 단 것으로, 그 요지는 바른 마음을 바탕으로 했음.
- 二程全書(이정전서) : 책 이름. 68권. 송나라의 정호(程顥)·정이(程頤) 형제의 유저(遺著).
- 朱子大全(주자대전) : 송나라의 주재(朱在)가 주자(朱子:朱熹)의 글을 모아 엮은 책.
- 語類(어류) : 주자어류(朱子語類)를 말함. 송나라의 여정덕(黎靖德)이 주자(朱子)가 남긴 말을 문인(門人)들이 기록해 놓은 것을 편집한 책으로 140권임.
- 性理之說(성리지설) : 성명(性命)과 이기(理氣)의 관계를 설명한 유교 철학. 송나라의 주염계(朱濂溪)·장횡거(張橫渠)·정명도(程明道)·정이천(程伊川)·주희(朱熹) 등이 주장한 학설. 인간의 본연의 성품은 선(善)인데, 기질의 맑고 흐림에 따라 어질고 어리석은 구별이 있으므로 사람은 기질을 변화시켜서 그 본연의 빛을 나타내야 한다 하고, 그 방법으로써 거경(居敬)·궁리(窮理)의 두 가지 강령을 제시했다. 거경은 성찰(省察)·정좌(靜座)를, 궁리는 독서를 주로 하여 이 두 가지가 서로 어울려야만 자기 완성을 이루는데, 특히 궁리 곧 독서를 먼저 해야 한다고 했다. 우리

나라는 고려말에 안향(安珦)이 깊이 연구했고, 조선조에 퇴계(退溪) 이황 (李滉), 율곡(栗谷) 이이(李珥)가 크게 발전시켰다.

- 常常(상상) : 항상.
- 浸灌(침관) : 물을 댐. 흠뻑(흠씬) 젖음.
- 事變(사변) : 사물의 변화.
- 識見(식견) : 학식과 견문. ※長 : 여기서는 기른다로 해석함.
- 異端雜類(이단잡류) : 유교에서 유교 이외의 모든 학설이나 책에 대해 일 컫는 말. 불교도 이단시 했음. 경전이나 사기, 통감 등의 역사서를 제외한 다른 책들.
- 頃刻(경각) : 잠깐 동안. 잠깐 사이.
- 披閱(피열) : 펼쳐 봄. 책을 펴서 보는 것.

餘說 유교 이외의 서적은 이단(異端)이니 절대로 책을 펴보는 일이 있어서는 안 된다 하였고, 오로지 송나라의 선철(先哲)들의 저서만 보아 유교의 학설을 공부하라 하였다.

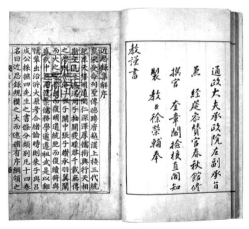

근사록(近思錄)

1175년 주희(朱熹:주자)와 여조겸(呂祖謙)이 주돈이(周敦頤)·정호(程 顥)·정이(程頤)·장재(張載) 등 네 학자의 글에서 학문의 중심문제들과 일상생활에 요긴한 부분들을 뽑아 편집하였다.

# 14

　대개 책을 읽을 때는 반드시 한 책을 익숙히 읽어 그 뜻을 모두 깨달아서 통달하여 의심이 없는 다음에 비로소 다른 책을 읽을 것이다. 많이 읽기를 탐하고, 그것에서 이것저것을 얻으려고 바쁘고 분주하게 여러 책을 이것저것 읽어서는 안 될 것이다.

> 凡讀書 必熟讀一冊 盡曉義趣 貫通 無疑然後
> 乃改讀他書 不可貪多務得 忙迫涉獵也

[讀法] 凡 讀書에, 必 熟 讀 一 冊하여 盡 曉 義 趣하여 貫 通,
無 疑 然 後에 乃 改 讀 他 書니 不 可 貪 多 務 得하여 忙 迫
涉 獵 也니라

[直譯]　무릇 책을 읽는데 반드시 한 가지 책을 익숙하게 읽어서 뜻을 다 알아 통달하고 의심이 없는 연후에 곧 고쳐서 다른 책을 읽을 것이니, 많이 읽기를 탐하고 얻기를 힘써서 바쁘게 이것저것 읽지 말아야 한다.

[語義]　• 盡曉(진효) : 모두 깨달음.
• 義趣(의취) : 뜻과 뜻이 나가는 것.
• 忙迫(망박) : 바쁘게, 바쁘고 분주하게.

• 涉獵(섭렵) : ① 여러 가지 책을 널리 읽음. ② 여러 가지 물건을 구하려고 널리 돌아다님.

餘說 독서에는 다독(多讀)과 정독(精讀)이 있다. 다독을 권하기보다 는 정독을 권한다는 것이다. 읽던 책을 완전히 이해한 후에야 딴 책 을 읽을 것이라는, 독서 방법을 말한 것으로서 좋은 방법이다.

근사록(近思錄)
중국 송(宋)나라 때 신유학
의 생활 및 학문 지침서.
14권. 주희(朱熹) 여조겸
(呂祖謙) 공편(共編)

심경(心經)
중국 송(宋)나라 영종 때의
문신 진덕수(眞德秀)가 심
(心)에 대해 논한 성현들의
격언을 모은 책.

가례대전서(家禮大全書)
권 1-4 / 주희(송) 저. 목판본.
곡성현(谷城縣) : [간사자(刊寫
者) 미상],
명종 18(1563) 4권 1책.

주자대전문집(朱子大全文集)
주희(송) 찬. 을해자본.
중종 38(1543년) 간(刊).

이정전서(二程全書)
정호(程顥)·정이(程頤) 공저
중국 목판본.

주자어류(朱子語類)(대전)
여정덕(송) 편. 경자자(庚子字)
(이 표본은 서(序)로 을해자(乙亥字)임).
선조 8(1575) 내사(內賜) 간(刊).

事親章 分五

[사친장 제오]

•
•
•

부모를 섬기는 법

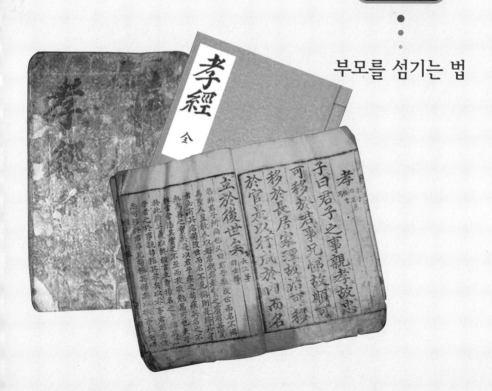

# 事親章 第五 凡九文段

<small>사 친 장 제 오 범 구 문 단</small>

■ 이 장은 부모를 섬기는 데 관한 글을 모은 격몽요결의 제5장이며, 모두 9문단으로 되어 있다.

# 1

대체로 부모에게는 당연히 효도해야 한다는 것을 알면서도 효도하는 사람이 별로 많지 않은 것은, 부모의 은혜를 깊이 깨닫지 못하기 때문이다. [이 세상 어느 물건도 내 몸보다 귀한 것은 없다. 곧 이 몸은 부모께서 주신 것이기 때문이다. 지금 남에게 만일 재물을 받았다면 그 물건의 많고 적은 것이나, 그 재물의 소중하고 하잘 것 없는 것에 따라서 그 은혜에 감사하는 마음도 이로 인하여 깊고 얕겠지만, 그런데 부모가 나에게 이 몸을 주셨으니 천하의 어떠한 물건과도 이를 바꿀 수는 없는 것이다.] 부모의 은혜가 어떤 것이라고 감히 스스로 그 몸을 소유했다고 해서 그 부모에게 효도를 다하지 않을 수 있겠는가? 사람이 능히 항상 이런 마음을 지니고 있으면 저절로 부모에게 향하는 정성이 생길 것이다.

凡人 莫不知親之當孝 而孝者 甚鮮 由不深知
父母之恩故也〔天下之物 莫貴於吾身 而吾身
乃父母之所遺也 今有遺人以財物者 則隨其物
之多少輕重 而感恩之意 爲之深淺焉 父母 遺
我以身 而擧天下之物 無以易此身矣〕父母之
恩 爲如何哉 豈敢自有其身 以不盡孝於父母
乎 人能恒存此心 則自有向親之誠矣

[讀法] 凡人,이 莫√不知親之當孝, 而孝者ㅣ甚鮮,은 由√
不√深知父母之恩故也.라〔天下之物,이 莫√貴√於吾身,
하나니 而吾身은 乃父母之所√遺也.라 今有ㅏ遺人以財物ㅡ
者,면 則隨其物之多少輕重, 而感√恩之意,ㅣ爲之深淺
焉,이나 父母,ㅣ遺我以√身, 而擧天下之物,이라도 無以ㅡ
易√此身矣.리라〕父母之恩,이 爲ㅡ如何哉,오 豈敢自有其
身,하여 以不√盡√孝√於父母乎,아 人能恒存此心, 則自
有ㅡ向√親之誠ㅡ矣.리라

[直譯] 대체로 사람들이 부모에게는 마땅히 효도해야 한다는 것을 알
면서도 효도하는 사람이 몹시 드문 것은 부모의 은혜를 깊이 알지 못
하기 때문이다. 천하의 사물이 내 몸보다 귀한 것 없나니, 그런데 이
몸은 부모가 준 것이다. 이제 남에게 재물을 받았다면 그 물건의 많고

적음과 하잘 것 없고 귀중함에 따라서, 은혜에 감사하는 마음이 이로 하여 깊고 얕을 것이나, 그런데 부모가 나에게 이 몸을 주셨으니, 천하의 모든 물건을 다 준데도 이 몸과 바꿀 수는 없을 것이다. 부모의 은혜가 어떤 것인데, 어찌 감히 스스로 그 몸을 가졌다고 하여 그로 해서 부모에게 효도를 다하지 않겠는가? 사람이 능히 항상 이런 마음을 가지고 있으면 저절로 부모에게 향하는 정성이 있을 것이다.

[語義] • 莫不知(막부지) : 알지 못함이 없다. 알지 못하는 게 아니다. 즉 안다.
• 甚鮮(심선) : 몹시 드물다. 없다시피 하다. 거의 없다.
• 感恩之意(감은지의) : 은혜에 감사하는 마음.
• 舉天下之物(거천하지물) : 천하의 모든 물건. 천하의 물건 모두.
• 爲如何哉(위여하재) : 어떠한 것인데.

[餘說] 이 문단의 원문 가운데 이 책의 대본(臺本)으로 한 수초본(手草本)과 다른 것이 있어 다음에 적는다. 원문 중 [ ]로 쓴 부분이

시 불 운 호    부 혜 생 아    모 혜 국 아    욕 보 지 덕    호 천 망 극    인 자 지 수 생
「詩不云乎, 父兮生我, 母兮鞠我, 欲報之德, 昊天罔極. 人子之受生,

성 명 혈 육    개 친 소 유    천 식 호 흡    기 맥 상 통    차 신    비 아 사 물    내 부 모 지
性命血肉, 皆親所遺, 喘息呼吸, 氣脈相通, 此身, 非我私物, 乃父母之

유 기 야    고 왈    애 애 부 모    생 아 구 로
遺氣也. 故曰, 哀哀父母, 生我劬勞.」로 되어 있다. 이 책은 수간본에 따르기로 했다. 다만 위 문장을 번역하면 「시경(詩經)에 이르지 않았던가. '아버님이 나를 낳아주시고, 어머님께서 나를 기르셨도다. 그 은혜를 갚고자 할진대 하늘과 같이 끝이 없구나' 라고 하였으니, 자식이 생명을 받을 적에 받은 본성과 목숨과 피와 살은 모두 어버이가 남겨주신 것이다. 그래서 숨을 쉬어 호흡함에 기맥이 서로 통하니 이 몸은 나의 사유물이 아니요, 바로 부모님께서 남겨주신 기운이니 부모님의 분신과도 같은 것이다. 그러므로 시경(詩經)에 '슬프고 슬프도다. 부모님이시여! 나를 낳으시느라 수고로우셨도다'라고 하였다.

語義 •鞠我(국아) : 나를 길러주다.

• 昊天岡極(호천망극) : 저 하늘 만큼 끝이 없음.(부모의 은혜를 일컫는 말).

• 所遺(소유) : 물려준 바.

• 喘息(천식) : 숨쉬는 것.

• 劬勞(구로) : 수고롭다. 고생한다.

이 문단의 대의는 부모에게 효도를 해야 한다는 것, 이 몸은 부모의 분신이다. 이 몸을 주신 부모에게 어찌 효도를 안 할 수 있겠느냐는 것이다.

# 2

무릇 부모를 섬기는 사람은 모든 일이나 모든 행실에 감히 제 맘대로 하지 말고, 반드시 부모의 명령을 받은 뒤에 실행해야 할 것이다. 만일 당연히 해야 할 일이라도 부모가 허락하지 않는다면, 반드시 자세히 설명을 해드려서 허락을 받은 뒤에 행할 것이다. 만일 부모를 설득해도 끝끝내 허락을 않는다면 이 역시 제 생각대로 일을 할 수 없는 것이다.

凡事父母者 一事一行 毋敢自專 必稟命而後行 若事之可爲者 父母 不許 則必委曲陳達領可而後行 若終不許 則亦不可直遂其情也

[讀法] 凡<sub>범</sub>事<sub>사</sub>父<sub>부</sub>母<sub>모</sub>者<sub>자</sub>,ㅣ 一<sub>일</sub>事<sub>사</sub>一<sub>일</sub>行<sub>행</sub>,을 毋<sub>무</sub>敢<sub>감</sub>自<sub>자</sub>專<sub>전</sub>,이오 必<sub>필</sub>稟<sub>품</sub>

命<sub>명</sub>而<sub>이</sub>後<sub>후</sub>에 行<sub>행</sub>.이니 若<sub>약</sub>事<sub>사</sub>之<sub>지</sub>可<sub>가</sub>爲<sub>위</sub>者<sub>자</sub>,를 父<sub>부</sub>母<sub>모</sub>ㅣ 不<sub>불</sub>許<sub>허</sub>, 則<sub>즉</sub>必<sub>필</sub>委<sub>위</sub>

曲<sub>곡</sub>陳<sub>진</sub>達<sub>달</sub>,하여 頷<sub>암</sub>可<sub>가</sub>而<sub>이</sub>後<sub>후</sub>에 行<sub>행</sub>.이오 若<sub>약</sub>終<sub>종</sub>不<sub>불</sub>許<sub>허</sub>, 則<sub>즉</sub>亦<sub>역</sub>不<sub>불</sub>可<sub>가</sub>直<sub>직</sub>

遂<sub>수</sub>其<sub>기</sub>情<sub>정</sub>也<sub>야</sub>.니라

[直譯] 무릇 부모를 섬기는 사람은 한 가지 일이나 행실을 감히 스스로 오로지 하지 말 것이며, 반드시 명을 품한 뒤에 행할 것이니, 만일 일의 해야 할 것을 부모가 허락하지 않으면 반드시 자세히 설명해 드려서 허락이 있은 뒤에 행할 것이다. 만일 마침내 허락하지 않으면 또한 그 뜻을 기어코 자기의 뜻대로는 이룰 수 없는 것이다.

[語義] • 一事一行(일사일행) : 한 가지 일과 한 가지 행실. 즉 모든 일과 모든 행실을 뜻함.

• 毋敢自專(무감자전) : 감히 자기 마음대로 하지 말라. 감히 제 맘대로 하지 못함.

• 稟命(품명) : 상관의 명령을 받음.

• 事之可爲者(사지가위자) : 일의 해야 할 것. 당연히 해야 할 일 중에서 해도 좋은 것.

• 委曲陳達(위곡진달) : 자세히 여쭘. 자세히 설명해 드림.

• 頷可(암가) : 머리를 끄덕여 승낙함.

• 直(직) : 곧이곧대로.

[餘說] 부모를 모시고 있는 사람은 매사를 부모의 뜻에 따라 처리하라는 것이다. 좋은 말 같기도 하지만 어진 부모가 아니면 어찌하겠는가? 부모를 설득시켜서 행해야 할 것이다. 부모를 설득시키지 못한다면 행할 능력도 없는 것이 아니겠는가?

# 3

　날마다 날이 밝기 전에 일어나서 우선 세수하고 머리 빗고 의복을 바르게 입고, 부모의 잠자리에 나가서는 숨을 낮추고 음성을 부드럽게 하여 방이 따뜻한지 추운지 자리가 편안한지 불편한지를 여쭈어 보고, 밤이면 부모의 잠자리에 이르러 이부자리를 손보아 드리고 따뜻한가 써늘한가를 보살펴 본다. 낮 동안을 받들어 모실 적에는 항상 얼굴빛을 기쁘게 하고 태도를 부드럽게 하여 응대하기를 공경스럽게 하고, 곁에서 봉양할 적에는 자기의 있는 정성을 극진히 하며, 밖에 나갈 적에는 꼭 절하며 고하고, 들어와서는 반드시 절한 다음 인사를 여쭙고 뵙는다.

每日 未明而起 盥櫛衣帶 就父母寢所 下氣怡
聲 問燠寒安否 昏則詣寢所 定其褥席 察其溫
凉 日間侍奉 常愉色婉容 應對恭敬 左右就養
極盡其誠 出入 必拜辭拜謁

[讀法] 每日에 未√明而起하여 盥櫛衣帶하고 就父母寢所,

하여 下√氣怡√聲하여 問燠寒安否하고 昏則詣寢所하여

定其褥席하고 察其溫凉하며 日間侍√奉엔 常愉√色婉√

容,하여 應對恭敬,하고 左右就養,엔 極盡其誠,하고 出入엔
必拜辭拜謁.할지니라

[直譯] 날마다 날이 밝기 전에 일어나서 세수하고 머리 빗고 옷을 입고 띠를 띠고 부모의 잠자리로 나아가 숨을 낮추고 목소리를 부드럽게 하여 따뜻한지 추운지 편안한지 불편한지 여쭈어 보고, 밤이면 잠자리에 이르러서 그 이부자리를 정해 드리고, 그 따뜻한지 서늘한지를 살펴보며, 낮에 받들어 모실 적에는 항상 얼굴빛을 기쁘게 하고 태도를 부드럽게 하여 시중들기를 공경히 하고, 곁에서 봉양할 적에는 그 정성을 극진히 하고, 나가고 들어올 적에는 꼭 절하고 여쭙고, 절하고 뵈어야 한다.

[語義] • 未明(미명) : 날이 아직 밝기 전. 날샐 녘.
• 盥櫛衣帶(관즐의대) : 세수하고 머리 빗고 옷을 제대로 갖추어 입음.
• 寢所(침소) : 잠자리. 자는 곳.
• 下氣怡聲(하기이성) : 숨을 낮추고 말소리를 부드럽게 함.
• 問燠寒安否(문욱한안부) : 따뜻한지 추운지 편안한지 불편한지를 여쭈어 봄.
• 昏則詣寢所(혼즉예침소) : 밤이면 잠자리에 이르러.
• 定其褥席(정기욕석) : 이부자리를 손보아 드림.
• 愉色婉容(유색완용) : 얼굴빛을 기쁘게 하고 태도를 부드럽게 함.
• 應對恭敬(응대공경) : 시중들어 공경함. 응대(응답)하여 공경함. 응대(應對)는 ① 남의 말에 따라서 대답함. 응답(應答). ② 만나서 이야기함.
• 左右就養(좌우취양) : 곁에서 봉양해 드림.
• 出入必拜辭拜謁(출입필배사배알) : 밖에 나갈 적에는 반드시 절하고 고하며(말씀 드리며) 들어와서는 반드시 절하고 뵙는 것.

[餘說] 지금 세상에 이의 반만 한데도 효자 소리를 들을 것이다. 혼정신성(昏定晨省)과 출필곡반필면(出必告反必面)이 이 문단의 내용이다.

# 4

　지금 사람들은 대부분 부모가 길러준 은혜를 입고서도 자기의 힘으로 그 부모를 봉양하지 못한다. 만일 이와 같이 문득 세월만 보낸다면, 끝끝내 정성껏 봉양할 때가 없을 것이다. 꼭 몸소 집안 일을 주간하여 스스로 맛있는 음식을 장만한 다음에야 자식된 도리를 닦게 되는 것이다. 만일 부모가 굳이 들어주지 않아서 비록 집안 일을 주간하지 못하더라도, 또한 당연히 일을 주선하고 보조해서 힘을 다해 맛있는 음식을 장만해서 이로써 부모의 구미에 맞도록 하는 것이 옳다. 만일 마음과 생각이 어버이를 봉양하는 데 있다면 맛있는 음식을 꼭 얻을 수 있을 것이다. 그리고 늘 왕연(王延)이 몹시 추운 한겨울에 자신은 온전한 옷을 입지 못하고서도 어버이에게는 맛있는 음식을 마련해 드려 사람들이 감탄하여 눈물을 흘리게 한 일을 생각하여야 할 것이다.

今人 多是被養於父母 不能以己力 養其父母
若此奄過日月 則終無忠養之時也 必須躬幹家
事 自備甘旨 然後 子職乃修 若父母 堅不聽
從 則雖不能幹家 亦當周旋補助 而盡力得甘
旨之具 以適親口 可也 若心心念念 在於養親
則珍味 亦必可得矣 每念王延 隆冬盛寒 體無

全衣 而親極滋味 令人感歎流涕也

[讀法] 今人<sub></sub>이 多是被<sup>∨</sup>養<sup>∨</sup>於父母<sub></sub>하고 不<sup>∨</sup>能以<sup>∨</sup>己力<sub></sub>으로

養<sup>⊕</sup>其父母<sub></sub>하나니 若此奄過<sup>▶</sup>日月<sub></sub>, 則終無<sup>▶</sup>忠養之時也.

라 必須躬幹<sup>▶</sup>家事<sub></sub>하여 自備甘旨<sub></sub>, 然後에야 子職乃修<sub></sub>니

若父母 | 堅不聽從<sub></sub>, 則雖<sup>∨</sup>不<sup>∨</sup>能幹<sup>▶</sup>家<sub></sub>라도 亦當周旋補

助<sub></sub>하여 而盡<sup>∨</sup>力得<sup>▶</sup>甘旨之具<sub></sub>하여 以適<sup>▶</sup>親口 | 可也<sub></sub>니 若

心心念念<sub></sub>이 在<sup>∨</sup>於養親<sub></sub> 則珍味를 亦必可<sup>∨</sup>得矣<sub></sub>리라 每

念<sup>▶</sup>王延<sub></sub>이 隆冬盛寒<sub></sub>에 體無<sup>▶</sup>全衣<sub></sub>, 而親極滋味<sub></sub>하여 令<sup>∨</sup>

人<sub></sub>이 感歎流<sup>∨</sup>涕也<sub></sub>하라

[直譯] 지금 사람들은 대체로 부모에게 양육되고 자기의 힘으로써 그 부모를 봉양하지 못하나니, 만일 이와 같이 문득 세월만 보낸다면 끝끝내 정성껏 봉양할 때가 없을 것이다. 반드시 몸소 집안 일을 주간하여 스스로 맛있는 음식을 갖춘 다음에야 자식의 직책을 이에 닦게 되는 것이니, 만일 부모가 군이 들어주지 않아서 비록 집안 일을 주간하지 못하더라도, 또한 당연히 일을 주선하고 보조해서 힘을 다해 맛있는 음식을 갖추어 얻어서, 이로써 부모의 구미에 맞도록 하는 것이 옳다. 만일 마음과 생각이 어버이를 봉양하는 데 있다면, 맛있는 음식을 또한 반드시 얻을 수 있을 것이다. 늘, 왕연(王延)이 추운 겨울 몹시 추

운 날씨에 자기 몸에는 완전한 옷 한 가지 걸치치 못하고서도 어버이에게는 맛있는 음식을 극진히 하여 다른 사람들로 하여금 감탄하여 눈물을 흘리게 한 것을 생각하여야 할 것이다.

語義　• 多是(다시) : 대체로(대부분, 흔히, 많이) ~이다.
• 被養於父母(피양어부모) : 부모에게 양육됨.
• 若此(약차) : 만약 이와 같이 함. 차(此)는 부모에게 양육받는 것을 뜻함.
• 奄(엄) : 문득.
• 忠養(충양) : 정성스럽게 봉양함.
• 必須(필수) : 꼭 있어야 함.
• 躬(궁) : 몸소.
• 幹家事(간가사) : 집안 일을 다스림. 집안 일을 주간함.
• 甘旨(감지) : 맛있는 음식.
• 職(직) : 직분. 직책.
• 聽從(청종) : 들어주고 따라옴.
• 適親口(적친구) : 부모의 구미에 맞춘다. 親口(어버이의 입맛) 適(맞춘다.)
• 心心(심심) : 항상 마음먹음.
• 念念(염념) : 항상 생각함.
• 珍味(진미) : 맛있는 음식.
• 王延(왕연) : 전조(前趙)사람. 자(字)는 연원(延元). 벼슬은 상서좌승(尙書左丞). 효심이 지극했는데, 근준(靳準)의 난리에 순절(殉節)했음.
• 隆冬(융동) : 추위가 대단히 심한 겨울. 한겨울. 엄동(嚴冬).
• 令人(영인) : 사람들로 하여금, 영(令)은 사(使)와 같다.
• 流涕(유체) : 눈물을 흘리며 욺. 또 흘리는 눈물.

餘說　부모에게 양육을 당하지 말고 부모를 봉양해야 하며, 가사를 스스로 주간하고 어버이의 입에 맞는 맛있는 음식을 장만하여 드려야 한다. 왕연(王延)의 고사(故事)를 생각하고 그를 본받아야 할 것이다.

# 5

일반 사람들 집안의 아버지와 아들 사이에는 흔히 사랑이 공경보다 지나치는데, 반드시 낡은 습관을 철저히 씻어버려야 하고, 자식은 부모를 극진히 존경해야 한다. 부모가 앉고 누우시는 곳에는 자식이 감히 앉거나 눕지 않으며, 부모가 손님을 맞이하는 곳에서는 자식이 감히 사사로운 손님을 맞아서는 안되며, 부모가 말을 타고 내리는 곳에는 자식이 감히 말을 타고 내리지 않는 것이 옳다.

人家 父子間 多是愛逾於敬 必須痛洗舊習 極其尊敬 父母所坐臥處 子不敢坐臥 所接客處 子不敢接私客 上下馬處 子不敢上下馬 可也

讀法 人家 父子間,에 多是愛逾於敬,하나니 必須痛洗舊習,하고 極其尊敬,하여 父母ㅣ 所坐臥處,엔 子ㅣ 不敢坐臥,하며 所接客處,엔 子ㅣ 不敢接私客,하며 上下馬處,엔 子ㅣ 不敢上下馬,ㅣ 可也.니라

直譯 일반인의 집엔 부자간에 흔히 사랑이 공경보다 지나치나니, 꼭

낡은 습관을 철저히 씻어 버리고, 자식은 존경을 극진히 하여, 부모가
앉고 눕는 곳에는 자식이 감히 앉고 눕지 않아야 하며, 객을 맞는 곳에
는 자식이 감히 사사로운 객을 접대하지 않아야 하며, 말을 타고 내리
는 곳에는 아들이 감히 말을 타고 내리지 않는 것이 옳다.

語義　• 人家(인가) : 일반 사람의 집.

• 逾於敬(유어경) : 공경보다 지나치다. 於는 ~보다로 비교를 나타내는 조사.
　유(逾)는 넘음. 지나감.

• 痛洗(통세) : 철저히 씻음.

• 舊習(구습) : 낡은 습관.

• 上下馬處(상하마처) : 말을 타고 내리는 곳.

餘說　부모와 아들 사이에 지켜야 할 한계를 명시하고 있다. 지금
사람들은 이 한계를 소홀히 하고 있는 듯한 감이 없지 아니하다. 이
대문의 본 뜻을 머리에 두고 평상시에 습관이 되도록 익혀야 할 것
이다.

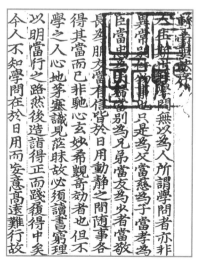

「격몽요결(擊蒙要訣)」
이이(李珥)(조선) 저(著).
목판본(木板本). 인조(仁祖) 8(1630년) 내사(內賜) 간(刊).

# 6

부모의 뜻하는 일이 만일 의리에 해가 되는 일이 아니라면, 마땅히 부모가 말씀하시기 전에 그 뜻을 받들어 잘 순종하고 조금이라도 소홀히 하여 어겨서는 안 된다. 만일 그것이 의리에 해로운 것이라면 온화한 기색과 기쁜 태도로써 부드러운 목소리로 바르게 간하되, 그 뜻을 여러 가지로 사유를 들어 거듭 설명해서 반드시 이해하여 들어주시기를 바라야 할 것이다.

父母之志 若非害於義理 則當先意承順 毫忽
不可違 若其害理者 則和氣怡色 柔聲以諫 反
覆開陳 必期於聽從

讀法 父母之志,ㅣ 若非√害√於 義理, 則當先意承順,하여
毫忽不√可√違.요 若其害√理者, 則和√氣怡√色,하여 柔聲以
諫,하되 反覆開陳,하여 必期√於 聽從.이니라

直譯 부모의 뜻이 만일 의리에 해로운 것이 아니면, 마땅히 먼저 뜻을 받들어 순종하여 조금이라도 소홀히 하여 어겨서는 안 되고, 만일 그것이 의리에 해로운 것이면 기색을 온화하게 하고 얼굴빛을 기쁘게

하여 음성을 부드러이 하여 간하되, 반복하여 여러 가지 사유를 들어 설명해서 반드시 들어주시도록 기약하여야 할 것이다.

語義　•毫忽(호홀) : 조금이라도 소홀히.
• 和氣怡色(화기이색) :「화기(和氣)」는 온화한 기색. 화락한 마음.「이색(怡色)」은 기뻐하는 빛. 화기를 띤 얼굴.
• 柔聲(유성) : 음성을 부드럽게 함.
• 諫(간) : 낮은 목소리로 부모에게 바른 말씀을 드리는 것.
• 反覆(반복) : 되풀이함.
• 開陳(개진) : 진술함.

餘說　부모의 뜻을 살펴서 의리에 어긋나지 않으면 받들어 좇고, 만일 의리에 어긋나면 간해서 고치도록 몇 번이고 되풀이해야 한다는 것이다.

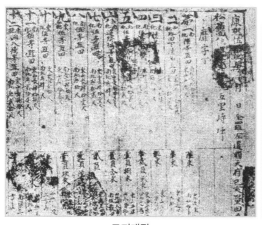

토지대장

토지양여서(土地讓與書)

# 7

부모님께서 병환이 있으시거든 진심으로 걱정하고 염려하며, 다른 일은 모두 제쳐놓고 다만 의사에게 묻고 약을 조제함으로써 병을 고치는 데만 힘쓰고, 그리고 병이 나으시거든 여느 때와 같이 할 것이다.

父母有疾 心憂色沮 捨置他事 只以問醫劑藥爲務 疾止 復初

讀法 父母ㅣ有√疾,이시어든 心憂色沮,하며 捨二置他事,一하고 只以二問√醫劑√藥으로 爲√務,니 疾√止,어든 復√初.니라
(부모 유질 심우색저 사치타사 지이문의제약 위무 질지 복초)

直譯 부모가 병이 있거든 진심으로 근심하고 염려하며, 다른 일은 제쳐놓고 다만 의사에게 물어 약을 지어다 병을 고치는 데만 힘쓸 것이니, 병이 멎거든 처음으로 돌아갈 것이다.

語義
- 心憂(심우) : 진심으로 걱정함.
- 色沮(색저) : 마음에 내키지 않는 기색. 염려하는 기색.
- 捨置(사치) : 모두 제쳐놓고 버려두는 것.
- 問醫劑藥(문의제약) : 의사에게 묻고 약을 조제함.
- 爲務(위무) : 힘쓴다. 임무로 삼다.
- 復初(복초) : 여느 때와 같이 함. 처음의 본성(本性)으로 되돌아섬.

餘說 부모의 병환에 있어서의 모시는 법과 마음가짐을 설명했다.

# 8

일상 생활에 잠깐 사이라도 부모를 잊지 않아야 한다. 그런 다음에야 곧 효도를 하는 사람이라 이름 지을 수 있다. 그리고 자기의 몸가짐을 삼가지 않으며, 하는 말에 법도가 없고 난잡하게 노는 것으로 세월을 보내는 사람은 모두 그 부모를 잊은 자의 행동들이다.

日用之間 一毫之頃 不忘父母然後 乃名爲孝 彼持身不謹 出言無章 嬉戲度日者 皆是忘父 母者也

[讀法] 日用之間과 一毫之頃이라도 不忘父母然後에 乃名爲孝니 彼持身不謹하며 出言無章하고 嬉戲度日者는 皆是忘父母者也니라

[直譯] 일상 생활을 하는 동안과 잠깐 사이라도 부모를 잊지 않아야 하며, 그러한 연후에 곧 효도를 한다고 이름 지을 것이니, 그 몸을 갖고서 삼가지 않으며 하는 말에 법도가 없고 놀이로 세월을 보내는 자는 다 곧 부모를 잊어버린 자이다.

[語義] • 一毫之頃(일호지경) : 잠깐 사이.

- 章(장) : 법. 법도. 원칙.
- 嬉戱(희희) : 즐거이 장난함. 희롱하며(남녀가) 난잡하게 노는 것.
- 度日(도일) : 세월을 보냄.

餘說 일시라도 부모에 관한 일을 잊어서는 효도하는 사람이라 할 수 없다. 자기의 몸가짐을 삼가지 않고 법도에 맞지 않는 말을 하고 난잡한 놀이로 세월이나 보내는 사람은 바로 부모를 잊은 사람으로, 효도하는 사람이라고 할 수 없다는 것이다.

율곡전서(栗谷全書)

# 9

　세월은 흐르는 물과 같아서 어버이를 섬기는 동안이 길지
못하다. 그러므로 자식된 자는 모름지기 정성과 힘을 다하
여 부모를 섬기되, 항상 정성이 모자라지 않을까 두려워함
이 옳다. 옛사람의 시에 이르기를, 「옛사람은 하루 동안 부
모 봉양하는 일을 정승의 부귀와 그 지위와도 바꾸지 않는
다」고 했다. 이것은 옛사람들이 날짜를 아끼면서 부모를 봉
양한 것을 말한 것이다.

日月 如流 事親 不可久也 故 爲子者 須盡誠
竭力 如恐不及 可也 古人詩 曰 古人 一日養
不以三公換 所謂愛日者 如此

[讀法] 日月은 如流하여 事親을 不可久也니 故로 爲子者는
須盡誠竭力하며 如恐不及이 可也니라 古人詩에 曰, 古
人은 一日養을 不以三公으로 換이라 하니 所謂愛日者는
如此니라

[直譯] 세월은 흐르는 물과 같아서 어버이를 섬기는 일이 오래가지 않

는다. 그러므로 자식된 사람은 모름지기 정성을 다하고 힘을 다하면 서도 자기가 할 일을 다하지 못할까 두려운 것이다. 옛날 사람의 시에 이르기를, 「옛날 사람은 하루의 봉양을 삼공(三公)으로써도 바꾸지 아니한다」하였나니, 이른바 날짜를 아낀다는 것은 이와 같은 것이다.

語義 • 如恐不及(여공불급) : 만일 미치지 못할까 두려움.
• 三公(삼공) : 우리나라 조선시대의 가장 높은 세 가지 벼슬. 곧 영의정(領議政)·좌의정(左議政)·우의정(右議政)의 삼정승(三政丞). 주(周)나라의 태사(太師)·태부(太傅)·태보(太保). 전한(前漢)의 승상(丞相)·태위(太尉)·어사대부(御史大夫). 후에 대사도(大司徒)·대사마(大司馬)·대사공(大司空). 후한의 태위(太尉)·사도(司徒)·사공(司空).
• 愛日(애일) : 하루라도 남보다 더 많이 효도하려고 함. 효자는 부모님을 봉양하기 위하여 날을 아낀다. 즉 시간을 아낀다는 뜻.

餘說 세월이 빨리 흘러가니 부모를 봉양하는 날도 오랠 수가 없다는 것이다. 이 오래지 않는 세월 동안 성의와 힘을 다해 극진히 모셔야 한다는 것이며, 항상 미치지 못하는 일이 있을까 두려워하는 것이 옳다고 했다.

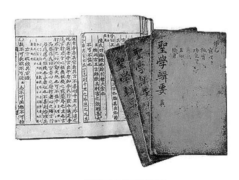

**성학집요(聖學輯要)**
유학교재(儒學教材)로 선조(宣祖) 때 이이(李珥)가 지음. 대학(大學)의 항목(項目)에 따라 총설(總說)·수기(修己)·정가(正家)·위정(爲政)·성학도통(聖學道統)의 오편(五篇)에 나누어 서술한 것. 격몽요결(擊蒙要訣)과 함께 교과용(教科用)으로 널리 쓰임.

喪禮

# 喪制章第六
[상제장 제육]
...

장례에 관한
절차와 법도

凡疾病遷居正寢內外安靜以俟氣絶男子不絶於婦

人之手婦人不絶於男子之手

既絶乃哭

司馬溫公曰疾病謂疾甚時也近世外寢蓋君子謹終不得不甫也○高氏拾生花地故庻於地庻其儀及禮記○喪大記○劉氏璋曰凡人其屬纊以俟氣絶纊乃今之新綿人

復

侍者一人以死者之上服嘗經衣者才

易乃屬纊以俟氣絶男乃搖動置口鼻之上以爲候也

# 喪制章 第六 凡十五文段
<ruby>상 제 장<rt></rt></ruby> <ruby>제 육<rt></rt></ruby> <ruby>범 십 오 문 단<rt></rt></ruby>

■ 이 장은 상제(喪制)에 관한 것을 가르치는 글로, 격몽요결의 제6장이
며, 대개 15문단으로 되어 있다.

# 1

상제(喪制)는 마땅히 한결같이 《주자가례(朱子家禮)》에 따
르되, 만일 의심나거나 모르는 것이 있으면 선생이나 어른
으로 예법을 아는 분에게 질문해서 반드시 그 예법을 극진
히 하는 것이 옳다.

> 喪制 當一依朱文公家禮 若有疑晦處 則質問
> 于先生長者識禮處 必盡其禮 可也

讀法 喪制는 當一依朱文公家禮니 若有疑晦處면 則
質問于先生長者識禮處하여 必盡其禮ㅣ 可也니라

[直譯] 장사의 법은 마땅히 오로지 주문공(朱文公)의 《가례》를 따를 것이니, 만일 의심스럽거나 모르는 것이 있으면 선생이나 어른으로 예법을 아는 분에게 질문해서 반드시 그 예법을 극진히 하는 것이 옳다.

[語義] • 喪制(상제) : 상중에 상복(喪服)을 입는 제도와 그 밖의 모든 제도를 말함. 또는 부모나, 이미 아버지가 세상을 뜬 뒤에 조부모의 상중에 있는 사람을 일컬어 상제라고 함.
• 當一(당일) : 마땅히. 오로지.
• 朱文公(주문공) : 주희(朱熹). 남송(南宋)의 대유학자. 휘주(徽州) 무원(婺原) 사람. 호는 회암(晦庵) · 회옹(晦翁) · 고정(考亭) 등임. 경학(經學)에 정통하여 송학(宋學)을 대성하였는데, 그 학을 주자학(朱子學)이라 일컬으며, 우리나라 조선조 시대의 유학에 큰 영향을 미쳤음. 저서로는 《시집전(詩集傳)》·《대학중용장구혹문(大學中庸章句或問)》·《논어맹자집주(論語孟子集註)》·《근사록(近思錄)》·《통감강목(通鑑綱目)》 등이 있음.
• 家禮(가례) : 《주자가례(朱子家禮)》. 주희(朱熹)가 지은 가정 예법 책.
• 疑晦(의회) : 의심나고 모르는 것.
• 長者(장자) : 어른. 존장자(尊長者).

[餘說] 주자(朱子)의 《가례(家禮)》는 책 이름. 5권, 부록 1권. 송(宋)나라 주희(朱熹)의 찬(撰)이라고 되어있으나, 실은 주희의 이름에 의탁(依託)한 것이라고 한다.

주희(朱熹)

# 2

초혼(招魂)할 적에 세속의 관례를 보면 꼭 아명(어렸을 때의 이름)을 부르고 있는데, 이것은 예의가 아니다. 젊은 사람이면 그래도 이름을 부를 수 있지만, 어른에 대해서는 반드시 이름을 부르지 않아야 하고, 그가 살아 있을 때 부르던 칭호대로 부르는 것이 좋다.(부녀자는 더더욱 이름을 불러서는 안 된다.)

復時 俗例 必呼小字 非禮也 少者 則猶可呼名 長者 則不必呼名 隨生時所稱 可也<sup>(婦女 尤不宜呼名)</sup>

[讀法] 復時,에 俗例,는 必呼小字,나 非禮也.니라 少者,는 則猶可呼名,이나 長者,는 則不必呼名,하고 隨生時所稱,이 可也.니라(婦女는 尤不宜呼名.이니라)

[直譯] 초혼할 때에 세속의 관례는 반드시 어렸을 때 이름을 부르는데 그것은 예(禮)가 아니다. 젊은 사람이면 그래도 이름을 부를 수 있지만, 어른이면 반드시 이름을 부르지 않아야 하고 살아 있을 때의 부르던 칭호를 따르는 것이 좋다(부녀자는 더더욱 이름을 부르는 것은 마땅하지 않다).

語義 • 復(복) : 초혼(招魂). 사람이 죽었을 때 그 사람이 생시에 입었던 저고리를 왼손에 들고 오른손을 허리에 대고서 지붕 위나 마당에서 북향하여 『무슨 동 아무개 복 !』하고 세 번 부른다. 이것을 고복(皐復) 또는 초혼이라 한다. 망령(亡靈)을 불러들여 죽은 사람에게 되돌아오게 한다는 의식인데, 그래도 죽은 사람이 소생하지 않으면 죽은 것이 확실함을 알고 초상을 알릴 곳에 알린다.

• 小字(소자) : 아명(兒名). 어렸을 적에 부르던 이름.

餘說 이 책의 대본에는 「長者, 則不必呼名」인데 어떤 책에는 「不必呼名」이 「不可呼名」으로 되어 있으나, 이 책의 대본인 수초본(手草本)을 따르기로 했다. 얼핏 보면 위 글의 「可呼名」의 대로 「不可呼名」이 옳은 듯하나, 뒤의 연속문 「隨生時所稱可也」와 아울러 생각할 때 「不必呼名」이 더 타당하다고 생각된다.

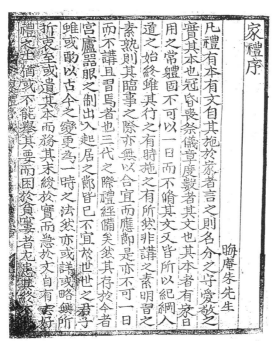

주자가례(朱子家禮)
조선시대 목판본(木版本). 간년미상(刊年未詳).

# 3

어머니가 돌아가시어 상사(喪事)가 생기면 그 상사에는 아버지가 생존하시면 아버지가 그 상사의 주인이 되고, 대개 축문도 모두 마땅히 남편이 아내에게 고하는 예에 의해서 써야 할 것이다.

> 母喪 父在 則父爲喪主 凡祝辭 皆當用夫告妻
> 之例也

[讀法] 母<sup>모</sup> 喪<sup>상</sup>에 父<sup>부</sup> 在<sup>재</sup>,면 則<sup>즉</sup> 父<sup>부</sup> 爲<sup>위</sup> 喪<sup>상</sup> 主<sup>주</sup>니 凡<sup>범</sup> 祝<sup>축</sup> 辭<sup>사</sup>를 皆<sup>개</sup> 當<sup>당</sup> 用<sup>용</sup> 夫<sup>부</sup> 告<sup>고</sup>✓妻<sup>처</sup> 之<sup>지</sup> 例<sup>례</sup> 也<sup>야</sup>.니라

[直譯] 어머니 상사에 아버지가 계시면 아버지가 상주가 되니, 대개 축문은 모두 마땅히 남편이 아내에게 고하는 예로 써야 한다.

[語義] •母喪(모상) : 어머니가 돌아가신 상사(喪事).
•祝辭(축사) : 축문(祝文).

[餘說] 부재모상(父在母喪)의 상주(喪主)는 아버지라는 말이다.

# 4

　부모가 처음 돌아가셨을 때에는 즉시 아내·첩·며느리와 딸들은 모두 머리를 풀고, 남자들은 머리를 풀고 옷깃을 걷어올리고 맨발을 한다(소렴을 한 뒤에 남자는 웃옷의 왼쪽을 벗어 어깨를 드러내고 머리를 묶고, 부인은 머리를 묶는다). 만약 아들이라도 양자를 갔거나 딸로 시집갔거든 모두 머리도 풀지 않고 맨발을 하지 않는다. 즉 버선을 벗지 않아도 된다(남자는 갓을 벗는다).

父母 初歿 妻妾婦及女子 皆被髮 男子 則被髮扱上衽徒跣(小斂後 男子 則袒括髮 婦人 則髽)若子 爲他人後者 及女子已嫁者 皆不被髮徒跣(男子 則免冠)

讀法 父母ㅣ 初歿,이면 妻妾婦及女子,는 皆被髮,하고 男子,면 則被髮扱上衽徒跣.하나니라 (小斂後 男子,면 則袒括髮,하고 婦人,면 則髽.니라) 若子로 爲他人後者와 及女子로 已嫁者,는 皆不被髮徒跣.하나니라 (男子,면 則免冠.이니라)

[直譯] 부모가 처음 돌아가시면 아내·첩·며느리와 딸은 모두 머리를 풀고, 남자면 곧 머리를 풀고 옷깃을 걷어 올리고 맨발을 한다(소렴을 한 뒤에는 남자면 웃옷의 왼쪽 소매를 벗고 머리를 묶고, 부인이면 복머리를 한다). 만일 아들로 남의 양자가 된 자와 딸로 이미 출가한 자는 모두 머리를 풀지 않고 맨발도 하지 않는다(남자면 곧 갓을 벗는다).

[語義] • 初歿(초몰) : 몰(歿)은 몰(沒)과 통(通)하는 글자. 몰(沒)은 沒의 속자(俗字). 죽음. 방금(막) 돌아가심. 돌아가신 직후를 뜻함.
• 被髮(피발) : 머리를 품.
• 扱上(흡상) : 거두어 올림.
• 衽(임) : 옷깃.
• 徒跣(도선) : 맨발.
• 小斂(소렴) : 시체를 옷과 이불로 쌈. 斂은 殮으로도 씀.
• 袒(단) : 웃옷을 벗어 한쪽만 어깨를 드러냄.
• 括髮(괄발) : 머리를 묶음.
• 髽(좌) : 복머리. 부인이 상중에 하는 결발(結髮=장식없이 머리를 묶는다).
• 爲他人後者(위타인후자) : 남의 후계자가 됨. 양자가 됨.
• 冠(관) : 갓 씀, 갓은 변(弁)·면(冕)을 가리킨다. 면(冕)은 면류관(冕旒冠). 면류(冕旒). 면류는 옛날 임금 또는 대부(大夫) 이상의 귀인(貴人)의 조의(朝儀)나 제례(祭禮) 때에 입는 정복(正服)에 갖추어 쓰던 관(冠). 거죽은 검고 속은 붉으며 위에는 장방형(長方形)의 판(板)이 놓이고 판(板) 앞으로 끈을 늘여뜨려 주옥(珠玉)을 꿰었는데 임금은 12, 제후(諸侯)는 9, 상대부(上大夫)는 5개의 류(旒)를 달았음.

[餘說] 《예기(禮記)》에 있는 말이다.
몰(歿)이 몰(沒)자로 된 판본도 있으나 같은 뜻을 가진 통자(通字)이다.

# 5

　시체가 방의 침상(寢牀)에 있고 아직 빈소(殯所)를 설치하지 않았으면 남녀는 시체의 곁에 자리를 잡는데, 그 위치는 남쪽을 윗자리로 한다. 이것은 시체의 머리 쪽을 위로 삼기 때문이다. 이미 빈소를 차린 뒤에는 여자들은 앞서대로 당(마루) 위에 자리를 잡되 남쪽을 윗자리로 하고, 남자들은 뜰 아래에 자리를 잡되 그 위치는 북쪽을 윗자리로 할 것이다. 이것은 빈소가 있는 곳이 북(北)으로써 위를 삼기 때문이다. 발인할 때에는 남녀의 위치는 다시 남쪽을 윗자리로 한다. 이것은 영구가 있는 곳을 위로 삼기 때문이다. 이처럼 수시로 자리를 바꾸는 것은 각각 예를 갖추는 데 뜻이 있는 것이다.

> 尸在牀而未殯　男女位于尸傍　則其位南上　以
> 尸頭所在　爲上也　旣殯之後　女子　則依前位于
> 堂上　南上　男子　則位于階下　其位　當北上　以
> 殯所在　爲上也　發靷時　男女之位　復南上　以
> 靈柩所在　爲上也　隨時變位　而各有禮意

讀法　尸在√牀而未√殯,이면 男女ㅣ位￣于尸傍￣,하되 則其位
南上,이니 以尸頭所√在,를 爲√上也.니라 旣殯之後,는 女子,는

즉 의 전 위 우 당 상　　　남 상　　　남 자　　　즉 위 우 계 하
則 依<sup>√</sup> 前 位 <sup>二</sup>于 堂 <sup>一</sup>上,하되 南 上,하고 男 子,는 則 位 <sup>二</sup>于 階 下,하

　　기 위 당 북 상　　이 빈 소 재　　위 상 야　　발 인 시
되 其 位는 當 北 上,이니 以 殯 所<sup>√</sup>在,로 爲<sup>√</sup>上 也.니라 發 靷 時,엔

남 녀 지 위　　부 남 상　　이 영 구 소 재　　위 상 야　　수 시
男 女 之 位,는 復 南 上,이니 以 靈 柩 所<sup>√</sup>在,로 爲<sup>√</sup>上 也.라 隨<sup>√</sup>時

변 위　　이 각 유 례 의
變<sup>√</sup>位,는 而 各 有 禮 <sup>二</sup>意.니라

**直譯** 　시체가 침상에 있고 아직 빈소를 설치하지 못했으면 남녀가 시체 곁에 자리를 잡되, 그 위치는 남쪽을 윗자리로 할 것이니, 시체의 머리가 있는 곳을 위로 한다. 이미 빈소를 설치한 뒤는 여자들은 앞서 대로 마루 위에 자리잡되 남쪽을 윗자리로 하고, 남자들은 뜰 아래에 자리를 잡되 그 위치는 북쪽을 윗자리로 할 것이니, 빈소가 있는 곳으로써 위로 하기 때문이다. 발인할 때에는 남녀의 자리는 다시 남쪽을 윗자리로 할 것이니, 영구가 있는 곳으로써 위로 하기 때문이다. 때에 따라서 자리를 바꾸는 것은 각각 예를 갖추는 데 뜻이 있는 것이다.

**語義** 　•尸(시) : 주검. 시체.
• 牀(상) : 침상(寢牀)은 사람이 누워 자는 나무로 만든 평상(平牀＝平床)으로 살평상과 널평상이 있음. 살평상은 바닥에 좁은 나무 오리를 일정한 사이를 두고 대어서 만든 평상. 널평상은 널판(板)지로 만든 평상. 널빤지는 판판하고 넓게 켜낸 나무토막. 널판자.
• 殯(빈) : 시체를 입관(入棺)하여 발인할 때까지 안치함. 빈소(殯所)는 발인 (發靷) 때까지 관(棺)을 놓아두는 방.
• 發靷(발인) : 시체를 모신 관을 장지로 가기 위하여 내모시는 것. 발인(發 靷)의 인(靷)자는 인(引)자와 같이 쓰임. 상여가 집에서 묘지를 향하여 떠 나는 절차. 인(靷)은 구거(柩車) 또는 상여 앞에 묶어 맨 줄. 구거(柩車)는 시체를 싣는 수레. 영구차(靈柩車＝시체(송장)를 싣는 차).
• 靈柩(영구) : 시체를 넣은(담은) 관.

餘說 원문에는 「發靷」을 「發引」으로 하여 고쳤다. 이 문단은 사람이 죽어서 발인할 때까지의 좌작진퇴(坐作進退)를 일일이 설명한 것이다.

# 6

근래 사람들은 예에 관한 것을 흔히 이해하지 못하고서 조문객이 위로할 때마다 전혀 기동하지 않고 다만 엎드려 있을 뿐이니, 이것은 예가 아니다. 조문객이 와서 위패(영좌)에 절하고 나오면 상주도 당연히 상주의 자리로부터 나와서 조문객을 향하여 두 번 절하고 곡하는 것이 옳다(조문객도 마땅히 절하여야 한다). 상복과 수질(首絰) 및 요질(腰絰)은 딴 곳으로 나들이 하는 것이 아니면 벗을 수 없다.

今人 多不解禮 每吊客致慰 專不起動 只俯伏而已 此非禮也 吊客 拜靈座而出 則喪者 當出自喪次 向吊客 再拜而哭 可也(吊客將答拜) 衰絰非出入他處 則不可脫也

讀法 今人,은 多不ˇ解ˇ禮,하여 每⁻吊客致ˇ慰,에 專不⁼起動,

하고 只<sup>지</sup>俯<sup>부</sup>伏<sup>복</sup>而<sup>이</sup>已,<sup>이</sup>나 此<sup>차</sup>非<sup>비</sup>√禮<sup>례</sup>也.<sup>야</sup>라 吊<sup>조</sup>客<sup>객</sup>,<sup>이</sup> 拜<sup>배</sup>靈<sup>영</sup>座<sup>좌</sup>而<sup>이</sup>出,<sup>출</sup>이

어든 則<sup>즉</sup>喪<sup>상</sup>者<sup>자</sup>, 丨 當<sup>당</sup>出<sup>출</sup>√自<sup>자</sup>喪<sup>상</sup>次,<sup>차</sup>하여 向<sup>향</sup>吊<sup>조</sup>客,<sup>객</sup>하여 再<sup>재</sup>拜<sup>배</sup>而<sup>이</sup>哭,<sup>곡</sup>

이 可<sup>가</sup>也.<sup>야</sup>니라 (吊<sup>조</sup>客<sup>객</sup>도 將<sup>장</sup>答<sup>답</sup>拜.<sup>배</sup>니라) 衰<sup>최</sup>経,<sup>질</sup>은 非<sup>비</sup>√出<sup>출</sup>入<sup>입</sup>他<sup>타</sup>處,<sup>처</sup>면

則<sup>즉</sup>不<sup>불</sup>√可<sup>가</sup>√脫<sup>탈</sup>也.<sup>야</sup>니라

直譯  지금 사람들은 흔히 예법을 이해하지 못하고서, 조객이 조위할 때마다 전혀 기동하지 않고 다만 엎드려 있을 뿐이지만, 이것은 예가 아니니, 조객이 영좌에 절을 하고서 나오면 상제가 마땅히 상차로부 터 나와서 조객을 향하여 두 번 절하고 곡함이 옳다(조객도 또 답배를 할 것이다). 상복과 수질(首経) 및 요질(腰経)은 다른 곳으로 출입하는 것이 아니라면 벗을 수 없다.

語義  • 多不解(다불해) : 흔히 이해하지 못함.
• 致慰(치위) : 위로를 함.
• 俯伏(부복) : 엎드려 있는 것.
• 吊客(조객) : 조객(弔客)이라고도 씀. 조문객(弔問客), 또는 조문(吊(弔)問) 하는 손님.
• 靈座(영좌) : 영위(靈位). 신주(神主). 위패(位牌).
• 喪次(상차) : 상제의 자리.
• 將(장) : 마땅히 ～하여야 한다.
• 衰経(최질) : 상복(喪服)과 수질(首経) 및 요질(腰経). 수질(首経)은 상제가 상복을 입을 때 머리에 두르는 짚과 삼으로 만든 테. 요질(腰経)은 상복 (喪服)을 입을 때에 허리에 두르는 띠. 짚에 삼을 섞어서 굵은 동아줄같이 만듦.

餘說 원문의 할주(割註) 중 「吊客將答拜」가 「弔(吊)客當答拜」로 되어 있고, 본문 중에 「衰絰, 非出入他處」가 「衰絰, 非疾病服役＝상복과 수질이나 요질은 질병이 있거나 일하는 경우가 아니면 벗지 말아야 한다」로 되어 있다. 이 책은 수초본(手草本)에 따라 앞의 구 대로 했다.

이 대문은 조객의 조문(吊問)을 받는 상주와 조객의 자세를 말한 것이다.

# 7

《주자가례》에 따르면 부모의 상에는 상복을 입는 성복(成服)하는 날에 비로소 죽을 먹고, 졸곡(卒哭)하는 날에 비로소 거친 밥(애벌 찧은 쌀로 지은 밥)과 물을 마신다(그러나 국을 먹지 않는다). 그리고 채소와 과일을 먹지 않는다. 소상(小祥)이 지난 뒤에야 비로소 채소와 과일을 먹는다(그리고 국을 먹어도 된다). 예문(禮文)에 이렇게 쓰여 있으니 상제가 병이 있기 전에는 당연히 예문에 따라야 한다. 어떤 사람이 너무 예에 치우친 나머지 3년 동안 죽만을 먹었다 하니 이와 같이 참으로 효성이 남보다 뛰어나고 추호도 힘써 억지로 하는 뜻이 없다면, 비록 예의 한도에 지나쳤더라도 오히려 그런대로 괜찮다. 그러나 만일 효성이 지극하지 못

하면서 억지로 힘써 예를 지나치게 한다면, 이것은 자신을
속이고 어버이를 속이는 것이니 절대로 마땅히 경계해야 할
것이다.

家禮 父母之喪 成服之日 始食粥 卒哭之日
始疏食(糲飯也) 水飲(不食羹也) 不食菜果 小祥之後
始食菜果(羹亦可食) 禮文如此 非有疾病 則當從禮
文 人或有過禮 而啜粥三年者 若是誠孝出人
無一毫勉强之意 則雖過禮 猶或可也 若誠孝未
至 而勉强踰禮 則是自欺而欺親也 切宜戒之

[讀法] 家禮에 父母之喪엔 成服之日에 始食√粥하고 卒哭
之日에 始疏食와 (糲飯也라) 水飲하고 (不食羹也니라)
不√食菜果하며 小祥之後에야 始食菜果니 (羹亦可食이
라) 禮文如√此니 非√有疾病 則當從禮文이니라 人或有√
過√禮하여 而啜粥三年者하니 若√是誠孝出√人하여 無一
毫勉强之意 則雖過√禮라도 猶或可也라 若誠孝未√至
이며 而勉强踰√禮 則是自欺而欺√親也니 切宜戒√之니라

[直譯] 《가례》에 부모의 상에는 성복하는 날에 비로소 죽을 먹는다 하

고 졸곡 날에 비로소 거친 밥(애벌 찧은 쌀로 지은 밥)과 물을 마시고 (그러나 국은 안먹는다.) 채소와 과일은 먹지 않으며, 소상이 지난 뒤에야 비로소 채소와 과일을 먹는다(그리고 국을 먹어도 된다). 예문(禮文)이 이와 같으니 상제가 질병이 있지 않으면 당연히 예문대로 따를 것이다. 어떤 사람이 혹 예에 지나쳐서 3년 동안 죽을 먹는 자가 있나니, 이와 같이 참으로 효성이 남보다 출중해서, 조금도 힘써서 억지로 하는 뜻이 없다면 비록 예에 지나친다고 해도 오히려 좋다 하겠다. 참으로 효성이 지극하지 못하면서 힘써 억지로 예에 지나친다면 이것은 자신을 속이면서 어버이를 속이는 것이니, 일체 마땅히 경계해야 할 것이다.

語義　•家禮(가례) : 제1문단에 나오는 주자(朱子)의 《가례》를 가리킨다.
•成服(성복) : 초상이 나서 상복(喪服)을 입는 것.
•粥(죽) : 죽. 미음.
•卒哭(졸곡) : 삼우제(三虞祭)를 지낸 뒤에 지내는 제사. 즉 사람이 죽은 지 석 달 되는 초정일(初丁日)이나 해일(亥日)에 지내는 제사.
•疏食(소사) : 거친 밥. 즉 현미밥. 거친 음식.
•糲飯(여반) : ① 애벌 찧은 쌀로 지은 밥. ② 곱게 찧지 않은 곡식으로 지은 밥. 거친 밥.
•水飮(수음) : 물을 마심.(국은 먹지 못함.)
•食菜果(식채과) : 채소와 실과를 먹음.(국도 먹을 수 있다는 것임.)
•小祥(소상) : 사람이 죽은 지 1년 되는 날에 지내는 제사. 기년제(朞[期]年祭). 일주기(一周忌). 소기(小朞). 연상(練祥).
•啜粥(철죽) : 죽을 먹음.
•猶或(유혹) : 그렇다 치고. 그렇다 하더라도와 같은 뜻.
•勉强(면강) : 힘써 억지로.
•踰禮(유례) : 예의 한정에서 벗어남.
•欺(기) : 속이는 것.

餘說 수초본(手草本)에는 「若是誠孝出入」이라고 돼 있다. 이것은 「若是誠孝出人」의 잘못으로 판정하고 고쳤다.

이 문단은 부모의 상에 먹고 안 먹어야 할 음식 문제에 관하여 논하고 있다. 지금 세상에는 전혀 지켜지지 않고 있다.

# 8

오늘날 예법을 안다는 가문에서는 대부분 장사지낸 뒤에 반혼(返魂)을 한다. 이것은 진실로 바른 예법이다. 다만 요즈음 사람들은 무턱대고 남의 흉내를 내어 마침내 여묘(廬墓)의 풍속도 없애버리고, 반혼한 뒤에는 저마다 자기 집에 돌아가서 처자식들과 함께 같이 지낸다. 이것은 예법에 크게 어그러지는 것으로서 몹시 한심한 일이다. 대개 어버이를 잃은 사람은 스스로 일일이 헤아려서 예법을 따라 조금이라도 모자라는 점이 없으면 마땅히 예법에 따라 반혼하고, 만일 혹 그렇지 않으면 마땅히 옛 풍속에 따라 여묘(廬墓)상을 하는 것이 옳다.

今之識禮之家 多於葬後 返魂 此固正禮 但時人 效顰 遂廢廬墓之俗 返魂之後 各還其家 與妻子 同處 禮坊 大壞 甚可寒心 凡喪親者

自度一一從禮 無毫分虧欠 則當依禮返魂 如
或未然 則當依舊俗廬墓 可也

[讀法] 今<sub>금</sub>之<sub>지</sub>識<sub>식</sub>禮<sub>례</sub>之<sub>지</sub>家<sub>가</sub>는 多<sub>다</sub>於<sub>어</sub>葬<sub>장</sub>後<sub>후</sub>에 返<sub>반</sub>魂<sub>혼</sub>하나니 此<sub>차</sub>固<sub>고</sub>正<sub>정</sub>
禮<sub>례</sub>니라 但<sub>단</sub>時<sub>시</sub>人<sub>인</sub>은 效<sub>효</sub>顰<sub>빈</sub>하여 遂<sub>수</sub>廢<sub>폐</sub>廬<sub>여</sub>墓<sub>묘</sub>之<sub>지</sub>俗<sub>속</sub>하고 返<sub>반</sub>魂<sub>혼</sub>之<sub>지</sub>
後<sub>후</sub>엔 各<sub>각</sub>還<sub>환</sub>其<sub>기</sub>家<sub>가</sub>하여 與<sub>여</sub>妻<sub>처</sub>子<sub>자</sub>로 同<sub>동</sub>處<sub>처</sub>하나니 禮<sub>예</sub>坊<sub>방</sub>이 大<sub>대</sub>壞<sub>괴</sub>로
甚<sub>심</sub>可<sub>가</sub>寒<sub>한</sub>心<sub>심</sub>이로다 凡<sub>범</sub>喪<sub>상</sub>親<sub>친</sub>者<sub>자</sub>는 自<sub>자</sub>度<sub>탁</sub>一<sub>일</sub>一<sub>일</sub>從<sub>종</sub>禮<sub>례</sub>하여 無<sub>무</sub>毫<sub>호</sub>
分<sub>분</sub>虧<sub>휴</sub>欠<sub>흠</sub>이면 則<sub>즉</sub>當<sub>당</sub>依<sub>의</sub>禮<sub>례</sub>返<sub>반</sub>魂<sub>혼</sub>하고 如<sub>여</sub>或<sub>혹</sub>未<sub>미</sub>然<sub>연</sub>이면 則<sub>즉</sub>當<sub>당</sub>依<sub>의</sub>舊<sub>구</sub>
俗<sub>속</sub>廬<sub>여</sub>墓<sub>묘</sub> ㅣ 可<sub>가</sub>也<sub>야</sub>니라

[直譯] 요즘 예법을 알고 있는 집안에서는 흔히 장사 뒤에 반혼(返魂)
하나니 이것은 진실로 바른 예법이다. 다만 요즈음 사람들은 남의 흉
내만 내어 드디어 여묘(廬墓)의 풍속을 없애고, 반혼 뒤에는 각각 자기
의 집으로 돌아가서 아내와 자식들로 더불어 같이 있나니, 예법이 크
게 무너지는 것으로 몹시 한심스럽다. 대개 어버이를 잃은 사람은 스
스로 하나하나 헤아려 예법에 따라서 조금도 모자라는 것이 없다면 마
땅히 예법의 반혼에 따르고, 만일 혹 그렇지 않다면 옛 풍속의 여묘를
따르는 것이 옳다.

[語義] •返魂(반혼) : 장사를 지낸 뒤에 죽은 이의 혼백을 다시 집으로 모
셔 오는 일. 반우(返虞)라고도 함.
•效顰(효빈) : 옳게 배우지 않고 거죽만 배우는 일. 남의 결점을 장점인 줄
알고 본뜸. 월(越)나라의 미인 서시(西施)가 불쾌한 일이 있어 얼굴을 찡

그렸더니, 한 추녀(醜女)가 그걸 보고 흉내냈다는 고사(故事)에서 나온 말
로서, 무턱대고 남의 흉내를 내는 것을 말함. 顰과 嚬은 같음.

• 廬墓(여묘) : 상제가 거처하는 무덤 근처에 있는 오두막집. 여막(廬幕). 여
묘 하는 기간은 3년이며 남자만이 이 움막에서 거처한다.

• 禮坊(예방) : 예절의 근간. 예법. 예를 맡은 관청.

• 壞(괴) : 무너뜨릴. 무너질.

• 虧欠(휴흠) : 일정한 것에의 부족이나 흠.

餘說   여묘(廬墓)에 대한 말인데, 지금의 처지로서는 생각할 문제다.
그래서 이 풍속은 일찍이 없어져 지금은 볼 수 없는 일이다.

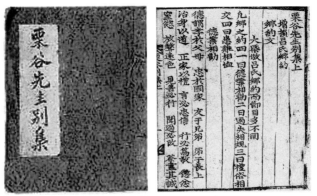

율곡선생별집(栗谷先生別集)

# 9

　어버이의 초상을 당했을 때 성복(成服)을 하기 전에는 곡
하고 우는 것을 입에서 그치지 말고,(울다가 기운이 다하면
하인으로 하여금 대신 곡하게 한다.) 장사지내기 전에는 곡
을 함에 일정한 때가 없고 슬픔이 지극하면 언제나 곡을 한
다. 졸곡(卒哭)이 지난 후에는 아침 저녁으로 두 번만 곡을
할 뿐이다. 예문(禮文)에는 대개 이와 같지만 만일 효자로
정성이 지극하면 곡하고 우는데, 어찌 일정한 시간과 수효
가 있겠는가? 대개 초상이란 그 슬픔은 부족하면서 예법만
흡족하느니보단 예법은 부족하면서 슬픔이 넘치는 것만 못
하다. 초상 치르는 일이란 그 슬픔과 공경을 다 쏟을 뿐이다.

親喪 成服之前 哭泣 不絶於口(氣盡則令<br>婢僕代哭) 葬前
哭無定時 哀至則哭 卒哭後 則朝夕哭二時而
已 禮文 大槩如此 若孝子 情至則哭泣 豈有
定數哉 凡喪 與其哀不足 而禮有餘也 不若禮
不足 而哀有餘也 喪事 不過盡其哀敬而已

[讀法] 親<sub>친</sub>喪<sub>상</sub>에 成<sub>성</sub>服<sub>복</sub>之<sub>지</sub>前<sub>전</sub>엔, 哭<sub>곡</sub>泣<sub>읍</sub>을 不<sub>부</sub>絶<sub>절</sub>於<sub>어</sub>口<sub>구</sub>하고 (氣<sub>기</sub>盡<sub>진</sub>則<sub>즉</sub>

令<sub>영</sub>婢<sub>비</sub>僕<sub>복</sub>으로 代<sub>대</sub>哭<sub>곡</sub>이니라) 葬<sub>장</sub>前<sub>전</sub>엔, 哭<sub>곡</sub>無<sub>무</sub>定<sub>정</sub>時<sub>시</sub>하고 哀<sub>애</sub>至<sub>지</sub>則<sub>즉</sub>

哭<sub>곡</sub>,하나니 卒<sub>졸</sub>哭<sub>곡</sub>後<sub>후</sub>,엔 則<sub>즉</sub>朝<sub>조</sub>夕<sub>석</sub>哭<sub>곡</sub>二<sub>이</sub>時<sub>시</sub>而<sub>이</sub>已<sub>이</sub>.니라 禮<sub>예</sub>文<sub>문</sub>엔 大<sub>대</sub>槩<sub>개</sub>

如<sub>여</sub>此<sub>차</sub>,나 若<sub>약</sub>孝<sub>효</sub>子<sub>자</sub>,로 情<sub>정</sub>至<sub>지</sub>則<sub>즉</sub>哭<sub>곡</sub>泣<sub>읍</sub>,에 豈<sub>기</sub>有<sub>유</sub>定<sub>정</sub>數<sub>수</sub>哉<sub>재</sub>,아 凡<sub>범</sub>喪<sub>상</sub>,

에 與<sub>여</sub>其<sub>기</sub>哀<sub>애</sub>不<sub>부</sub>足<sub>족</sub>,하고 而<sub>이</sub>禮<sub>예</sub>有<sub>유</sub>餘<sub>여</sub>也<sub>야</sub>,는 不<sub>불</sub>若<sub>약</sub>禮<sub>예</sub>不<sub>부</sub>足<sub>족</sub>, 而<sub>이</sub>哀<sub>애</sub>

有<sub>유</sub>餘<sub>여</sub>也<sub>야</sub>,니 喪<sub>상</sub>事<sub>사</sub>,란 不<sub>불</sub>過<sub>과</sub>盡<sub>진</sub>其<sub>기</sub>哀<sub>애</sub>敬<sub>경</sub>而<sub>이</sub>已<sub>이</sub>.니라

[直譯] 어버이의 상에 성복하기 전에는 곡(哭)이 입에서 끊이지 않고(기운이 다하면 비복으로 하여금 대신 곡하게 한다), 장사지내기 전에는 정한 시간 없이 곡하고 슬픔이 지극하면 곡하나니, 졸곡을 한 뒤엔 아침 저녁 두 번만 곡할 뿐이다. 예문에는 대개 이와 같으나 만일 효자로 정성이 지극하면 곡하는 데 어찌 정한 숫자가 있겠는가? 대개 초상에 그 슬픔으로는 모자라고 예법이 넉넉한 것은, 예법은 부족하고 슬픔이 넘치는 것만 못하다. 상사란 그 슬픔과 공경을 다하는 것에 지나지 않는 것이다.

[語義] •哭泣(곡읍) : 소리를 내어 슬프게 욺. 통곡함.

• 不絕於口(부절어구) : 입에서 끊이지 않음.

• 婢僕(비복) : 남녀의 종. 「婢」는 여종. 「僕」은 남종.

• 卒哭(졸곡) : 삼우제(三虞祭)를 지낸 뒤 석 달 만에 초정일(初丁日)이나 해일(亥日)을 택해 지내는 제사. 삼우(三虞)는 부모의 장례를 마친 뒤, 세 차례의 우제(虞祭). 곧 초우(初虞) · 재우(再虞) · 삼우(三虞)의 제(祭). 우(虞)는 안(安)의 뜻.

• 槩(개) : 대개. 개(槪), 개(槪) 자와 같은 뜻으로 쓰인다.

• 喪事(상사) : 초상 치르는 일.

[餘說] 초상에는 예법의 유여보다 슬픔과 공경의 유여가 낫다고 한 말이다. 슬픔이 부족한 초상은 공경도 부족하여 보는 이로 하여금 찌푸리게 한다.

# 10

증자가 말했다. 「사람은 누구나 자기 스스로 정성을 다했다는 자는 없을 것이니, 이것은 반드시 어버이 초상 때가 그러하다」라고 하셨으니, 죽은 이를 잘 보내드린다는 것은 어버이를 섬기는 큰 예절이다. 이에다 그 정성을 쓰지 않고, 어디에 그 정성을 쓰겠는가? 옛날에 동이(東夷) 사람 소련과 대련은 상중(喪中)에 있을 때 정성을 다하여 3일 동안 해야 할 일을 게을리하지 않았고, 석 달 동안 해야 할 일을 태만하지 않았고, 1년 동안 슬퍼했고, 3년 동안 근심하였다. 이것이 곧 상중에 하는 법칙이라 하겠다. 참으로 효성이 지극한 사람이면 구태여 힘쓰지 않아도 잘할 것이지만, 만일 잘하지 못하는 사람이 있으면 애써 힘써서 예를 따르는 것이 옳다.

曾子曰「人未有自致者也 必也親喪乎」送死
者 事親之大節也 於此 不用其誠 惡乎用其誠
昔者 小連大連 善居喪 三日不怠 三月不懈
期悲哀 三年憂 此是居喪之則也 孝誠之至者
則不勉而能矣 如有不及者 則勉而從之 可也

[讀法] 曾子ㅣ日,「人未√有=自致者=也,나 必也親喪乎.아」
送√死者,는 事√親之大節也.어늘 於√此,에 不√用其誠,하고 惡

<sup>호 용 기 성</sup>　　　<sup>석 자</sup>　<sup>소 련</sup>　<sup>대 련</sup>　<sup>선 거 상</sup>　　<sup>삼 일</sup>
乎<sup>⌐</sup>用<sup>⌐</sup>其 誠.이리오 昔 者,에 小 連 · 大 連,은 善 居<sup>✓</sup>喪,하여 三 日

<sup>불 태</sup>　　<sup>삼 월 불 해</sup>　　<sup>기 비 애</sup>　　<sup>삼 년 우</sup>　　<sup>차 시</sup>
不<sup>✓</sup>怠,하고 三 月 不<sup>✓</sup>懈,하고 期 悲 哀,하고 三 年 憂,하니 此 ㅣ 是

<sup>거 상 지 칙 야</sup>　　<sup>효 성 지 지 자</sup>　　<sup>즉 불 면 이 능 의</sup>　　<sup>여</sup>
居<sup>✓</sup>喪 之 則 也.니라 孝 誠 之 至 者,는 則 不<sup>✓</sup>勉 而 能 矣,나 如

<sup>유 불 급 자</sup>　　<sup>즉 면 이 종 지</sup>　　<sup>가 야</sup>
有<sup>⌐</sup>不<sup>✓</sup>及 者,는 則 勉 而 從<sup>✓</sup>之, ㅣ 可 也.니라

〔直譯〕 증자가 말하기를, 「사람은 아직 스스로 〔정성을〕 다했다는 이가 있지 않지만, 꼭 어버이의 상에도 그럴까」라고 하셨다. 죽은 이를 장사지내는 것은 어버이를 섬기는 큰 예절이거늘, 여기에 그 정성을 쓰지 않고 어디에 그 정성을 쓸 것인가? 옛날에 소련과 대련은 잘 거상하여 3일간 〔해야 할 일을〕 게을리 않고, 석 달 간 〔해야 할 일을〕 태만히 않고, 1년간 슬퍼하고, 3년간 근심하였으니, 이것이 바로 거상하는 법칙이다. 참으로 효성이 지극한 사람이면 힘쓰지 않아도 능할 것이지만, 만일 이르지 못하는 사람이 있으면 힘써서 따르게 하는 것이 옳다.

〔語義〕　• 曾子(증자) : 공자의 제자. 이름은 삼(參), 자는 자여(子輿). 노(魯)나라 무성(武城) 사람. 공자보다 46세 연소(年少)했다. 효로서 알려짐. 저서에 《효경(孝經)》·《대학(大學)》이 있다.

• 自致(자치) : 스스로 다했다 함. 스스로 정성을 다했다 함.

• 必也(필야) : 꼭. 틀림없이.

• 送死(송사) : 주검을 장사지냄.

• 事親之大節(사친지대절) : 어버이를 섬기는 큰 예절.

• 惡乎(오호) : 어찌 ~ 하리오. 어디에 ~ 하겠는가? 반어사(反語辭). 《논어》의 「惡乎成名」의 「惡乎」와 같음.

• 小連 · 大連(소련 · 대련) : 옛날 사람의 이름. 상중에 있을 때 정성을 다했

다 함. 《예기(禮記)》 잡기하(雜記下)에 「小連·大連, 善居喪, 三日不怠,
三月不懈, 期悲哀, 三年憂, 東夷之子也」라고 있는 것을 이곳에 인용(引
用)한 것이다. 소련·대련은 우리나라 사람인듯 하다.

- 居喪(거상) : 상중(喪中)에 있음. 또는 어버이의 상사에 입는 상복(낮은
  말). '거상(居喪)을 잘하다'란 말은 '상중(喪中)에 있을 때 정성을 다하
  다.'란 뜻.
- 怠(태) : 게으른 것.
- 懈(해) : 태만하다. 해이해지는 것.
- 則(칙) : 법칙.
- 孝誠之至者(효성지지자) : 참으로 효성이 지극한 이.
- 如有不及者(여유불급자) : 만일 미치지 못하는 사람이 있다면, 「如」는 만
  일의 뜻이다.

【餘說】 책에 따라서는 「如 有 不 及 者, 則 勉 而 及 之, 可 也」의
「及 之」를 「從 之」로 한 것이 있는데, 이 책에서는 從之가 옳다고
판단되어 이에 따랐다.

　이 문단은 효자로 이름이 높은 증삼의 말과 《예기》에 있는 소
련·대련의 상중(喪中)에 있을 때 정성을 다한 예를 들어 설명하고
있다. 그러나 지금에는 가정의례준칙(家庭儀禮準則)을 정부 차원에
서 제정하여 권장하고 있는 터이니, 정신만은 이어받되 시대의 흐
름과 요청에 순응하여 실행할 것이다.

# 11

　사람이 상중에 있을 때에 참으로 효성이 지극하지 못하여 예법대로 못하는 사람은 진실로 말할 것도 없거니와, 간혹 본성은 아름다워도 배우지 못한 사람은 그저 지켜야 할 예법대로 하는 것이 효성인 줄 알고, 자기 생명을 손상하는 것이 바른 도리를 잃는 것임을 알지 못하며, 슬퍼하다가 몸을 해침이 지나쳐 병이 나도 차마 임시로 방법을 마련하지 못하고, 이로써 생명을 잃는 데까지 이르는 사람이 간혹 있다. 심히 애석한 일이다. 이런 까닭으로 너무 슬퍼해서 몸이 수척하고 생명을 상하게 하는 것을, 군자(君子)는 이것을 불효(不孝)라고 말하는 것이다.

> 人之居喪　誠孝不至　不能從禮者　固不足道矣
> 間有質美　而未學者　徒知執禮之爲孝　而不知
> 傷生之失正　過於哀毁　羸疾已作　而不忍從權
> 以至滅性者　或有之　深可惜也　是故　毁瘠傷生
> 君子　謂之不孝

　　　　인 지 거 상　　성 효 부 지　　　불 능 종 례 자　　고 부
讀法　人 之 居ˇ喪,에 誠 孝 不ˇ至,하여 不ˇ能ˇ從ˇ禮 者,는 固 不ˇ

　족 도 의　　　　간 유 질 미 이 미 학 자　　도 지 집 례 지 위
足ˇ道 矣,어니와 間 有 質 美, 而 未ˇ學 者,는 徒 知ˇ執ˇ禮 之 爲ˇ

효 이 부 지 상 생 지 실 정　　과 어 애 훼　　이 질 이 작
孝, 而 不✓知✓傷✓生 之 失✓正, 하고 過✓於 哀 毁, 하여 羸 疾 已✓作,

이 불 인 종 권　　이 지 멸 성 자　　혹 유 지　　심 가 석
而 不✓忍 從✓權, 하고 以 至✓滅✓性 者, ㅣ 或 有✓之, 하니 深 可✓惜

야　 시 고　 훼 척 상 생　 군 자　 위 지 불 효
也. 라 是 故, 로 毁✓瘠 傷✓生, 을 君 子 ㅣ 謂✓之 不✓孝. 니라

[直譯] 사람이 거상할 때에 참으로 효성이 지극하지 못하여 예법대로 할 수 없는 사람은 진실로 말할 것도 없거니와, 간혹 본성이 아름다워도 배우지 못한 사람은 한갓 예식대로 하는 것만이 효도를 하는 것으로 알고, 생명을 손상하는 것이 바른 도리를 잃는 것임을 알지 못하고 슬퍼하고 몸을 해침이 지나쳐서 병이 나도 차마 때에 따라 어쩌지 못하고 이로써 생명을 끊어버리는 데까지 이르는 사람이 간혹 있다 하니 심히 애석하다. 이런 까닭으로 몸을 해치고 생명을 상하게 함을 군자가 이를 일러 효스럽지 못하다 했다.

[語義] • 居喪(거상) : ① 부모 상을 당하고 있음. 상중(喪中). ② 어버이의 상사에 입는 상복의 비칭(卑稱).
• 質美(질미) : 바탕은 좋음. 본질은 아름다움.
• 徒(도) : 한갓. 그저.
• 執禮(집례) : 지켜 행하여야 할 예(禮). 준행하여야 할 예.
• 傷生(상생) : 생명을 손상함.
• 哀毁(애훼) : 슬퍼서 몸을 해침.
• 羸疾(이질) : 병.
• 從權(종권) : 임기(臨機)의 처치(處置). 임시로 방법을 마련함. 시의(時宜)를 좇아 변통함.
• 滅性(멸성) : 생명을 없애 버림. 생명을 끊어 버림.
• 毁瘠(훼척) : 너무 슬퍼하여 몸이 수척하여짐.

餘說 부모의 상중(喪中)에 효성이 미치지 못하여 예법대로 못하는 사람은 논할 바 못 되며, 간혹 바탕은 아름다우면서 배우지 못하여 예의 절차대로만 하는 것이 효인 줄 알고 자신의 건강은 돌보지 않고 병이 나서 생명을 잃게까지 하는 것을 군자는 불효라고 했다. 예도 중용을 잃어서는 안 된다고 했다. 부모의 상중(喪中)에 관한 일이 예의 하나일진대 마땅히 중용을 잃어서 되겠는가?

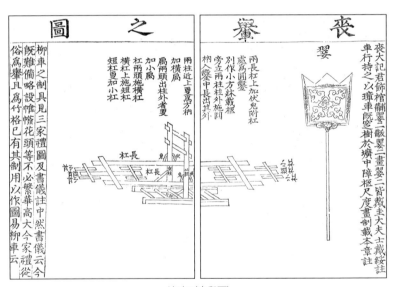

상여도(喪轝圖)

# 12

　대체로 자기가 복(服)을 입어야 할 친척의 초상이 났을 때 만약 떨어져 있어 딴 곳에서 부음(訃音)을 들었으면 신위(神位)를 설치하고 곡해야 하며, 만약 초상집에 달려갔으면 상가에 이르는 즉시 상복을 입어야 하며, 만약 초상집에 달려가지 못할 경우면 4일 만에 상복을 입는다. 만약 재최(齊衰) 복을 입어야 할 사람의 초상을 당했을 때, 상복을 입기 전 3일 동안 아침·저녁으로 신위를 설치하고 반드시 곡할 것이다(재최의 복을 낮추어 대공, 즉 9개월의 상복을 입는 사람도 역시 이와 같다).

凡有服親戚之喪　若他處聞訃　則設位而哭　若
奔喪　則至家卽成服　若不奔喪　則四日成服　若
齊衰之服　則未成服前三日中　朝夕爲位　會哭
(齊衰 降大
功者 亦同)

讀法　凡有√服 親 戚 之 喪,에 若 他 處 聞√訃,면 則 設√位 而 哭,
하고 若 奔√喪,이면 則 至√家 卽 成 服,하고 若 不√奔√喪,이면 則 四
日 成 服,하고 若 齊 衰 之 服, 則 未─成 服 前 三 日 中,에 朝 夕
爲√位,하고 會 哭.이니라 (齊 衰를 降 大 功 者,도 亦 同.이니라)

直譯 대체로 복을 입어야 할 친척의 상사에 만일 다른 곳에서 부음 (訃音)을 들었으면 신위(神位)를 설치하고 곡하고, 만일 초상집에 돌아 갔으면 그 집에 이르는 즉시 성복하고, 만일 초상집에 가지 않을 때면 4일 만에 성복을 하고, 만일 재최를 입어야 할 초상이면 성복하지 않 은 전 3일 동안에 아침 저녁으로 신위를 설치하고 꼭 곡한다(재최를 낮추어 대공을 입는 사람도 역시 같다).

語義 •有服親戚之喪(유복친척지상) : 복의 제도에 따라 친척으로서 복을 입어야 할 친척의 초상.

• 他處聞訃(타처문부) : 다른 곳에 있다가 그곳에서 초상의 소식을 들음.

• 訃(부) : 부음(訃音). 사람이 죽은 것을 알리는 통지. 부고(訃告), 부보(訃報), 부문(訃聞)과 같은 뜻으로 쓰임.

• 設位(설위) : 신위(神位)를 설치함. 죽은 이의 자리를 설치함.

• 奔喪(분상) : 먼 곳에서 친상(親喪)을 당하여 급히 집으로 감. 먼 곳에서 부모의 부음(訃音)을 듣고 급히 집으로 돌아감.

• 成服(성복) : 초상이 나서 상복을 입음.

• 齊衰(재〉자최) : 일년상을 당했을 때 입는 상복. 베로 지으되 옷단을 접어 서 꿰맴.「재(齊)」는 상복의 아랫단을 혼(접어서 꿰맴)한 것으로, 어머니의 복 또는 승중(承重)일 때 할머니의 복.「최(衰)」는 상복의 아랫단을 호(접 어서 꿰맴)하지 않은 것으로, 아버지의 복 또는 승중일 때 할아버지의 복. 「재(齊)」는 齋 · 齍로도 쓴다. 그러나 재(齋)가 정자(正字)이며 속음은「자」 이다. 齋衰(자최〈재최)는 오복(五服=다섯 가지 상복) 중의 하나. 좀 굵은 삼베로 지으며 옷단을 접어 꿰맨 상복(喪服)=재최(齊衰)=재소(齋疏). 기 년복(期年服)이라고도 함. 승중(承重)은 제사(祭祀)를 받드는 중(重)한 책 임을 이음. 또는 그 책임을 이은 사람. 소종출신자(小宗出身者)가 대종(大宗)을 잇는 경우와 부(父) 또는 부(父) · 조(祖)를 모두 여읜 사람이 조부 (祖父) 또는 증조부(曾祖父)를 잇는 경우 등이 있음. 승중상(承重喪)은 아 버지를 여읜 맏아들로서 조부모의 돌아감을 당한 초상.

※ 여의다 : 죽어서 이별하다. 예문 : 아버지를 여의다.

- 會哭(회곡) : 꼭 곡을 함. 「會」는 꼭, 반드시의 뜻임.
- 大功(대공) : 오복(五服)의 하나. 종형제자매(從兄弟姉妹) · 제자부(諸子婦) · 제손(諸孫) · 제손녀(諸孫女) · 질부(姪婦)의 죽음에 입는 9개월 동안의 상복. 양자 간 사람이나 시집간 사람들의 경우 환경의 변화로 원래 1년 복상(服喪)이나 한 등급 내려 입음을 이른 것, 즉 9개월로 낮춰진 것을 이른다.

[餘說] 본문 중 즉지가즉성복(則至家卽成服)의 즉자(卽字)가 이자(而字)로 된 판본도 있다. 유복지친(有服之親)의 초상에 타처(他處)에서 부음(訃音)을 들었을 때의 처신(處身)하는 예법을 설명한 것이다. 이것은 고례(古禮) 또는 구례(舊禮)에 속하는 것으로 현대인은 참고로 옛날에는 그러했구나 정도로 알면 되고, 어디까지나 가정의례준칙에 역행되어서는 안될 것이다.

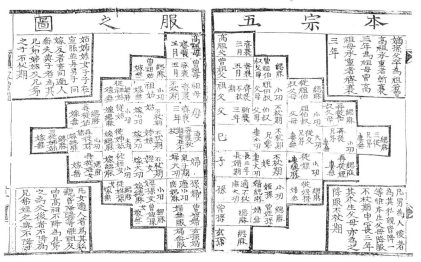

주자가례(朱子家禮)

# 13

　스승과 친구로서 의리가 남달리 중후(重厚)한 사람이나, 친척 중에 상복(喪服)을 입지 않는 사이면서 정이 두터운 사람이나, 보통 아는 사이지만 교분(交分)이 친밀한 사람과는 모두 초상의 소식을 들은 날에 문상 갈 것이나, 만일 길이 멀어서 그 초상에 문상 갈 수 없을 때는 신위를 설치하고서 곡을 한다. 스승이면 그 정의와 의리가 깊고 얕은 것에 따라 혹은 심상(心喪) 3년 하고 혹은 1년[期年]하며, 혹은 아홉 달 하고 혹은 다섯 달 하며, 혹은 석 달 한다. 친구면 비록 가장 친밀함이 중후(重厚)할지라도 석 달을 넘지 않는다. 만일 스승의 상에 3년 복이나 1년 복[期年服]을 하고자 하는 사람이 초상집에 가지 못할 때는 마땅히 아침 저녁으로 신위를 설치하고서 곡을 할 것이나 나흘이 되면 그칠 것이다(나흘이 되는 아침에 곡을 그친다. 만일 정의가 두터운 사람이면 이 기간에 얽매일 필요는 없다. 즉 상을 더 치러도 된다).

師友之義重者 及親戚之無服 而情厚者 與凡相
知之分密者 皆於聞喪之日 若道遠 不能往臨其
喪 則設位而哭 師則隨其情義深淺 或心喪三年
或期年 或九月 或五月 或三月 友則雖最重 不
過三月 若師喪 欲行三年期年者 不能奔喪 則
當朝夕 設位而哭 四日而止(止於四日之朝 若情
重者 則不止此限)

讀法 師<sup>사</sup>友<sup>우</sup>之<sup>지</sup>義<sup>의</sup>重<sup>중</sup>者<sup>자</sup>와, 及<sup>급</sup>親<sup>친</sup>戚<sup>척</sup>之<sup>지</sup>無<sup>무</sup>✓服<sup>복</sup>하고, 而<sup>이</sup>情<sup>정</sup>厚<sup>후</sup>者<sup>자</sup>와, 與<sup>여</sup>

凡<sup>범</sup>相<sup>상</sup>知<sup>지</sup>之<sup>지</sup>分<sup>분</sup>密<sup>밀</sup>者<sup>자</sup>ㅣ 皆<sup>개</sup>於<sup>어</sup>聞<sup>문</sup>✓喪<sup>상</sup>之<sup>지</sup>日<sup>일</sup>에 若<sup>약</sup>道<sup>도</sup>遠<sup>원</sup>하여 不<sup>불</sup>✓

能<sup>능</sup>✓往<sup>왕</sup>臨<sup>림</sup>其<sup>기</sup>喪<sup>상</sup>이면 則<sup>즉</sup>設<sup>설</sup>✓位<sup>위</sup>而<sup>이</sup>哭<sup>곡</sup>하나니 師<sup>사</sup>則<sup>즉</sup>隨<sup>수</sup>其<sup>기</sup>情<sup>정</sup>義<sup>의</sup>深<sup>심</sup>淺<sup>천</sup>

하여 或<sup>혹</sup>心<sup>심</sup>喪<sup>상</sup>三<sup>삼</sup>年<sup>년</sup>하고 或<sup>혹</sup>期<sup>기</sup>年<sup>년</sup>하며 或<sup>혹</sup>九<sup>구</sup>月<sup>월</sup>하고 或<sup>혹</sup>五<sup>오</sup>月<sup>월</sup>하며

或<sup>혹</sup>三<sup>삼</sup>月<sup>월</sup>하나니라 友<sup>우</sup>則<sup>즉</sup>雖<sup>수</sup>最<sup>최</sup>重<sup>중</sup>이라도 不<sup>불</sup>✓過<sup>과</sup>三<sup>삼</sup>月<sup>월</sup>하나니 若<sup>약</sup>師<sup>사</sup>

喪<sup>상</sup>에 欲<sup>욕</sup>✓行<sup>행</sup>三<sup>삼</sup>年<sup>년</sup>期<sup>기</sup>年<sup>년</sup>者<sup>자</sup>ㅣ 不<sup>불</sup>✓能<sup>능</sup>奔<sup>분</sup>喪<sup>상</sup>이면 則<sup>즉</sup>當<sup>당</sup>朝<sup>조</sup>夕<sup>석</sup>으로

設<sup>설</sup>✓位<sup>위</sup>而<sup>이</sup>哭<sup>곡</sup>이나 四<sup>사</sup>日<sup>일</sup>而<sup>이</sup>止<sup>지</sup>니라 (止<sup>지</sup>✓於<sup>어</sup>四<sup>사</sup>日<sup>일</sup>之<sup>지</sup>朝<sup>조</sup>니라 若<sup>약</sup>情<sup>정</sup>

重<sup>중</sup>者<sup>자</sup>면 則<sup>즉</sup>不<sup>불</sup>✓止<sup>지</sup>此<sup>차</sup>限<sup>한</sup>이니라)

直譯 스승과 벗의 의리가 무거운 사람과, 친척으로서 복이 없으면서 정의가 두터운 사람과, 보통 서로 알면서 교분이 친밀한 사람이 모두 상을 들은 날에 있어 만약 길이 멀어서 그 초상에 왕림할 수 없으면 신위를 설치하고서 곡을 하나니, 스승이면 그 정의의 깊고 얕음에 따라서 혹은 심상 3년 하고 혹은 기년하며, 혹은 9개월 하고 혹은 5개월 하며, 혹은 3개월을 한다. 친구면 비록 가장 중하더라도 3개월을 지나지 않나니, 만약 스승의 상에 3년과 기년을 행하고자 하는 사람이 분상할 수 없으면, 마땅히 아침 저녁으로 신위를 설치하고서 곡을 하나 4일이면 그친다(4일 되는 날 아침에 그친다. 만약 정이 두터운 사람이면 이 한계로 그치지 않는다).

語義 • 相知之分(상지지분) : 서로 아는 교분.
• 分密者(분밀자) : 교분(交分)이 친밀(親密)한 사람.

- 深淺(심천) : 깊고 얕은 것.
- 心喪(심상) : ① 스승의 죽음에 제자들이 상복은 입지 않되 상제와 같은 마음으로 애모(哀慕)하는 일. ② 탈상(脫喪)한 뒤에도 마음으로 슬퍼하여 상중(喪中)에 있는 것같이 근신하는 일.
- 最重(최중) : 가장 무거운 것. 가장 두텁게 여기는 것.

[餘說] 원문의 「分蜜者」는 「分密者」의 오서(誤書)이고, 할주(割註)의 「不止此恨」도 「不止此限」의 오서로 판정하고 고쳤다.

이 대문에 친척(親戚)으로 무복(無服)이란 말이 있는데, 옛날과 오늘의 친척의 개념이 같다면 친척으로서의 무복이란 좀 사리에 어긋나는 게 아닐까 한다. 무복인 자가 친척의 범주(範疇)에 들 수 없기 때문이다.

지금 세상에 스승과 친구의 상이 비록 심상이라 한들 있겠는가? 옛날에 이런 것이 있었구나 하는 정도로 생각했으면 한다.

무추(毋追)
중국 하나라 때의 관(冠).

피변(皮弁)
임금이 평상시 조회 때 쓰던 관.

변(弁)
변은 관례 때에 한 번만 쓰는 치포관.

장보(章甫)
유학(儒學)을 공부하는 선비의 관(冠).

면(冕)
임금이 정복(正服)을 갖출 때 쓰던 관

위모(委貌)
주나라의 갓 이름

작변(爵弁)
중국 고대의 관모로 윗면이 평평한 검붉은 색의 모자

주자가례집람삼대복도(朱子家禮輯覽三代服圖) 중 관(冠)의 종류

# 14

　대체로 복제에 해당되어 상복을 입게 된 사람은 매달 초하루에 신위를 설치하고 자기의 상복을 입고서 모여서 곡을 해야 하며(스승이나 친구는 비록 상복은 입지 않으나 또한 역시 같다), 상복 입는 달 수가 이미 다 되었으면 다음 달 초하루에 신위를 설치하고 자기의 상복을 입고 모여서 곡하고서 상복을 벗을 것이다. 그 사이에 슬픈 마음이 들면 곡을 해도 좋다.

凡遭服者 每月朔日 設位 服其服而會哭
(師友 雖無
服 亦同) 月數旣滿 則於次月朔日 設位 服其
服 會哭而除之 其間哀至則哭 可也

[讀法] 凡遭√服者, ㅣ 每月朔日에 設√位,하고 服其服而會哭,하며(師友는 雖無√服,이라도 亦同.이니라) 月數旣滿,이면 則於次月朔日,에 設√位,하고 服其服,하고 會哭而除√之.니 其間哀至則哭,이라도 可也.니라

[直譯] 대체로 복을 입게 된 사람이 매달 초하루에 신위를 설치하고 그 복을 입고서 꼭 곡을 하며(스승이나 친구는 비록 복이 없을지라도

역시 같다), 달 수가 이미 찼으면 다음 달 초하루에 신위를 설치하고 그 복을 입고서 꼭 곡을 하고는 상복을 벗을 것이니, 그동안이라도 슬픔이 지극하면 곡을 하여도 좋다.

語義　• 遭服者(조복자) : 복제에 해당되는 초상을 만난 사람.

• 朔日(삭일) : 초하루.

• 服其服(복기복) : 그 상에 해당되는 복을 입고.

• 月數旣滿(월수기만) : 상기(喪期)의 달 수가 이미 다 됨.

餘說　복을 입는 사람이 곡을 하는 시기와 자세에 관하여 설명하고 있다.

문성사(文成祠)
강원 강릉시 죽헌동. 율곡선생 영정을 봉안.

# 15

　대체로 대공(大功) 이상의 복을 입을 상사(喪事)이면 장사 지내기 전에는 아무 까닭도 없이 문밖 출입을 하지 않아야 한다. 또한 남의 조문(吊問)도 할 수 없다. 항상 초상 치르는 것의 예법을 논의하는 것으로 일삼을 것이다.

> 凡大功以上喪 則未葬前 非有故 不可出入 亦
> 不可吊人 常以治喪講禮 爲事

[讀法] 凡大功以上喪,이면 則未葬前,엔 非有故,어든 不可出入,이오 亦不可吊人.이니 常以治喪講禮로 爲事.니라

[直譯] 대체로 대공 이상이면 장사를 지내기 전에는 까닭없이 출입할 수 없고, 또한 남의 조상(吊喪)도 할 수 없나니, 항상 초상 치르는 것의 예법을 논의하는 것으로 일삼을 것이다.

[語義] • 大功(대공) : 상복(喪服)의 이름. 9개월간 입는 상복. 4촌 형제가 그에 해당한다.
• 講禮爲事(강례위사) : 예를 논의하는 것으로 일을 삼음.
• 爲事(위사) : 일삼다. ① 그 일에 종사하다. ② 자기의 직무로 알다.

[餘說] 대공(大功) 이상의 상사를 당한 사람의 자세와 마음가짐을 설명하고 있다.

# 祭禮章第七

[제례장 제칠]

### 제사를 모시는
### 절차와 예절

# 祭禮章 第七 凡九文段

제 례 장 제 칠 범 구 문 단

■ 이 장은 제사 지내는 예절에 관한 글로 격몽요결 제 7장이며, 대개 9 문단으로 되어 있다.

# 1

제사 지내는 일은 당연히 《주자가례(朱子家禮)》에 따라 지내되, 꼭 사당(祠堂)을 건립하여 이에다 선조의 신주(神主)를 모셔 놓고, 제전(祭田)을 장만하고 제기(祭器)를 구비하여 장자손(長子孫)이 이를 주관할 것이다.

> 祭祀 當依家禮 必立祠堂 以奉先主 置祭田
> 具祭器 宗子主之

讀法 祭祀는 當依家禮하되 必立祠堂하여 以奉先主하고 置祭田하고 具祭器하여 宗子ㅣ 主之니라

直譯 제사는 마땅히 《가례》에 따르되 반드시 사당을 세워서, 이로써 선조의 신주를 받들고 제전을 설치하고 제기를 갖추어서 종자가 이를 주관할 것이다.

語義 • 家禮(가례) : 《주자가례(朱子家禮)》를 말함.
• 祠堂(사당) : 그 집안의 조상신(祖上神)의 위패(位牌=神主)를 모셔 놓은 집. 가묘(家廟).
• 先主(선주) : 선조(先祖)의 신주(神主).
• 祭田(제전) : 위토(位土). 수입을 조상의 제사에 쓰기 위하여 마련해 놓은 전답.
• 祭器(제기) : 제사에 쓰는 그릇.
• 宗子(종자) : 장자손(長子孫). 종가(宗家)의 맏아들.
• 主之(주지) : 이를 주관한다. 지(之)는 이것. 그것.

餘說 관・혼・상・제(冠・婚・喪・祭)의 사례(四禮) 중 제례에 관한 장인데, 이 문단은 제례의 준비 단계에 관한 기본 준비물에 대하여 적고 있다.

고구(羔裘)
대부(大夫)의 예복의 하나.
새끼 양의 가죽으로 만듦.

현단(玄端)
선비의 거가복(居家服).

중단(中單)
면복 중 곤복(袞服)의 현의(玄衣),
오늘날의 두루마기와 비슷하다.

주자가례집람삼대복도(朱子家禮輯覽三代服圖)

# 2

    사당을 맡고 있는 사람은 매일 새벽에 사당의 대문 안으로 들어가서 사당을 뵙고서 두 번 절하고(비록 주관하는 사람이 아닐지라도 주관하는 사람을 따라 같이 뵙고 절하는 것이 무방하다), 밖으로 나가고 들어올 때에는 반드시 사당에 고하여야 한다.

---

主祠堂者 每晨 謁于大門之內 再拜 (雖非主人 隨主<br>人同謁 無妨)<br>出入 必告

---

[讀法] 主<sup>주</sup>祠<sup>사</sup>堂<sup>당</sup>者<sup>자</sup>는 每<sup>매</sup>晨<sup>신</sup>에 謁<sup>알</sup>于<sup>우</sup>大<sup>대</sup>門<sup>문</sup>之<sup>지</sup>內<sup>내</sup>하여 再<sup>재</sup>拜<sup>배</sup>하고 (雖<sup>수</sup>非<sup>비</sup>主<sup>주</sup>人<sup>인</sup>이라도 隨<sup>수</sup>主<sup>주</sup>人<sup>인</sup>同<sup>동</sup>謁<sup>알</sup>도 無<sup>무</sup>妨<sup>방</sup>하니라) 出<sup>출</sup>入<sup>입</sup>엔 必<sup>필</sup>告<sup>고</sup>이니라

[直譯] 사당을 주관하고 있는 사람은 새벽마다 대문 안에서 뵙고서 두 번 절하고(비록 주관하는 사람이 아닐지라도 주관하는 사람을 따라 같이 배알해도 거리끼지 않는다), 밖에 나가거나 들어올 때에는 반드시 고할 것이다.

[語義] ·祠堂(사당) : 신주를 모시는 곳.
· 晨(신) : 새벽.
· 必告(필고) : 꼭 아룀. 반드시 고함.

[餘說] 사당(祠堂)을 주관하는 사람의 사당 관리에 대하여 적고 있다.

# 3

혹 수재·화재·도둑을 당하면 먼저 사당을 구출하여 신주와 유서를 옮기고 다음에 제기를 옮기고, 그런 다음에 집안의 재물을 옮길 것이다.

> 或有水火盜賊 則先救祠堂 遷神主遺書 次及
> 祭器 然後 及家財

讀法 或有水火盜賊,이면 則先救祠堂,하여 遷神主遺書,하고 次及祭器,하고 然後에 及家財.니라

直譯 혹 수재나 화재나 도둑이 있으면 먼저 사당을 구하여 신주와 유서를 옮기고, 다음에 제기에 이르고, 그런 다음에 집안 살림살이에 이를 것이다.

語義 •先救祠堂(선구사당) : 먼저 사당을 구출함.
• 遺書(유서) : 선조가 남겨 놓은 책.
• 次及祭器(차급제기) : 다음에 제기를 구출함.
• 家財(가재) : 살림살이에 필요한 물건. 집안의 재물(財物)

餘說 위급한 경우에 구출하는 순서를 적고 있다. 선조에 관한 것부터 옮기고 그리고 가재도구를 옮길 것이다.

# 4

정월 초하룻날과 동짓날과 매월 초하루와 보름날에는 사당에 참배하고, 명절에는 그때에 나는 음식으로써 올린다.

> 正($\frac{正}{朝}$)至($\frac{冬}{至}$)朔($\frac{一}{日}$)望($\frac{十五}{日}$) 則參 俗節 則薦以時食

[讀法] 正(正朝)·至(冬至)·朔(一日)·望(十五日),이면 則參,하고 俗節,이면 則薦√以┐時食.이니라

[直譯] 정월 초하룻날과 동짓날과 매월 초하루와 보름날이면 〔사당에〕참배하고, 명절날이면 시절 음식을 올려야 한다.

[語義] • 正朝(정조) : 정월 1일.
• 冬至(동지) : 24절기의 하나.
• 則(즉) : ~이면 ~이다.
• 參(참) : 참예(參詣)함. 참배하다. 나아가 뵘(신(神)이나 부처께).
• 俗節(속절) : 단오, 추석 등 풍속상의 명절.
• 薦(천) : 천신(薦神). 올림. 천신(薦新)할 무생이제(無牲而祭). 천신(薦新)은 ① 새로 나온 곡식이나 과일을 먼저 신(神)에게 올리는 것. ② 가을이나 봄에 신을 위하여 올리는 굿을 말한다.
• 時食(시식) : 시절의 음식. 철에 따라 나는 재료(식품)로 만든 음식.

[餘說] 사당을 모시는 날짜를 밝히고 있다.

# 5

　시제(時祭)를 지낼 적에는 4일 동안 산재(散齊)를 하고 3일 동안 치재(致齊)를 하며, 기제(忌祭)를 지낼 적에는 2일 동안 산재를 하고 1일 동안 치재하며, 참례(參禮)를 지낼 적에는 1일 동안 재숙(齊宿)을 한다. 이른바 산재라는 것은 남의 초상에 조문하지 아니하고, 남의 질병에 병문안 가지 아니하며, 훈채(葷菜:파나 마늘 등의 냄새나는 채소)를 먹지 아니하고, 술을 마셔도 취하도록 아니하며, 흉하고 더러운 일에는 다 참여하지 아니하는 것이다(만일 길에서 갑자기 흉하고 더러운 것을 만나면 눈을 가리고 피하여 보지 않을 것이다). 이른바 치재라는 것은 음악을 듣지 아니하고, 밖에 나들이(出入)하지 아니하며, 오로지 마음속으로 제사 지낼 분을 생각하여 그분이 살아계실 때에 거처하시던 곳을 생각하고, 그분이 웃고 말씀하시던 것을 생각하며, 그분이 좋아하시던 것을 생각하고, 그분이 즐기시던 것을 생각하는 것을 말한다. 대개 그렇게 한 연후에야 제사지낼 때를 맞이하여 그때에 그 모습을 보는 듯하고 그 음성이 들리는 것 같아서 정성이 지극하여야만 신이 와서 차려 놓은 것을 흠향할 것이다.

時祭 則散齊四日 致齊三日 忌祭 則散齊二日 致齊一日 參禮 則齊宿一日 所謂散齊者 不弔喪 不問疾 不茹葷 飮酒 不得至亂 凡凶穢之

事 皆不得預(若路中 猝遇凶穢 則 掩目而避 不可視也) 所謂致齊者 不聽
樂 不出入 專心想念所祭之人 思其居處 思其
笑語 思其所樂 思其所嗜之謂也 夫然後 當祭
之時 如見其形 如聞其聲 誠至而神亨也

[讀法] 時 祭,면 則 散 齊 四 日,하고 致 齊 三 日.하며 忌 祭,면 則
散 齊 二 日,하고 致 齊 一 日.하며 參 禮,면 則 齊 宿 一 日.하나니
所謂 散 齊 者,는 不吊喪,하고 不問疾,하며 不茹葷,하고
飲酒하되 不得至亂,하며 凡 凶 穢 之 事,엔 皆 不得預.니라
(若 路 中에 猝 遇 凶 穢,면 則 掩目而避,하고 不可視也.니
라) 所謂致齊者,는 不聽樂,하고 不出入,하며 專心想念
所祭之人,하여 思其居處,하고 思其笑語,하며 思其所
樂,하고 思其所嗜之謂也.니 夫然後에야 當祭之時,에 如
見其形,하고 如聞其聲,하여 誠至而神亨也.니라

[直譯] 시제(時祭)면 산재(散齊)를 4일간 하고 치재(致齊)를 3일간 하
며, 기제(忌祭)면 2일간 하고 치재 1일간 하며, 참례(參禮)면 재숙(齊
宿) 1일간 하나니, 이른바 산재라는 것은 초상에 조문하지 않고 질병
에 묻지 않으며, 훈채(葷茱)를 데치지 않고 술을 마시되 취하는 데 이
르지 아니하며, 대체로 흉하고 더러운 일에는 모두 참여하지 않는다

(만약 길에서 갑자기 흉하고 더러운 것을 만나면 눈을 가리어 피하고 보지 말아야 한다). 이른바 치재란 것은 음악을 듣지 않고, 출입하지 않으며, 오로지 마음으로 제사지내는 사람을 생각하여 그가 거처하던 곳을 생각하고, 그가 웃고 말하던 일을 생각하며, 그가 즐기던 것을 생각하고, 그가 즐기며 좋아하던 것을 생각하는 것이니, 대개 그렇게 한 연후에야 제사를 지낼 때에 그 얼굴이 보이는 듯하고, 그 음성이 들리는 듯하여 정성이 지극해야만 신이 와서 흠향할 것이다.

語義　• 時祭(시제) : 철마다 지내는 제사. 춘(春)·하(夏)·추(秋)·동(冬) 사시(四時)에 일월(日月)·산천(山川) 등에 지내는 제사. 여기서는 음력 2월, 5월, 8월, 11월에 사당에 지내는 제사. 해마다 음력 10월에 5대 이상의 조상의 산소에 지내는 제사. 시사(時祀) 또는 시향(時享)이라고도 함. 시제는 사시(四時)의 중월(仲月)에 정침(正寢)에서 지내는 제사로 육갑〈六甲〉으로 따져 천간(天干)에 정일(丁日)이나 지지(地支)에 해일(亥日)이 드는 날을 가려 지낸다. 춘분, 추분, 하지, 동지, 또는 속절일(俗節日)을 택하여도 무방함.
• 散齊(산재) : 부모의 제사 전 7일간의 재계(齋戒). 산재(散齋). 여기서는 시제 때 제관(祭官)이 치재(致齊)하기 앞서 4일 동안 몸이나 행동을 삼가는 일, 집 밖에서 근신하는 것. 남편이 치재하면 부인은 산재를 하는 것이 상례이다. 재계(齋戒)는 신(神)을 제사할 때 심신(心身)을 깨끗이 하고 음식을 가려먹어 부정(不淨)을 금기(禁忌)하는 것, 또는 그러한 행위. 재계(齊戒)와 같이 씀.
• 致齊(치재) : 제관(祭官)이 된 사람이 3일간의 재계(齋戒). 집안에서 근신하는 것.
• 忌祭(기제) : 친족(親族)이 돌아가신 날에 지내는 제사. 기일제(忌日祭) 또는 기제사(忌祭祀)라고도 함. 친족의 범위는 4대를 말하며, 자기를 기준으로 고조(高祖)까지의 조상을 말함.
• 參禮(참례) : 설날·동지·초하루·보름 등에 사당을 참배하는 예절이다. 흔히 차례(茶禮)라고도 한다. 다례(茶禮), 차사(茶祀)와 같음. 종류로는 ①

삭일참례(朔日參禮) : 매월 음력 초하룻날 주인 이하 예복(禮服) 차림을 하고 각 위(位)에 음식을 진설한 다음 모사(茅沙)를 향상(香床)에 놓고 제사를 지낸다. ② 망일참례(望日參禮) : 매월 음력 보름날 분향재배만 한다. ③ 속절(俗節) : 정월 초하루 · 상원(上元)〈정월보름〉 · 중삼(重三)〈3월 3일〉 · 단오(端午) · 유두(流頭)〈6월 망일(望日)〉 · 칠석(七夕)〈7월 7일〉 · 중양(重陽)〈9월 9일〉 · 동지(冬至)에는 삭일 참례와 같이하되 그 계절의 음식을 더 차린다. 동짓날에 시제(時祭)를 지내면 참례는 행하지 않는다. ④ 천신(薦新) : 속절의 시식(時食) 외에 그 계절의 새로운 물건이 나오면 이를 바치되 절차는 망일 참례와 같다. 상기한 바와 같이 지내는 간단한 낮 제사.

• 齊宿(재숙) : 재계(齊戒)하고 하룻밤을 지냄.
• 茹葷(여훈) : 「葷」은 마늘 · 파와 같은 냄새가 나는 채소를 먹음. 「茹」는 데치는 것. 훈채(葷菜)를 데쳐서 먹음.
• 飮酒不得至亂(음주부득지란) : 술을 마시되 취하는 데 이르러서는 안 됨. 「不得」은 「不可」와 같다.
• 凶穢(흉예) : 흉하고 더러움.
• 神享(신향) : 신이 흠향함. 흠향(歆饗)은 신명(神明)이 제물을 받음.
• 預(예) : 참여하다. 간여하다.
• 神明(신명) : 천지의 신령. 신(神).

餘說 각종 제사를 지낼 적에 제사 당일 이전에 재계하는 여러 가지 것을 자세히 열거하였다. 이렇게까지 따라 갈 수는 없다손 치더라도 이와 같은 마음가짐을 갖도록 권하고 싶다.

이 책의 대본에 「致齋致齊一日」은 「致齊一日」이어야 옳다고 본다. 그리고 여기의 「致齊 · 散齊 · 齊宿 」의 「齊」는 「齋」와 통한다. 원은 「齋」자에서 변한 것이다.

# 6

　　대체로 제사는 사랑과 공경의 정성을 다하는 것으로 주를 삼을 뿐이다. 가난하면 집의 형편에 따라 행할 것이고, 병들어 있으면 근력(筋力)을 헤아려 행할 것이다. 재물과 근력이 가능한 사람은 스스로 마땅히 예법대로 할 것이다.

凡祭 主於盡愛敬之誠而已 貧則稱家之有無 疾則量筋力而行之 財力可及者 自當如儀

[讀法] 凡祭,는 主於盡愛敬之誠而已.니라 貧則稱家之有無,요 疾則量筋力而行之.니 財力可及者,는 自當如儀.니라

[直譯] 대체로 제사는 사랑과 공경의 성의를 다하는 것을 주로 할 뿐이다. 가난하면 집에 있고 없음을 헤아려 적합하게 할 것이요, 병이면 근력을 헤아려서 행할 것이니, 재물과 힘이 미칠 수 있는 자는 스스로 마땅히 예법대로 할 것이다.

[語義]　• 而已(이이) : ~일 뿐이다. ~일 따름이다.
• 稱(칭) : 적합하게 함. 헤아림.
• 疾(질) : 몸에 질병이 있음.
• 筋力(근력) : 기운과 체력.
• 可及者(가급자) : 미칠 수 있는 사람. 가능한 사람.
• 如儀(여의) : 예법대로.

餘說 제사라는 것은 사랑과 정성이 위주가 될 것이며, 없는 가정이 빚을 져가며 제수(祭需)를 마련할 것이 아니고 형편을 따를 것이며, 몸이 불편하면 근력에 따라 행할 것이다. 재력(財力)을 갖추어 가능한 사람이면 마땅히 예법대로 해야 한다는 것이다.


# 7


묘제와 기제를 세상 풍속에 따라 자손들이 돌려가며 지내고 있는데, 이것은 예가 아니다. 묘제라면 비록 돌려가며 지내더라도 모두가 묘 앞에서 지내니 그래도 괜찮지만, 기제를 사당에 모신 신주(神主)에게 제사지내지 않고 지방(紙榜)을 써 붙이고 제사를 지내니 이는 몹시 미안한 일이다. 그러니 돌려가면서 지내지 않을 수 없는 형편이거든 반드시 제사 음식을 차려서 가묘(家廟)에 가 지내는 것이 그래도 옳을 것이다.

墓祭 忌祭 世俗 輪行 非禮也 墓祭 則雖輪行 皆祭于墓上 猶之可也 忌祭 不祭于神主 而乃 祭于紙榜 此甚未安 雖不免輪行 須具祭饌 行 于家廟 庶乎可矣

[讀法] 墓<sup>묘</sup>祭<sup>제</sup>·忌<sup>기</sup>祭<sup>제</sup>,를 世<sup>세</sup>俗<sup>속</sup>에 輪<sup>윤</sup>行<sup>행</sup>,하니 非<sup>비</sup>✓禮<sup>례</sup>也<sup>야</sup>.니라 墓<sup>묘</sup>祭<sup>제</sup>,면 則<sup>즉</sup>雖<sup>수</sup>輪<sup>윤</sup>行<sup>행</sup>,이라도 皆<sup>개</sup>祭<sup>제</sup>✓于<sup>우</sup>墓<sup>묘</sup>上<sup>상</sup>,이니 猶<sup>유</sup>之<sup>지</sup>可<sup>가</sup>也<sup>야</sup>,나 忌<sup>기</sup>祭<sup>제</sup>,를 不<sup>부</sup>✓祭<sup>제</sup>✓于<sup>우</sup>神<sup>신</sup>主<sup>주</sup>,하고 而<sup>이</sup>乃<sup>내</sup>祭<sup>제</sup>✓于<sup>우</sup>紙<sup>지</sup>榜<sup>방</sup>,하니 此<sup>차</sup>甚<sup>심</sup>未<sup>미</sup>安<sup>안</sup>.이라 雖<sup>수</sup>不<sup>불</sup>✓免<sup>면</sup>輪<sup>윤</sup>行<sup>행</sup>,이라도 須<sup>수</sup>具<sup>구</sup>祭<sup>제</sup>饌<sup>찬</sup>,하여 行<sup>행</sup>✓于<sup>우</sup>家<sup>가</sup>廟<sup>묘</sup>, 丨 庶<sup>서</sup>乎<sup>호</sup> 可<sup>가</sup>矣<sup>의</sup>.리라

[直譯] 묘제와 기제를 세간 풍속에 〔자손들이〕 돌려가며 지내고 있나니, 〔이것은〕 예의가 아니다. 묘제라면 비록 돌려가며 지내더라도 모두 묘소에서 제사지내니 오히려 좋을 것이나, 기제를 신주에게 제사 지내지 않고 지방(紙榜)에 제사를 지내니, 이는 매우 미안스러운 일이다. 비록 돌려가며 지내는 것을 면할 수 없더라도 꼭 제찬(祭饌)을 갖추어 가묘에 가서 지내는 것이 그래도 옳을 것이다.

[語義]  • 墓祭(묘제) : 무덤(산소) 앞에서 지내는 제사.
• 忌祭(기제) : 부모나 조상이 죽은날 지내는 제사.
• 世俗輪行(세속윤행) : 세상 풍속에 자손들이 돌려가며 제사를 지내는 것.
• 猶之可也(유지가야) : 오히려(그래도) 좋다(가하다=괜찮다).
• 神主(신주) : 위패(位牌). 위패(位牌)는 단(壇), 원(院), 절[寺] 등에 모시는 신주(神主)의 이름을 적은 나무 패.
• 紙榜(지방) : 신주(神主) 대신 종이에 조상의 서열 관계와 관직을 적은 것.
• 祭饌(제찬) : 제수(祭需)로 마련한 음식.
• 家廟(가묘) : 조상(祖上)의 사당(祠堂).
• 庶乎可矣(서호가의) : 거의 옳다. 서호(庶乎)는 거의 ~에 가깝다.

餘說  묘제는 절사(節祀)가 보통인데 절사를 보면 근래에는 한식(寒食)·9월 9일 및 10월에 날짜를 정하여 1년에 한 번 지낸다. 이것은 대개 방안 제사는 5대까지만 지내고 6대부터 이상은 절사로 모시는 것이 세속이다. 5대 이내라도 추석·한식 및 설날에 성묘(省墓) 때 제수를 마련하여 가지고 가서 지내는 사람들이 있다.

기제는 가묘에서 지내야 한다고 되어 있으나 지금은 가묘를 모시고 있는 사람은 거의 없고 지방을 써 붙이고 지내고 있다.

가정의례준칙에 따르면 단대만을 권장하고 있으니, 시세에 따름이 좋을 것이다.

# 8

상례와 제례의 두 가지 예법의 가장 옳은 것은 사람의 자식으로서 정성을 다해야 할 일이다. 이미 돌아가신 어버이를 뒤쫓아가서 봉양할 수 없으니, 만약 상중에 그 예의를 다하지 못하고 제사에 그 정성을 다하지 않는다면 하늘이 다하도록 아픈 마음을 어디다 붙일 만한 일이 없고 쏠을 만한 때가 없을 것이니, 그렇다면 사람의 자식된 정에 있어 마땅히 어찌해야 할 것인가? 증자(曾子)가 말했다. 「부모의 장례나 제사를 정중히 모시어 조상을 추모하면 백성들의 덕을 생각하는 마음씨가 두터운 곳으로 돌아가리라」고 하셨으니, 사람의 자식된 자가 마땅히 깊이 생각해야 할 일이다.

喪祭二禮 最是人子致誠處也 已沒之親 不可
追養 若非喪盡其禮 祭盡其誠 則終天之痛 無
事可寓 無時可洩也 於人子之情 當如何哉 曾
子曰 愼終追遠 民德 歸厚矣 爲人子者 所當
深念也

<br>

[讀法] 喪祭二禮는 最是人子致誠處也니라 已沒之親을
不可追養이니 若非喪盡其禮하고 祭盡其誠이면 則
終天之痛을 無事可寓요 無時可洩也니라 於人子之
情이 當如何哉오 曾子ㅣ曰,「愼終追遠하면 民德이 歸
厚矣니라」하니 爲人子者ㅣ所當深念也니라

<br>

[直譯] 상례와 제례의 두 가지 예의의 가장 옳은 것은 사람의 아들로
서 정성을 다해야 할 일이다. 이미 돌아가신 어버이를 뒤쫓아 가서 봉
양할 수 없으니, 만약 장례에 그 예의를 다하지 못하고 제사에 그 정성
을 다하는 것이 아니면 가없는 비통을 붙일 수 있는 일이 없고 쏟을 수
있는 때가 없다. 사람의 자식된 정에 있어 마땅히 어뗘해야 할 것인
가? 증자가 말하기를, 「부모의 장례나 제사를 정중히 하여 조상을 추
모하면 백성의 덕망이 돈후(敦厚)하게 된다」 하니, 사람의 자식된 자
가 마땅히 깊이 생각해야 할 바이다.

<br>

[語義]　• 致誠(치성) : 정성을 다함.

- 追養(추양) : 뒤쫓아가 돌아가신 부모를 봉양함.
- 終天之痛(종천지통) : 친상(親喪)의 슬픔. 가없는 슬픔. 하늘이 다하도록 아픈 마음.
- 當如何哉(당여하재) : 마땅히 어찌 하겠는가? 여하(如何)는 어찌, 어떻게 하겠는가? 등의 의문사.
- 愼終(신종) : 어버이의 상사(喪事)를 정중히 함.
- 追遠(추원) : 조상을 생각하고 제사지냄.
- 歸厚(귀후) : 돈후(敦厚)한 데로 돌아감. 후하게 돌아옴. 돈후(敦厚)는 인정이 두터움. 돈독(敦篤).

餘說 부모의 상례와 제례의 두 가지 예의의 가장 옳은 것은 정성을 다해야 한다는 것이다. 장례나 제례에 그 정성과 예의를 다하여야 한다. 그렇지 않으면 한없는 아픈 슬픔을 어디 풀어볼 일이 없고 어디 쏟아부을 때가 없다는 것이다.

# 9

지금의 풍속이 대부분 예의를 알지 못하여서 그 제사지내는 의식이 집집마다 같지 않으니 몹시 우스운 일이다. 이것을 만일 마련한 예법을 가지고 한 가지로 통일적으로 하지 않으면 마침내 문란하고 질서가 없어져서 오랑캐의 풍속으로 돌아갈 것이다. 이에 제례(祭禮)를 초록하여 책 끝에 부록으로 하고 또 그림까지 붙이니 꼭 자세히 살피고 본받아 행해야 하며,

만일 부형(父兄)이 그렇게 하고자 않으면 마땅히 자세히 설명하여 밝히어서 꼭 바르게 돌아가도록 기약해야 할 것이다.

今俗 多不識禮 其行祭之儀 家家不同 甚可笑也 若不一裁之以禮 則終不免紊亂無序 歸於夷虜之風矣 玆鈔祭禮 附錄于後 且爲之圖須詳審倣行 而若父兄 不欲 則當委曲陳達 期於歸正

[讀法] 今俗이, 多不識禮하여 其行祭之儀ㅣ 家家不同,하니 甚可笑也니라 若不一裁之以禮면 則終不免紊亂無序,하여 歸於夷虜之風矣리라 玆鈔祭禮하여 附錄于後하고 且爲之圖하니 須詳審倣行이오 而若父兄이 不欲,이면 則當委曲陳達,하여 期於歸正이니라

[直譯] 지금 세속이 흔히 예법을 알지 못하여 그 제사지내는 의식이 집집마다 같지 아니하니 심히 가소로운 일이다. 만약 마련한 예법으로써 통일적으로 하지 아니하면, 마침내 문란과 무질서하여 오랑캐의 풍속으로 돌아가는 것을 면하지 못할 것이다. 이에 제례를 뽑아 끝에 기록을 붙이고 또 이것을 그림으로 마련하여 놓았으니, 반드시 잘 살펴 본받아서 행할 것이다. 그런데 만약 부형이 그대로 행하려 하지 않으면 마땅히 간곡히 설명하여 바른길로 돌아오기를 기약해야

할 것이다.

語義  •多不識禮(다불식례) : 대부분 예법을 알지 못함. 다(多)는 대부분,
혹은 대체로, 흔히.
• 裁(재) : 바로잡는다.
• 夷虜之風(이로지풍) : 오랑캐의 풍속.
• 鈔(초) : 베낌, 베껴 씀. 본문이 초(抄)로 된 판본도 있음. 초본(鈔本)은 내
용의 중요한 부분만 뽑아서 베낀 문서(文書), 또는 서적(書籍). 초본(抄
本).
• 抄錄(초록) : 필요한 대목만을 가려 뽑아서 적음. 또는 그 기록.
• 倣行(방행) : 모방해서 행함. 본받아서 행하다.
• 委曲(위곡) : ① 자세함. 상세함. ② 따라 굽힘. 불만되는 점이 있어도 몸
을 굽혀 일의 성취를 바란다는 뜻.
• 陳達(진달) : 말하여 밝힘. 설명함.
• 歸正(귀정) : 정당한 데로 복귀함. 사필귀정(事必歸正).

餘說  제사지내는 의식의 절차가 집집마다 제멋대로 행하여 제례와
같지 않다. 그래서 제례에서 중요한 것을 초록하여 이 책의 부록으
로 넣었고, 그것에는 도해(圖解)까지 곁들였으니 잘 보고 본받아서
그대로 하라는 것이다.

# 居家章第八

[거가장제팔]

집안을 다스리는 법

家禮卷第一

通禮

此篇所著皆所謂

不修者

祠堂

此章本合在祭禮篇今以報本反始之心尊祖敬
宗之意實有家名分之守所以開業傳世之本也
故特著此冠于篇端使覽者知所以先立乎其大
者而凡後篇所以周旋升降出入向背之曲折亦
有所據以故焉然古之廟制不見於經且今士庶
人之賤亦有所不得爲者故特以祠堂名之而其
制度亦多用俗禮云

家禮卷一

家禮大全書 單

# 居家章 第八 凡十文段
거 가 장 제 팔 범 십 문 단

■이 장은 집에 있어서의 건실한 가정생활에 관한 글로 격몽요결 제8
장이며, 대개 10문단으로 되어 있다.

# 1

대체로 집에 있을 때는 마땅히 삼가 예법을 지켜서 이로
써 처자와 집안 식구를 거느려야 할 것이니 이들에게 모두
각각 직책을 나누어서 일을 주고 그 성공을 책임지우며, 재
물의 씀씀이를 절제하는 방법을 마련하여 수입을 헤아려서
지출을 하며, 집안의 재정 형편에 따라서 윗사람과 아랫사
람의 옷과 음식과 길사와 흉사의 비용을 지급해 주되, 모두
차등을 두어 균일하게 하여 조금도 낭비하는 것이 없도록
제재해야 하며, 화려하고 사치스러운 것을 금지하며 항상
저축이 조금씩이라도 있도록 예비했다가 이로써 뜻밖의 쓸
일에 대비해야 할 것이다.

[讀法] 凡居ⱽ家,엔 當謹守禮法,하여 以率妻子及家衆,하나

니 分ⱽ之以ⱽ職,하고 授ⱽ之以ⱽ事,하여 而責其成功,하며 制財

用之節,하여 量ⱽ入以爲ⱽ出,하며 稱家之有無,하여 以給上

下之衣食,과 及吉凶之費,하되 皆有品節,하고 而莫ⱽ不均

一,하여 裁省冗費,하며 禁止奢華,하여 常須稍存贏餘,하

여 以備不虞,니라

[直譯] 대체로 집에 있어서는 마땅히 삼가 예법을 지켜서 이것으로써
처자와 집안 식구를 거느리나니, 그들에게 나누되 직분으로써 하고
그들에게 주되 일로써 하여 그 성공을 책임지우며, 재물의 씀씀이를
절약 억제하여, 수입을 헤아려서 이로써 지출을 하며, 집안의 재정 형
편에 따라서 상하의 옷과 음식, 좋은 일과 궂은 일의 비용을 주되, 모
두 등차를 세워 두고 균일하지 않게 꾀하여, 쓸데없는 비용을 존절하
게 줄이며, 사치와 호화를 금지하여 항상 꼭 남음이 있도록 하여 이로
써 뜻밖의 일에 대비하도록 할 것이다.

語義　• 家衆(가중) : 집안 식구.

• 制財用之節(제재용지절) : 재물에 씀씀이를 절약하여 억제함. 재물의 씀씀이를 절제하는 방법을 마련하다.

• 量入以爲出(양입이위출) : 수입을 헤아려 그 수입으로 알맞게 지출함.

• 稱家之有無(칭가지유무) : 집안의 재정 형편에 따라서.

• 品節(품절) : 등차를 세움. 차등을 둠.

• 莫不均一(막불균일) : 균일하지 않음이 없게 함. 균형을 맞추다. 고르게 하다.

• 裁省冗費(재생용비) : 쓸데없는 비용을 존절하게 줄임.

• 奢華(사화) : 사치와 호화로움.

• 稍存(초존) : 조금씩 보존해 둠. 저축이 조금씩 있게 함.

• 贏餘(영여) : 나머지. 남은 재물.

• 不虞(불우) : 뜻밖의 일.

餘說　온 가족을 예법으로 통솔하고 직분을 주고 성불성(成不成)을 재족하며 가정 경제에 대하여 수입과 지출의 균형을 맞추고 항상 검소하게 하여 불의의 지출에 대비해서 여축(餘蓄)을 하라는 것이다.

기자실기(箕子實記) 이이(李珥) 술(述).

# 2

    관례와 혼례의 제도는 마땅히 《주자가례》에 따라야 하고, 구차스럽게 세속을 따라서는 안 된다.

> 冠婚之制 當依家禮 不可苟且從俗

[讀法] 冠<sup>관</sup>婚<sup>혼</sup>之<sup>지</sup>制<sup>제</sup>,는 當<sup>당</sup>依<sup>의</sup>家<sup>가</sup>禮<sup>례</sup>,니 不<sup>불</sup>可<sup>가</sup>苟<sup>구</sup>且<sup>차</sup>從<sup>종</sup>俗<sup>속</sup>.이니라

[直譯] 관례와 혼례의 제도는 마땅히 《주자가례》에 따라야 하나니 구차스럽게 속된 풍속을 따라서는 안 된다.

[語義] • 冠婚之制(관혼지제) : 관례(冠禮)와 혼례(婚禮)의 제도. 관례는 어른이 되는 예식으로 남자는 20살이 되었을 때 처음으로 갓을 쓰고, 여자는 계례(笄禮)라 하여 15세에 처음으로 쪽을 쩌서 비녀를 꽂는 예식을 말한다.
• 家禮(가례) : 여기서는 《주자가례(朱子家禮)》를 가리킴.

[餘說] 주자학을 따르던 당시인지라, 마땅히 《주자가례》에 따라 관례나 혼례를 행하여 지방마다 가문마다 구구한 제도를 통일코자 함이다.

# 3

　형과 아우는 부모가 남겨주신 몸을 함께 받은 것이니, 나와 더불어 한몸과 같은 것이다. 그러므로 마땅히 저와 내가 간격이 있어서는 안 된다. 음식과 의복의 있고 없고를 모두 똑같이 하여야 한다. 가령 형은 굶주리는데 아우는 배부르고 아우는 추운데 형은 따뜻하다면, 이는 한 몸속의 팔다리와 몸뚱이가 한편은 병들고 다른 한쪽은 튼튼한 것과 같은 것이니, 이렇게 되고 보면 그 몸과 마음이 어찌 한쪽만 편안할 수 있겠는가? 그렇기 때문에 지금 사람들이 형제끼리 서로 사랑하지 않는 것은 모두 자기들의 부모를 사랑하지 않기 때문이다. 만일 그 부모를 사랑하는 마음을 가졌다면 어찌 그 부모가 낳은 자식을 사랑하지 않겠는가? 형제 중에 만일 좋지 못한 행실이 있다면, 마땅히 정성을 쌓고 충고를 하여 차차 도리로써 깨우쳐 주고 감동되어 깨닫게 할 일이지, 갑자기 노여운 안색을 하거나 거슬리는 말을 해서 형제간의 화목을 잃어서는 안 된다.

兄弟 同受父母遺體 與我 如一身 視之 當無
彼我之間 飲食衣服有無 皆當共之 設使 兄飢
而弟飽 弟寒而兄溫 則是一身之中 肢體 或病
或健也 身心 豈得偏安乎 今人 兄弟不相愛者
皆緣不愛父母故也 若有愛父母之心 則豈可不

愛父母之子乎 兄弟 若有不善之行 則當積誠
忠諫 漸喩以理 期於感悟 不可遽加厲色拂言
以失其和也

[讀法] 兄弟는 同受父母遺體하여 與我로 如一身이니 視之를 當無彼我之間하여 飮食衣服有無를 皆當共之할지니 設使, 兄飢而弟飽하고 弟寒而兄溫이면 則是一身之中에 肢體ㅣ 或病或健也라 身心이 豈得偏安乎아 今人이 兄弟不相愛者는 皆緣不愛父母故也니 若有愛父母之心이면 則豈可不愛父母之子乎아 兄弟ㅣ 若有不善之行이면 則當積誠忠諫하되 漸喩以理하여 期於感悟요 不可遽加厲色拂言하여 以失其和也니라

[直譯] 형제는 부모의 끼치신 몸을 함께 받아서 나와 더불어 한 몸과 같은 것이니, 이를 보기를 마땅히 저와 나와의 간격을 없이 하여 음식과 의복의 있고 없고를 다 마땅히 같이 할 것이니, 가령 형은 굶주리는데 아우는 배부르고 아우는 추운데 형은 따뜻하다면, 이는 한 몸 속의 팔다리와 몸뚱이가 혹은 병들고 혹은 튼튼한 것과 같은 것이라, 몸과 마음이 어찌 편안할 수 있겠는가? 지금 사람들이 형제끼리 서로 사랑

하지 않는 것은 다 부모를 사랑하지 않는 데 따른 까닭이니, 만일 부모를 사랑하는 마음을 가졌다면 어찌 그 부모의 자식을 사랑하지 않겠는가? 형제가 만일 좋지 못한 행실이 있다면 마땅히 정성을 다하여 충고하되, 차차 이치로써 깨우쳐서 마음에 느끼어 깨닫기를 기대할 것이고, 갑자기 노여운 낯빛으로 거슬리는 말을 하여 이로써 그 화목을 잃어서는 안 된다.

語義  • 遺體(유체) : 물려주신 몸.
• 共之(공지) : 함께 같이하는 것.
• 設使(설사) : 가령. 그렇다손 치고.
• 飢(기) : 굶주리는 것.
• 飽(포) : 배불리 먹는 것.
• 肢體(지체) : 좌우 수족(팔·다리)의 사지(四肢)와 몸뚱이.
• 豈得~乎(기득~호) : 어찌~할 수 있겠는가?
• 積誠忠諫(적성충간) : 정성을 다하여 충고함.
• 喩(유) : 깨우치는 것.
• 感悟(감오) : 느끼어 깨달음. 알아차림. 감동해서 깨달음.
• 厲色(여색) : 노여운 낯빛. 성난 얼굴빛.
• 拂言(불언) : 거슬리게 말함. 말을 함부로 퍼붓는 것.

餘說  동기(同氣=형제 자매〈兄弟 姉妹〉)는 일신(一身)이라는 것을 구체적으로 예를 들어가며 설명하였다. 형제란 수족과 같은 것이어서 수족이 한 번 끊어지면 다시 붙이거나 이을 수 없다는 것은 누구나 쉽게 깨달을 것이다. 의복과 같은 자기 아내의 말로 흔히 형제간의 불화가 양성(釀成=어떤 분위기나 감정의 경향 따위를 천천히 자아냄)되고 있는 것을 본다. 여자라는 아무 혈연이 없는 사람이 끼어 들어 사랑을 독차지하기 위해서 형제간의 우애마저 끊어놓는 일은 빨리 근절되어야 한다.

# 4

지금 학문을 하는 사람들은 겉으로는 비록 학문을 한다는 긍지를 갖고 있지만 속으로는 독실함이 드물다. 부부 사이에도 이부자리 위에서 너무 지나치게 정욕(情慾)을 함부로 해서 그들의 위의(威儀)를 잃어 버리는 경우가 많다. 그래서 부부가 서로 지나치게 친근하기만 하여 버릇없이 굴게 되면 서로 공경하는 사람이 몹시 드물다. 이렇게 한다면 제아무리 몸을 닦고 집안을 바로잡고자 한들 또한 어렵지 않겠는가? 반드시 남편은 온화하면서 바른 의리로써 아내를 거느리고, 아내는 유순하면서 올바른 도리로써 남편을 받들어서 부부 사이에 예의와 공경을 잃지 않아야 한다. 그러한 연후에야 집안일을 다스릴 수가 있다. 만일 종전처럼 서로 친밀하기만 하고 버릇없이 굴다가 하루아침에 갑자기 공경하려고 한다면 그것은 행하기가 어려워질 것이다. 모름지기 바로 아내와 더불어 서로 경계하여 반드시 전에 있던 습관을 버리고 점점 예의 바른 길로 들어가도록 하는 것이 좋다. 이렇게 해서 남편이 만일 아내를 보고 말하는 것이나 몸가짐이 한결같이 바른 길에서 나오는 것을 보면 반드시 차차 서로 믿고 남편의 말에 순종하게 될 것이다.

今之學者 外雖矜持 而内鮮篤實 夫婦之間 衽

席之上 多縱情慾 失其威儀 故 夫婦不相昵狎
而能相敬者 甚少 如是 而欲修身正家 不亦難
乎 必須夫和 而制以義 妻順 而承以正 夫婦
之間 不失禮敬 然後 家事 可治也 若從前相
狎 而一朝 遽欲相敬 其勢難行 須是與妻相戒
必去前習 漸入於禮 可也 妻若見我發言持身
一出於正 則必漸相信 而順從矣

讀法 今之學者는 外雖矜持나 而內鮮篤實이니 夫婦
之間은 衽席之上이면 多縱情慾하여 失其威儀라 故로
夫婦ㅣ不相昵狎하고 而能相敬者ㅣ甚少라 如是로 而
欲修身正家인들 不亦難乎아 必須夫和하여 而制以
義하고 妻順하여 而承以正하여 夫婦之間에 不失禮敬,
이니 然後에야 家事를 可治也니라 若從前相狎이라가 而一
朝에 遽欲相敬하면 其勢難行이니 須是與妻相戒하여 必
去前習하고 漸入於禮ㅣ可也니라 妻ㅣ若見我發言
持身이 一出於正이면 則必漸相信하고 而順從矣리
라

直譯 지금 학문을 하는 사람들은 겉으로는 비록 긍지를 가졌으나 속으로는 독실함이 드무니, 부부 사이는 이부자리 위에서 흔히 정욕을 함부로 하여 그 위의를 잃는다. 그러므로 부부가 서로 측근에서 버릇없이 굴지 않고 능히 서로 공경하는 사람이 몹시 적다. 이와 같으므로 몸을 닦고 집을 바로잡고자 한들 또한 어렵지 않겠는가? 꼭 남편은 온화하면서 의로써 제어하고, 아내는 유순하면서 정당한 도리로써 받들어서 부부 사이에 예의와 공경을 잃지 않을 것이니, 그러한 연후에야 집안일을 다스릴 수 있다. 만일 종전대로 서로 버릇없이 굴어 오다가 하루아침에 갑자기 서로 공경하고자 하면 그 자세가 뜻대로 행하기 어려우니, 모름지기 바로 아내와 더불어 서로 경계하여 반드시 전의 습관을 버리고 차차 예에 들어가는 것이 좋다. 아내가 만일 내가 말하는 것이나 몸가짐이 한결같이 바르게 나오는 것을 본다면 반드시 차차 서로 믿고 순종하게 될 것이다.

語義 • 矜持(긍지) : 자신의 재능이나 능력 따위를 믿음으로써 가지는 자랑.
• 衽席(임석) : ① 요. 까는 요. 자리. 이부자리. ② 침실(寢室). 눈앞. 목전.
• 縱(종) : 마음대로 함.
• 情慾(정욕) : 남녀간의 정사에 대한 욕심.
• 威儀(위의) : 예의에 맞아 위엄 있는 거동(擧動).
• 昵狎(일압) : 측근에서 버릇없이 굶. 서로 간격없이 아무렇게나 친한 사이.
• 必須(필수) : 반드시 있어야 하는 것. 꼭 필요한 것.

餘說 부부 사이라도 서로 인격을 존중하고 예의를 잃지 않아야 한다. 흔히 정욕을 함부로 하다가 위의를 잃게 되면 심히 곤란하게 된다. 남편된 자나 아내된 자는 체모에 손상되는 일이 없도록 일거수 일투족을 신중히 해야 한다. 그래서 예의 바른 생활을 가져야 한다.

# 5

　자식을 낳아서 약간 사물에 대한 지식이 있을 때부터는 마땅히 착한 길로 인도해 나가야 한다. 만일 어리다고 해서 가르치지 않으면 그 어린애가 장차 어른이 되어도 좋지 못한 버릇이 들어 정신을 차리지 못하여 그를 가르치기가 몹시 어렵다. 자식을 가르치는 차례는 마땅히 《소학(小學)》에 따를 것이다. 대개 한집안에 예법이 잘 시행되고 책과 글씨 쓰기 이외에 딴 잡기(雜技)가 없다면, 자제들도 또한 다만 학문을 배반하고 밖으로 달려나가 다른 짓을 할까 하는 근심이 없을 것이다. 형제의 자식은 내 자식과 같은 것이다. 그를 사랑함과 그를 가르치기를 마땅히 내 자식과 똑같이 할 것이요, 조금도 가볍고 무겁고 후하고 박함이 있어서는 안 된다.

---

生子 自稍有知識時 當導之以善 若幼而不敎
至於旣長 則習非放心 敎之甚難 敎之之序 當
依小學 大抵一家之內 禮法興行 簡編筆墨之
外 無他雜技 則子第亦無外馳畔學之患矣 兄
弟之子 猶我子也 其愛之 其敎之 當均一 不
可有輕重厚薄也

讀法 生<sup>√</sup>子,하여 自<sup>「</sup>稍 有<sup>「</sup>知 識<sup>「</sup>時,는 當 導<sup>√</sup>之 以<sup>√</sup>善,하나니 若

幼 而 不<sup>√</sup>敎,하여 至<sup>「</sup>於 旣 長,이면 則 習<sup>√</sup>非 放 心,하여 敎<sup>√</sup>之 甚

難.이니라 敎<sup>√</sup>之 之 序,는 當 依<sup>「</sup>小 學,이니 大 抵 一 家 之 內,에

禮 法 興 行,하고 簡 編 筆 墨 之 外,에 無<sup>「</sup>他 雜 技,면 則 子 ㅣ 第

亦 無<sup>「</sup>外<sup>「</sup>馳 畔<sup>√</sup>學 之 患<sup>「</sup>矣.리라 兄 弟 之 子,는 猶<sup>「</sup>我 子 也,니

其 愛<sup>√</sup>之,와 其 敎<sup>√</sup>之,를 當 均 一,이오 不<sup>「</sup>可 有<sup>「</sup>輕 重 厚 薄<sup>「</sup>也.

니라

直譯 자식을 낳아서 약간 지식이 있을 때부터는 마땅히 이를 인도하되 선으로써 할 것이니, 만일 어려서 가르치지 않고서 이미 장성함에 이르면 잘못이 버릇이 되고 방심하게 되어 이를 가르치기란 심히 어렵다. 가르치는 차서는 마땅히 소학에 따를 것이니, 대개 한집안에 예법이 흥행하여 책 읽고 글씨 쓰는 이외에 다른 잡기를 하지 않으면, 자식도 다만 역시 학문을 내버리고 밖으로 달아나가는 근심이 없을 것이다. 형제의 자식은 내 자식과 같나니, 그를 사랑함과 그를 가르치기를 마땅히 똑같이 할 것이요, 가볍고 무겁고 후하고 박함이 있어서는 안 된다.

語義 • 稍(초) : 좀. 겨우. 약간.
• 習非(습비) : 잘못이 버릇됨.
• 放心(방심) : 정신을 차리지 않음.
• 小學(소학) : 유서(儒書)의 하나. 육편(六編). 송(宋)나라 주희(朱熹)의 편이라고 하나 실은 그의 문인 유자징(劉子澄)의 저. 경서(經書)나 고금의 전기(傳記) 중에서 수신(修身) 도덕에 관한 이야기를 모은 것.

- 大抵(대저) : 대개. 대강. 대체로 보아서.
- 興行(흥행) : 일으키어 행함.
- 簡編(간편) : 책. 서적. 간책(簡册). 簡策=〈책, 서간(書簡), 간편(簡編). 책(策)은 죽간(竹簡). 옛날에는 대(竹)조각에 문서(文書)를 기록하였음.〉 서간(書簡)은 편지, 서한(書翰), 서찰(書札), 서간(書柬=편지〈書信〉). 간찰(簡札)은 편지, 서간(書簡), 서한(書翰), 간독(簡牘=〈서장(書狀). 편지, 간찰(簡札)〉). 간첩(簡牒=편지, 공문).
- 筆墨(필묵) : 붓과 먹. 전하여 문장. 필적.
- 雜技(잡기) : 공부 외의 잡된 재주.
- 外馳(외치) : 밖으로 달려나가는 것.
- 畔學(반학) : 학문을 배반함. 학문과 담을 쌓는 것.

[餘說] 아들을 낳아서는 조기(早期) 교육을 시키라는 것이다. 커서 모든 것이 굳어지면 교육시키기가 어렵다. 집안에 예법을 일으켜 좋은 일만 보고 듣게 하면 아들도 또한 따를 것이다. 조카도 친조카는 내 자식과 똑같이 사랑하고 가르치라는 것이다.

수초본의 「則子第亦無外馳畔學之患矣」의 第자를 弟로 보는 책이 많으나, 이 책은 수초본을 충실히 따른다는 뜻에서 第를 「다만」의 뜻으로 보고 수초본에 따랐다.

소학언해(小學諺解)

# 6

　하인들은 나를 대신하여 수고하는 것이다. 마땅히 먼저 은혜를 베풀고 다음에 위엄을 보여 그들의 마음을 얻도록 해야 할 것이다. 임금이 백성을 대하는 것이나 주인이 하인을 대하는 것이나 그 이치는 한가지이다. 임금이 백성을 구제하지 않으면 백성은 흩어지고, 백성이 흩어지면 나라는 망하며, 주인이 하인을 구제하지 않으면 하인은 흩어지고, 하인이 흩어지면 집안은 패망한다.

　형세는 꼭 이렇게 되고야 마는 법이니, 그 하인에게는 반드시 굶주리고 추운가를 생각하고 걱정하여 그들에게 옷과 음식을 주고, 그들로 하여금 살 곳을 얻게 만들어주며, 잘못과 악행이 있으면 먼저 꼭 부지런히 가르치고 깨우쳐서 그들로 하여금 고치게 하고, 가르쳐도 고치지 않으면 그 다음에는 종아리를 치되 그 마음으로 하여금 그 주인이 종아리를 치는 것은 가르치고 깨우치려는 데서 그러는 것이지 미워해서 그런 것이 아니라는 것을 알게 할 것이다. 이렇게 해야만 비로소 마음을 고치고 남을 대하는 모습도 고치게 할 수 있는 것이다.

婢僕 代我之勞 當先恩而後威 乃得其心 君之
於民 主之於僕 其理一也 君不恤民 則民散
民散則國亡 主不恤僕 則僕散 僕散則家敗 勢

所必至 其於婢僕 必須軫念飢寒 資給衣食 使
得其所 而有過惡 則先須勤勤敎誨 使之改革
敎之不改 然後 乃施楚撻 使其心 知厥主之楚
撻 出於敎誨 而非所以憎嫉 然後 可使改心革
面矣

讀法 婢僕은 代ˇ我之勞ᅵ니 當先恩而後威ᄒᆞ여 乃得ˉ其
心이니 君之於ˇ民이나 主之於ˇ僕이나 其理ᅵ 一也라 君
不ˇ恤ˇ民이면 則民散이니 民散則國亡하고 主不ˇ恤ˇ僕이면
則僕散이니 僕散則家敗는 勢所ˇ必至라 其於ˉ婢僕하여
必須軫ˉ念飢寒하여 資ˉ給衣食하여 使得ˉ其所하고 而
有ˉ過惡이면 則先須勤勤敎誨하여 使ˇ之改革하고 敎ˇ之
不ˇ改면 然後에 乃施ˉ楚撻하되 使ˉ其心으로 知ᵇ厥主之楚
撻은 出ˉ於敎誨하되 而非ˇ所ˠ以憎嫉ᵇ이니 然後에야 可ˇ使ˉ
改ˇ心革ˇ面矣니라

直譯 하인들은 나를 대신하여 수고하는 것이니, 마땅히 먼저 은혜를
베풀고 뒤에 위엄을 보여 이에 그들의 마음을 얻을 것이다. 임금이 백
성에게 하는 것이나 주인이 하인에게 하는 것이나 그 이치는 한가지
다. 임금이 백성을 구제하지 않으면 백성은 흩어지나니, 백성이 흩어

지면 나라는 망하고, 주인이 하인을 구제하지 않으면 하인은 흩어지
나니, 하인이 흩어지면 집이 패망한다는 것은 형세가 반드시 이렇게
되는 바이다. 그 하인들에게 있어서는 반드시 추위와 굶주림을 염려
해서 옷과 밥을 주어서 그들로 하여금 그들이 있을 곳을 얻고, 잘못이
있으면 먼저 모름지기 성의껏 가르치고 깨우쳐서 그들로 하여금 고치
게 하고, 가르쳐도 고치지 않으면 그 후에 곧 회초리로 때리되 그들의
마음으로 하여금 그 주인의 때림이 가르치고 깨우쳐주기 위한 데서 나
온 것으로서 미움 때문이 아니라는 것을 알게 해야 하나니, 그런 다음
에야 마음을 고치고 남을 대하는 모습도 고치게 해야 한다.

[語義] • 婢僕(비복) : 婢는 여자 종. 僕은 남자 종. 통틀어 하인.
• 先恩而後威(선은이후위) : 먼저 은혜를 베풀고 다음에 위엄을 보임.
• 恤民(휼민) : 빈민(貧民)·이재민(罹災民)을 구제함.
• 恤僕(휼복) : 종의 어려운 처지를 구제함.
• 勢(세) : 형세. 형편.
• 軫念(진념) : 임금의 마음. 임금이 아랫사람을 생각하여 근심함. 여기서는
  주인이 하인을 생각하여 근심함.
• 資給(자급) : 급여(給與).
• 勤勤(근근) : 부지런함.
• 楚撻(초달) : 회초리로 종아리를 때림.
• 敎誨(교회) : 가르쳐 깨우침.
• 憎嫉(증질) : 미워하고 질투함.

[餘說] 지금 말로 또는 지금의 사회 제도로 말하면 노사관계(勞使關
係)를 말함이다. 기본 정신은 좋지만 봉건 사회의 주종 관계는 받아들
일 수 없는 것으로 역사와 더불어 흘러간 단어는 없어져야 할 것이다.
  원문 중의 「憎嫉」의 嫉은 疾로 고쳐져야 옳을 것이다.

# 7

집을 다스리는 데는 마땅히 예법을 가지고 안팎 일을 분별하여 비록 하인일지라도 남녀가 섞여 한 곳에 있어서는 안 된다. 남자 종은 주인이 심부름을 시키는 것이 아니면 함부로 안으로 들어가서는 안 되고, 여자 종은 모두 마땅히 남편을 정해 갖게 하여 음란하게 하지 말아야 한다. 만일 음란한 짓을 해서 이를 고쳐 그만두지 않는 자면 마땅히 내쫓아 따로 살게 하여 가풍을 더럽히지 못하게 할 것이다. 하인은 마땅히 서로 화목하게 지내야 하나니, 만일 저희끼리 싸우거나 시끄럽게 떠드는 자가 있으면 마땅히 엄중히 고통을 가해서 금지하는 제도를 써야 할 것이다.

治家 當以禮法 辨別内外 雖婢僕 男女不可混
處 男僕 非有所使令 則不可輒入内 女僕 皆
當使有定夫 不可使淫亂 若淫亂不止者 則當
黜使別居 毋令汚穢家風 婢僕 當令和睦 若有
鬪鬩喧噪者 則當痛加禁制

[讀法] 治√家,엔 當 以 禮 法,으로 辨√別 內 外,하여 雖 婢 僕,이라
도 男 女 ㅣ 不√可 混√處.니라 男 僕,은 非√有√所 使 令,이면 則

불 가 첩 입 내　　여 복　　개 당 사 유 정 부　　불 가 사
不⌐可⌐輒 入√內,하고 女 僕,은 皆⌐當 使√有⌐定 夫,하여 不⌐可 使⌐

음 란　　약 음 란 부 지 자　즉 당 출 사 별 거　　무 령
淫 亂,이니 若 淫 亂 不√止 者,면 則 當⌐黜 使⌐別 居,하여 毋√令√

오 예 가 풍　　　　비 복　　당 령 화 목　　약 유 투 혁 훤 조
汚⌐穢 家 風.이니라 婢 僕,은 當⌐令⌐和 睦,이니 若⌐有⌐鬪 鬩 喧 噪

자　　즉 당 통 가 금 제
者,면 則 當⌐痛⌐加 禁 制.니라

**直譯** 집안을 다스리는 데는 마땅히 예법으로써 안팎을 분별하여 비록 하인이라도 남자와 여자가 있는 곳을 섞여서는 안 된다. 남자 종은 시키는 바가 있지 않으면 함부로 안에 들어가서는 안 되고, 여자 종은 모두 당연히 정한 남편이 있게 하여 음란하게 굴어서는 안 되나니, 만일 음란한 짓을 그치지 않는 자라면 마땅히 내쫓아 따로 거처하게 하여 가풍을 더럽히지 말아야 한다. 하인은 마땅히 화목케 해야 하나니, 만일 싸우거나 시끄럽게 구는 자가 있으면 마땅히 금지하는 법도를 엄중히 가해야 할 것이다.

**語義** • 混處(혼처) : 남녀가 섞여 있음.
• 使令(사령) : 심부름을 함.
• 輒(첩) : 문득. 함부로.
• 黜(출) : 쫓아냄.
• 汚穢(오예) : 더러움. 더럽히는 것.
• 鬪鬩(투혁) : 형제가 서로 다툼. 같은 처지이면서 서로 다툼. 혁(鬩) : 혁(鬩), 싸울 혁자로 같은 뜻으로 쓰임.
• 喧噪(훤조) : 시끄러움. 떠들썩함.
• 痛加(통가) : 통렬히 가함. 엄중히 가함.
• 禁制(금제) : 금지한 제도.

**餘說** 치가(治家)의 법은 예법에 따를 것이며, 비록 하인이라도 예법을 잘 지키어 주인의 가풍을 더럽혀서는 안 된다는 것이다. 더구나 하인끼리 싸우거나 시끄럽게 떠드는 자가 있으면 엄중히 제재를 가하여 그런 일이 없도록 다스려야 할 것은 물론이며, 음란한 짓을 해서도 같이 살 수 없는 것이다.

# 8

군자는 도에 맞는가 벗어나는가에 대하여 걱정할 것이요, 마땅히 가난한 것을 근심하지 않는다. 다만 집이 가난하여 생활하여 갈 수 없으면, 비록 마땅히 빈궁함을 구제할 대책을 생각하여야 하나, 또한 단지 집이 굶주림과 추위를 면할 수 있을 뿐이면 되고, 재산을 풍족하게 쌓아 두고서 잘살아야 되겠다는 생각을 가져서는 안 되며, 또 세상에 있는 야비하고 천박한 일을 가슴 속에 간직해 두어서는 안 된다. 옛날에 은둔(隱遁) 생활을 한 자에는 신을 삼아 팔아서 먹고 산 자와, 땔나무를 하거나 물고기를 잡아서 살아간 자와, 지팡이를 꽂아 놓고 김을 매어 주고서 먹고 산 자가 있었다. 이런 사람들은 부귀가 그 마음을 움직일 수 없었다. 그러므로 이러한 생활에 만족할 수 있었다. 만일 이로운가 해로운가를 비교하거나 빈부·성쇠·다과를 헤아릴 생각을 가졌다면, 어찌 마음의 작용을 이겨나갈 수가 있었겠느냐? 학문하는 사람은 반드시 부귀를 가벼이 여기고 빈천을 지켜야 한다는 것으로써 마음을 삼아야 할 것이다.

君子 憂道 不當憂貧 但家貧 無以資生 則雖
當思救窮之策 亦只家可免飢寒而已 不可存居
積豐足之念 且不可以世間鄙事 留滯于心胸

之間 古之隱者 有織屨而食者 樵漁而活者 植
杖而耘者 此等人 富貴不能動其心 故 能安於
此 若有較利害 計豐約之念 則豈不爲心術之
害哉 學者 要須以輕富貴 守貧賤 爲心

[讀法] 君子는 憂道요 不當憂貧이니 但家貧하여 無以資生이면 則雖當思救窮之策이나 亦只家可免飢寒而已요 不可存居積豐足之念이며 且不可以世間鄙事로 留滯于心胸之間이니라 古之隱者엔 有織屨而食者와 樵漁而活者와 植杖而耘者하니 此等人은 富貴不能動其心이라 故로 能安於此니 若有較利害나 計豐約之念이면 則豈不爲心術之害哉아 學者는 要須以輕富貴하고 守貧賤으로 爲心이니라

[直譯] 군자는 도를 근심할 것이요, 마땅히 가난을 근심하지 않나니, 다만 집이 가난해서 살아 갈 수 없으면 비록 마땅히 빈궁을 구제할 대책을 생각하더라도 역시 다만 집은 굶주림과 추위를 면할 수 있으면 될 뿐이고, 풍족하게 쌓아 두고 살 생각을 가져서는 안 되며, 또 세상의 비루한 일로써 마음속에 간직해 두어서는 안 된다. 옛날에 세상을 피하여 산 사람 중에는 신을 삼아서 먹은 이와, 땔나무를 하거나 고기를 잡아서 살아간 사람과, 지팡이를 꽂아 놓고서 김을 매어 준 사람도

있었으니, 이런 사람들은 부귀가 그 마음을 움직일 수 없었다. 그러므로 능히 이에 편안할 수 있었나니, 만일 이(利)와 해(害)를 비교하거나 풍성치 못한가를 헤아리는 생각이 있으면 어찌 마음가짐에 해롭다 하지 않겠는가? 학문하는 사람은 요컨대 반드시 부귀를 가벼이 여기고 빈천을 지킴으로써 마음을 삼아야 할 것이다.

語義　• 憂道(우도) : 도에 어긋나지 않는가 근심함. 도에 벗어나는 행동이 있지나 않는가 근심함.
• 憂貧(우빈) : 가난한 것을 걱정함.
• 資生(자생) : 어떠한 사물에 의하여 생각하거나 생활함.
• 救窮之策(구궁지책) : 빈궁함을 구제할 대책.
• 鄙事(비사) : 비루한 일. 즉 천박한 일들. 야비한 일. 하찮은 일. 아무 보람 없는 일.
• 留滯(유체) : 머물러 쌓임.
• 隱者(은자) : 조용히 시골에서 지내는 사람, 즉 은둔 생활을 하는 사람.
• 織屨(직구) : 갖신(가죽신=鞮)을 삼음. 가죽을 덧대어 만든 신. 鞮(가죽신 제).
• 樵漁(초어) : 땔나무를 하거나 물고기를 잡음.
• 植杖(식장) : 지팡이를 꽂아 놓음.
• 耘(운) : 김매는 것.
• 豐約(풍약) : 빈부 · 성쇠 · 다과의 뜻.
• 爲心(위심) : 마음가짐.

餘說　군자란 도가 제대로 행해지고 있는가 걱정할 것이지 가난을 걱정해서는 안 된다. 집은 기한(飢寒)을 벗어날 정도면 되고 풍족한 생활을 마음먹어도 안 된다. 생활을 하는 수단은 예를 들면, 신을 삼아서 팔아먹거나, 땔나무를 하거나 물고기를 잡아 먹거나, 남의 김을 매어 주고 먹거나 하며, 조금도 부귀에 대하여 염두에 두지 않고 빈천을 지키며 살아가라는 것이다.
　원문에 수초본에는 「家可免飢寒而已」에 있어 可자가 탈락되어 있어 보충하였다. 다른 목판본에는 家자가 생략된 판본도 있음.

# 9

집안이 가난하게 살면 반드시 가난하여 고달픈 것으로 해서 그 지키던 올바른 마음을 잃는 사람이 많다. 학문하는 사람은 바로 이런 처지에 당하더라도 힘을 써야 한다. 옛사람이 말했다. 「곤궁한 처지에 있는 사람이면 그가 무엇인가 하지 말아야 할 일을 하고 있는가를 살펴보고, 가난한 사람이면 그가 무엇인가 가져서는 안될 것을 가져가지 않는가를 살펴본다」라고 했다. 또 공자께서 말씀하시기를, 「소인은 궁하게 되면 곧 마음과 행동이 어지러워진다」고 하셨다. 만일 가난한데 마음이 동요되어 옳은 행실을 할 수 없다면 학문은 해서 무엇에 쓰겠는가? 대체로 사양하거나 받거나, 얻거나 줄 때는 반드시 의로운가 의롭지 않은가를 자세히 생각해서 의로우면 받고 의롭지 않으면 받지 않으며, 이와 같은 행동을 조금도 소홀히 해서는 안 된다. 만일 친한 친구라면 재물을 융통해 주어야 하는 의리가 있다. 주는 것은 다 의당 받을 것이다. 다만 내 형편이 궁핍하지 않으면서 쌀이나 옷감(포목)을 주면 받아서는 안 된다. 기타 서로 아는 처지이면 다만 명분이 있는 선물이면 받고, 명분이 없으면 받아서는 안 된다. 소위 명분이 있다는 것은 초상 때의 부의(賻儀)나 여행 떠날 때의 노자나 혼인 때의 부조금품이나 굶주릴 때의 도움 등이 곧 그것이다. 만일 사람이 대단히 악해서 사람들이 마음에 더럽고 나쁘게 여기는 자라면 그런 사람이 비록 명목이 있어 주는 물건이라도 받는 사람의 마음은 반드시 편안하지 않을 것이다. 마음이 편치 않으면서 억지로 받아서는 안 된다. 맹자께서 말씀하셨다. 「그 하지 못할 일을 행하지 말고, 그 하고 싶지 않은 것은 하려고 하지 말라」고. 이것이 바로 옳은 일을 행하는 법도이다.

居家貧窶 則必爲貧窶所困 失其所守者 多矣
學者 正當於此處 用功 古人曰 窮視其所不爲
貧視其所不取 孔子曰 小人 窮斯濫矣 若動於
貧窶 而不能行義 則焉用學問爲哉 凡辭 受
取與之際 必精思義與非義 義則取之 不義則
不取 不可毫髮 放過 若朋友 則有通財之義
所遺 皆當受 但我非乏 而遺以米布 則不可受
也 其他相識者 則只受其有名之饋 而無名 則
不可受也 所謂有名者 賻喪 賗行 助婚禮 周
飢乏之類 是也 若是大段惡 人心所鄙惡者 則
其饋 雖有名 受之心 必不安 心不安 則不可
抑而受之也 孟子曰 無爲其所不爲 無欲其所
不欲 此是行義之法也

讀法 居家貧窶면 則必爲貧窶所困하여 失其所守者
│ 多矣니 學者 正當於此處라도 用功이니라 古人이 曰,

「窮<sup>궁</sup>視<sup>시</sup>其<sup>기</sup>所<sup>소</sup>不<sup>불</sup>爲<sup>위</sup>,하고 貧<sup>빈</sup>視<sup>시</sup>其<sup>기</sup>所<sup>소</sup>不<sup>불</sup>取<sup>취</sup>.니라」하고 孔<sup>공</sup>子<sup>자</sup>ㅣ

曰<sup>왈</sup>,「小<sup>소</sup>人<sup>인</sup>,은 窮<sup>궁</sup>斯<sup>사</sup>濫<sup>남</sup>矣<sup>의</sup>.니라」하니라 若<sup>약</sup>動<sup>동</sup>於<sup>어</sup>貧<sup>빈</sup>窶<sup>구</sup>,하여 而<sup>이</sup>不<sup>불</sup>

能<sup>능</sup>行<sup>행</sup>義<sup>의</sup>,면 則<sup>즉</sup>焉<sup>언</sup>用<sup>용</sup>學<sup>학</sup>問<sup>문</sup>爲<sup>위</sup>哉<sup>재</sup>.아 凡<sup>범</sup>辭<sup>사</sup>·受<sup>수</sup>·取<sup>취</sup>與<sup>여</sup>之<sup>지</sup>際<sup>제</sup>,엔

必<sup>필</sup>精<sup>정</sup>思<sup>사</sup>義<sup>의</sup>與<sup>여</sup>非<sup>비</sup>義<sup>의</sup>,하여 義<sup>의</sup>則<sup>즉</sup>取<sup>취</sup>之<sup>지</sup>,하고 不<sup>불</sup>義<sup>의</sup>則<sup>즉</sup>不<sup>불</sup>取<sup>취</sup>,하며

不<sup>불</sup>可<sup>가</sup>毫<sup>호</sup>髮<sup>발</sup>,이라도 放<sup>방</sup>過<sup>과</sup>.니라 若<sup>약</sup>朋<sup>붕</sup>友<sup>우</sup>,면 則<sup>즉</sup>有<sup>유</sup>通<sup>통</sup>財<sup>재</sup>之<sup>지</sup>義<sup>의</sup>,니

所<sup>소</sup>遺<sup>유</sup>는 皆<sup>개</sup>當<sup>당</sup>受<sup>수</sup>,나 但<sup>단</sup>我<sup>아</sup>ㅣ非<sup>비</sup>乏<sup>핍</sup>,하여 而<sup>이</sup>遺<sup>유</sup>以<sup>이</sup>米<sup>미</sup>布<sup>포</sup>,면 則<sup>즉</sup>

不<sup>불</sup>可<sup>가</sup>受<sup>수</sup>也<sup>야</sup>.니라 其<sup>기</sup>他<sup>타</sup>相<sup>상</sup>識<sup>식</sup>者<sup>자</sup>,면 則<sup>즉</sup>只<sup>지</sup>受<sup>수</sup>其<sup>기</sup>有<sup>유</sup>名<sup>명</sup>之<sup>지</sup>饋<sup>궤</sup>,하고

而<sup>이</sup>無<sup>무</sup>名<sup>명</sup>,이면 則<sup>즉</sup>不<sup>불</sup>可<sup>가</sup>受<sup>수</sup>也<sup>야</sup>,니 所<sup>소</sup>謂<sup>위</sup>有<sup>유</sup>名<sup>명</sup>者<sup>자</sup>,는 賻<sup>부</sup>喪<sup>상</sup>,이나

贐<sup>신</sup>行<sup>행</sup>,이나 助<sup>조</sup>婚<sup>혼</sup>禮<sup>례</sup>,나 周<sup>주</sup>飢<sup>기</sup>乏<sup>핍</sup>之<sup>지</sup>類<sup>류</sup>,ㅣ是<sup>시</sup>也<sup>야</sup>.니라 若<sup>약</sup>是<sup>시</sup>大<sup>대</sup>

段<sup>단</sup>惡<sup>악</sup>,하여 人<sup>인</sup>心<sup>심</sup>所<sup>소</sup>鄙<sup>비</sup>惡<sup>악</sup>者<sup>자</sup>,면 則<sup>즉</sup>其<sup>기</sup>饋<sup>궤</sup>,ㅣ雖<sup>수</sup>有<sup>유</sup>名<sup>명</sup>,이라도 受<sup>수</sup>

之<sup>지</sup>心<sup>심</sup>이 必<sup>필</sup>不<sup>불</sup>安<sup>안</sup>,하나니 心<sup>심</sup>不<sup>불</sup>安<sup>안</sup>,이면 則<sup>즉</sup>不<sup>불</sup>可<sup>가</sup>抑<sup>억</sup>而<sup>이</sup>受<sup>수</sup>之<sup>지</sup>也<sup>야</sup>.니

라 孟<sup>맹</sup>子<sup>자</sup>ㅣ曰<sup>왈</sup>,「無<sup>무</sup>爲<sup>위</sup>其<sup>기</sup>所<sup>소</sup>不<sup>불</sup>爲<sup>위</sup>,하고 無<sup>무</sup>欲<sup>욕</sup>其<sup>기</sup>所<sup>소</sup>不<sup>불</sup>欲<sup>욕</sup>.이

라」하니라 此<sup>차</sup>ㅣ是<sup>시</sup>, 行<sup>행</sup>義<sup>의</sup>之<sup>지</sup>法<sup>법</sup>也<sup>야</sup>.니라

---

直譯 집이 가난하게 살면 반드시 가난하여 고달픈 바로 해서 그 지킬 바를 잃는 사람이 많으니, 학문하는 사람은 바로 이런 처지에 당하더라도 힘을 써야 한다. 옛날 사람이 말하기를, 「곤궁한 사람이면 그가 하지 않는가를 살펴보고, 가난한 사람이면 그가 취하지 않는가를 살펴본다」 하였고, 공자께서 말씀하시기를, 「소인은 궁하게 되면 곧 〔마음

과 행동이) 어지러워진다」하였다. 만일 가난한데 (마음이) 동요되어
옳은 행실을 할 수 없다면 학문은 해서 무엇에 쓰겠는가? 대체로 사양
하고 받고 가질 적에는 반드시 의로운가 의롭지 않은가를 자세히 생각
해서 의로우면 취하고 의롭지 않으면 취하지 않으며, 털끝만큼이라도
소홀히 지나쳐서는 안 된다. 만일 친구라면 재물을 융통해 주어야 하
는 의리가 있나니, 주는 바는 다 마땅히 받을 것이나, 다만 내 형편이
궁핍하지 않으면서 쌀이나 옷감을 주면 받아서는 안 된다. 그밖에 서
로 아는 사람이면, 다만 그 명분이 있는 선물이면 받고 명분이 없으면
받아서는 안 된다. 이른바 명분이 있다는 것은 상사 때의 부의(賻儀)나,
여행 때의 노자나, 혼인 때의 부조(扶助)나, 굶주릴 때의 도움 등이 곧
그것이다. 만일 사람이 이에 대단히 악해서 사람들이 마음에 비악하게
여기는 바의 사람이면, 그 선물이 비록 명분이 있어 받더라도 마음은
반드시 편안하지 않나니, 마음이 편안치 않으면 억지로 받아서는 안
된다. 맹자께서 말씀하시기를, 「그 하지 않을 바는 하지 말고, 그 하고
싶지 않은 바는 하려 하지 말라」하였다. 이것이 바로 옳은 일을 행하
는 법이다.

[語義] • 貧窶(빈구) : 가난하여 초췌함.
• 用功(용공) : 공부함.
• 窮(궁) : 곤궁함.
• 視(시) : 살펴봄.
• 貧(빈) : 빈곤함.
• 濫矣(남의) : 마음이 어지러워짐.
• 焉用(언용) : 무엇에 쓸 것인가.
• 精思(정사) : 자세히 생각함.
• 毫髮(호발) : 가는 털과 모발(毛髮). 전하여 근소. 약간.
• 放過(방과) : 지나쳐 버림.

- 饋(궤) : 선사함. 보내준 음식이나 물품.
- 賻喪(부상) : 장사 때에 초상난 집에 돈이나 물건을 보내는 일.
- 贐行(신행) : 전별함. 여행을 떠나는 사람에게 주는 노자(路資).
- 周(주) : 구하다. 구제하다. 賙와 같음.
- 飢乏(기핍) : 굶주리고 떨어짐. 기근이 들어 먹을 것이 모자람.
- 鄙惡(비악) : 더럽고 악함. 더럽고 나쁘다.

餘說 의롭지 않은 것을 취하지 말라는 말은, 이익을 보거든 의를 생각하라는 말이나 본질적으로는 같은 말이다.

궁하면 의롭지 못할 경우가 생기기 쉽다. 그러니 아무리 궁하더라도 의에 어그러져서는 안 된다는 것을 강조하고 있다.

송담서원 송담사(松潭書院 松潭祠)
강릉에 있는 율곡선생의 위패가 모셔져 있는 송담서원의 사당.

# 10

중국에서는 여러 고을의 수령들이 개인마다 사사로운 녹봉(祿俸)이 있었다. 그러므로 그 나머지를 추량(推量)해서 이로써 백성의 위급을 도와줄 수 있으나, 우리나라는 수령에게 따로 사사로운 녹봉이 없어서 다만 나라의 곡식을 가지고 일상의 비용으로 수요에 충당하고 있다. 그래서 만일 사사로이 남에게 주었다가는 그 많고 적고 간에 모두 다 죄가 되며, 심하면 장물죄를 범하기에 이르고, 그것을 받은 사람도 또한 벌을 받게 된다. 선비가 되어 수령의 선물을 받으면 이는 바로 금지하는 것을 범하는 것이다.

옛날에는 다른 나라에 들어갈 때에도 그 나라에서 금하는 것이 무엇인지를 물어본 뒤에 그 나라에 들어갔다. 하물며 그 나라에 사는 사람이 어찌 금하는 법을 범할 수 있으랴? 수령이 주는 물건은 술과 고기·음식을 제외(除外)하고 만일 쌀과 콩과의 종류면 서로 친하거나 친하지 않거나, 명분이 있거나 없거나, 물건이 많거나 적거나를 말하지 말며 다 받지 말아야 한다(만일 교분이 두터운 수령이 관아(官衙) 안에 있는 사사로운 재물로써 위급한 일을 돕는다면 혹 받아도 무방하다).

中朝 則列邑之宰 有私俸 故 推其餘 可以周
人之急矣 我國 則守令 別無私俸 只以公穀

應日用之需 而若私與他人 則不論多少 皆有
罪譴 甚則至於犯贓 受者 亦然 爲士 而受守
令之饋 則是乃犯禁也 古者 入國而問禁 則居
其國者 豈可犯禁乎 守令之饋 除酒肉 飮食外
若米菽之類 則不論人之親疎 名之有無 物之
多寡 皆不可受也(若分厚邑宰 以衙中私
財 周急 則或可受也)

[讀法] 中 朝,는 則 列 邑 之 宰,에 有 私 俸.이라 故로 推 其 餘,하
여 可 以 周 人 之 急 矣,나 我 國,은 則 守 令에 別 無 私 俸,하여
只 以 公 穀,으로 應 日 用 之 需,하나니 而 若 私 與 他 人,이면
則 不論 多 少,하고 皆 有 罪 譴,하며 甚 則 至 於 犯 贓,하고 受
者도 亦 然.이라 爲 士,하여 而 受 守 令 之 饋,면 則 是 乃 犯 禁
也.니라 古 者,엔 入 國 而 問 禁,하니 則 居 其 國 者,ㅣ 豈 可
犯 禁 乎.아 守 令 之 饋,는 除 酒 肉·飮 食 外,하고 若 米 菽 之
類,면 則 不論 人 之 親 疎,나 名 之 有 無,나 物 之 多 寡,하고 皆
不 可 受 也.니라(若 分 厚 邑 宰,ㅣ 以 衙 中 私 財,로 周 急,이면
則 或 可 受 也.니라)

[直譯] 중국에서는 여러 읍의 수령에게 사사로운 녹봉이 있다. 그러므

로 그 남음을 추산하여 그것으로 백성의 위급함을 도울 수 있으나, 우리나라는 수령에게 따로 사사로운 녹봉이 없어서 다만 공곡으로써 일상의 비용의 수요(需要)에 응하나니, 만약 사사로이 남에게 준다면 많고 적고를 논하지 않고 다 죄가 있으며, 심하면 장물죄(贓物罪)를 범하기에 이르고, 받은 사람도 역시 그렇게 된다. 선비가 되어서 수령의 선물을 받으면 바로 이것이 금지하는 것을 범하는 것이다. 옛날에는 다른 나라에 들어가면 그 나라의 금하는 것이 무엇인지를 물었거늘, 그 나라에 사는 사람이 어찌 금법(禁法)을 범할 수 있겠는가? 수령의 선물은 주육(酒肉)이나 음식을 제외하고, 만일 쌀이나 콩의 종류면 사람의 친소(親疎)나 명분의 유무나 물건의 다과를 논하지 말고 모두 받아서는 안 된다(만일 교분이 두터운 읍의 수령이 관아(官衙) 안에 있는 사사로운 재물로 위급한 것을 돕는 것이라면 혹은 받아도 좋다).

語義　• 中朝(중조) : 중국의 조정. 즉 중국.
• 列邑之宰(열읍지재) : 여러 고을의 수령(守令).
• 私俸(사봉) : 사사로운 녹봉(祿俸). 개인적으로 받는 봉급. 녹봉(祿俸)은 벼슬아치에게 주는 봉급. 식록(食祿). 복록(福祿). 녹(祿)=준말
• 推其餘(추기여) : 그 여유를 추산(推算)함. 그 나머지를 헤아려서.
• 周人之急(주인지급) : 남의 위급함을 도와 줌.
• 守令(수령) : ① 태수(太守)와 읍령(邑令). ② 우리나라 고대의 원. 부윤(府尹) · 목사(牧使) · 부사(府使) · 군수(郡守) · 현감(縣監) · 현령(縣令) 등의 총칭.
• 公穀(공곡) : 관청의 곡식. 즉 관고(官庫)의 곡식.
• 日用之需(일용지수) : 일상 비용의 수요(需要).
• 罪譴(죄견) : 죄(罪).
• 贓(장) : 장물(贓物).
• 犯禁(범금) : 금지하는 법(禁法).

- 米菽之類(미숙지류) : 쌀과 콩 따위. 즉 곡식.
- 多寡(다과) : 많고 적음.
- 分厚(분후) : 교분이 두터움.
- 周急(주급) : 위급함을 도와 줌.

餘說 수령이 주는 물건이라고 함부로 받아서는 안 된다는 것을 이유를 들어 자세하게 설명하고 있다. 여기서는 옛날의 경우이지 지금에는 그 해당 사항이 없다. 여기서는 다만 거울삼아 견주어 볼 따름이다.

수초본의 원문 중 「除酒肉飮食外, 若米菽之類」 대신에 「大抵難受, 若私與官庫之穀(대개 받기가 어려우니 만약 나라 창고의 곡식을 개인적으로 준다면)」으로 되어 있는 책도 있으나, 이 책은 전자의 수초본에 따랐다.

옥계서원(玉溪書院)
경상남도 합천군 봉산면 술곡리에 있는 조선시대의 서원으로
율곡선생의 위패가 모셔져 있는 곳.

接人章等九

[접인장제구]

대인관계에 대한 예절

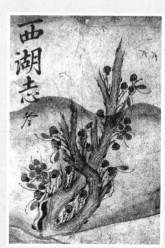

# 接人章 第九 凡九文段
<small>접 인 장   제 구   범 구 문 단</small>

■남을 접대하는 데 관한 것을 설명하는 글로 격몽요결의 제9장이며,
대개 9문단으로 나누고 있다.

# 1

대체로 남을 대접하는 데는 마땅히 부드럽게 대하고 공경
하는 데 힘써야 할 것이다. 나이가 자기보다 배(倍)가 되는
어른이면 아버지처럼 섬기고, 10년이 위이면 형처럼 섬기
고, 5년이 위이면 또한 약간 공경을 더할 것이다. 가장 옳지
못한 것은 자기의 학문을 믿고 스스로 높은 체하고 우쭐대
거나, 기운을 자랑하며 남을 업신여기는 것이다.

凡接人 當務和敬 年長以倍 則父事之 十年以
長 則兄事之 五年以長 亦稍加敬 最不可 恃
學自高 尚氣凌人也

讀法 凡 接✓人엔 當 務✓和 敬,이니 年 長✓以✓倍,면 則 父 事✓之,

하고 十 年 以 長,이면 則 兄 事✓之,하고 五 年 以 長,이라도 亦 稍

加✓敬,이니 最 不✓可는 恃✓學 自 高,하고 尙✓氣 凌✓人 也.니라

直譯 대체로 남을 대접함엔 마땅히 부드럽고 공경하는 데 힘써야 하나니, 나이가 갑절로써 어른이면 아버지처럼 그를 섬기고, 10년으로써 어른이면 형처럼 그를 섬기고, 5년으로써 어른이라도 또한 약간 공경을 더할 것이니, 가장 안된 것은 학문을 믿고 스스로 높은 체하고, 기운을 자랑하여 남을 업신여기는 것이다.

語義 • 和敬(화경) : 부드럽고 공경함.
• 年長以倍(연장이배) : 나이가 갑절로써 어른. 나이가 갑절이 되는 어른.
• 父事之(부사지) : 아버지처럼 섬김.
• 稍加敬(초가경) : 약간 공경을 더함.
• 最不可(최불가) : 가장 안된 것.
• 恃學(시학) : 자기가 배웠다는 것을 과신한다.
• 自高(자고) : 스스로 난 척함. 제 자신이 높은 체함.
• 尙氣凌人(상기능인) : 기운을 자랑하고 남을 업신여김. *凌*은 *陵*과 같음.
  우쭐대며 남을 업신여김.

餘說 연령의 서열을 어떻게 지킬 것인가에 대한 설명이다. 학문을 믿는다거나 기운을 뽐내어 스스로 높은 체하고 스스로 자랑하며 남을 업신여기는 일이 있어서는 안 된다.

# 2

친구를 선택할 적에는 반드시 학문을 좋아하고, 착한 행실을 좋아하고, 바르고 엄격하고, 곧고 진실한 사람을 취해야 한다. 그러한 사람과 같이 있으면서 바르게 경계하는 말을 겸허하게 받아들여 나의 모자라는 점을 다스려야 할 것이다. 만일 게으르고, 놀기를 좋아하고, 아첨을 잘하고, 말재주만 뛰어나고, 바르지 못한 사람이면 사귀어서는 안 된다.

擇友 必取好學 好善 方嚴 直諒之人 與之同處 虛受規戒 以攻吾闕 若其怠惰 好嬉 柔佞不直者 則不可交也

讀法 擇友하되 必取好學과 好善과 方嚴과 直諒之人하고 與之同處하되 虛受規戒하여 以攻吾闕이니 若其怠惰好嬉와 柔佞不直者면 則不可交也니라

直譯 벗을 가리되 반드시 학문을 좋아함과 선을 좋아함과 바르고 엄격함과 곧고 미더운 사람을 취해야 하고, 그들과 같이 있되 바르게 경계함을 겸허하게 받아들여 이로써 나의 모자라는 것을 다스릴 것이니, 만일 게으름과 놀기를 좋아함과, 아첨하고 말재주만 뛰어나고, 바르지 못한 사람이면 사귀어서는 안 된다.

語義　• 擇友(택우) : 벗을 가리다. 벗을 고르다.
• 方嚴(방엄) : 품행이 방정하고 엄함.
• 直諒(직량) : 정직하고 성실함.
• 虛受(허수) : 겸허한 마음으로 받아들임.
• 規戒(규계) : 바르게 경계함.
• 吾闕(오궐) : 나의 모자람. 즉 나의 결점.
• 怠惰(태타) : 게으른 것. 몹시 게으름.
• 柔佞(유녕) : 유미(柔媚). 점잖은 체하며 아첨함. 아첨하고 말재주가 뛰어
　남. 유(柔)는 부드럽다, 순하다의 뜻이나 여기서는 아첨하다로 쓰였다. 녕
　(佞)은 말재주가 뛰어남.

餘說　택우(擇友=벗을 선택하는 것)하는 법을 구체적으로 잘 설명하
고 있다. 마땅히 읽어 배워 두어야 할 것이다.

몽룡실(夢龍室)
사임당이 율곡을 낳은 방.

# 3

　　같은 마을 사람 중에 착한 사람이면 반드시 정을 통하여 친하게 사귀고, 같은 마을 사람이 착하지 않은 사람이라도 나쁜 말로 그의 더러운 행실을 남에게 드러내서는 안 된다. 다만 범연하게 대하여 서로 왕래하지 않으며, 만일 그 전부터 서로 아는 사람이면 서로 만났을 적에 다만 날이 춥습니다, 덥습니다 정도의 인사를 할 뿐이고 딴 말을 교환하지 않으면 자연히 차차 멀어지게 되어 원망과 노여움을 사는 데까지는 가지 않을 것이다.

> 鄉人之善者 則必須親近通情 而鄉人之不善者
> 亦不可惡言 揚其陋行 但待之泛然 不相往來
> 若前日相知者 則相見 只敍寒暄 不交他語 則
> 自當漸疎 亦不至於怨怒矣

讀法　鄉人之善者,면 則必須親近通✓情,하고 而鄉人之不✓善者,라도 亦不可惡言으로 揚其陋行.이오 但待之泛然,하여 不相往來,하며 若前日相知者,면 則相見,에 只敍寒暄,하고 不✓交他語,면 則自當漸疎,로되 亦不✓至✓於怨怒矣.리라

直譯 한 고을 사람 중에 착한 사람이면 반드시 정을 통하여 친하게 사귈 것이고, 한 고을 사람이면 착하지 않은 사람이라도 역시 나쁜 말로 그 더러운 행실을 드러내서는 안 되고, 다만 범연하게 대하여 서로 왕래하지 않으며, 만일 전날부터 서로 아는 사람이면 서로 만났을 적에 다만 안부나 묻고 다른 말을 교환하지 않으면, 자연 마땅히 차차 소원(疎遠)해지게 되어 또한 원망하고 노여움을 사는 데까지는 이르지 않을 것이다.

語義 •鄕人(향인) : 한 고을에서 같이 사는 사람.
•揚其陋行(양기누행) : 그의 더러운 행실을 드러냄.
•泛然(범연) : 물 탄 듯이. 아주 멀리. 데면데면한 모양.
•相見(상견) : 서로 만남.
•敍(서) : 말함.
•寒暄(한훤) : ① 한온(寒溫). ② 일기의 춥고 더움을 말하며 서로 인사함.
•漸疎(점소) : 차차 사이가 멀어짐.
•怨怒(원노) : 원망과 노여움.

餘說 마을의 착한 사람과는 깊이 있는 교분을 맺되, 착하지 않은 사람과는 그의 더러운 행실은 말하지 않을 것이며 또한 왕래하지 말 것이며, 전날부터 아는 처지라도 경원(敬遠=겉으로 공경하는 체하면서 속으로는 멀리함)하는 것이 좋다는 것이다.

# 4

같은 소리는 서로 응하게 되고, 같은 기운은 서로 찾게 된다. 내가 학문에 뜻을 두었다면 나는 반드시 학문을 하는 선비를 찾을 것이고, 학문하는 선비도 또한 반드시 나를 찾게 될 것이다. 학문을 한다는 명분으로 집안에 잡된 손님을 많이 모아 놓고서 시끄럽게 떠들며 세월을 보내는 사람은 반드시 그가 좋아하는 바가 학문에 있지 않기 때문이다.

同聲相應 同氣相求 若我志於學問 則我必求
學問之士 學問之士 亦必求我矣 彼名爲學問
而門庭 多雜客 喧囂度日者 必其所樂 不在學
問故也

[讀法] 同聲相應하고 同氣相求니 若我ㅣ志於學問이면 則我必求學問之士요 學問之士도 亦必求我矣리라 彼ㅣ名爲學問으로 而門庭에 多雜客하여 喧囂度日者는 必其所樂이 不在學問故也니라

[直譯] 같은 소리는 서로 응하게 되고, 같은 기운은 서로 찾게 되나니, 만일 내가 학문에 뜻을 두었다면 나는 반드시 학문하는 선비를 찾을

것이요, 학문하는 선비도 또한 반드시 나를 찾을 것이다. 학문을 한다는 명분으로 뜰 안에 잡된 손을 많이 모아 들여 시끄럽게 떠들며 날을 보내는 사람은 반드시 그의 즐겨하는 바가 학문에 있지 않기 때문이다.

語義 • 同聲相應(동성상응) : 같은 소리는 서로 응함.
• 同氣相求(동기상구) : 같은 기분은 서로 찾게 됨.
• 門庭(문정) : 대문 안의 뜰. 집안.
• 雜客(잡객) : 잡된 손님. 순수치 못한 손님, 즉 떠돌이들.
• 喧囂(훤효) : 시끄러움. 떠들썩함.
• 度日(도일) : 날을 보내는 것. 세월을 보냄.

餘說 학문하는 선비는 오로지 학문하는 선비끼리 어울리게 마련이다. 허나 사이비(似而非) 학문자는 그렇지가 않다는 것을 설명하고 있다.

> • 첫째, 뜻을 크게 가지자.
> • 둘째, 마음을 안정시키자.
> • 셋째, 혼자 있는 것을 삼가자.
> • 넷째, 언제나 할 일을 먼저 생각하자.
> • 다섯째, 일에 닥쳐서는 성의를 다하자.
> • 여섯째, 옳지 않은 일을 절대 하지 말자.
> • 일곱째, 자세를 항상 바르게 하자.
> • 여덟째, 방심하거나 서두르지 말자.

자경문(自警文)의 주요 내용

# 5

무릇 절하고 읍(揖)하는 예의는 미리 정할 수는 없지만, 대체로 아버지의 친구되는 분께는 당연히 절을 할 것이고, 동네 사람으로 자기보다 나이가 15세 이상인 이에게는 마땅히 절을 할 것이고, 벼슬의 품계가 당상에 오르고 나이가 자기보다 10세 이상인 이에게는 마땅히 절을 할 것이고, 한 고을 사람으로 자기보다 나이가 20세 이상인 이에게는 마땅히 절을 할 것이다. 그 사이에 높이고 낮추는 자잘한 예절은 때에 따라 알맞게 조절할 것이고, 또한 반드시 이 예(禮)에 구애될 것은 없다. 다만 항상 자신을 낮추고 남을 높인다는 뜻을 가슴 속에 두는 것이 옳다. 《시경(詩經)》에 이르기를, 「온화한 마음으로 남을 공경함은 오직 덕을 쌓는 근본일세.」라고 하였다.

凡拜揖之禮 不可預定 大抵父之執友 則當拜
洞内年長十五歲以上者 當拜 爵階當上 而長
於我十年以上者 當拜 鄉人年長二十歲以上者
當拜 而其間高下曲折 在隨時節中 亦不必拘
於此例 但常以自卑尊人底意思 存諸胸中 可
也 詩曰 溫溫恭人 惟德之基

讀法 凡<sup>범</sup>拜<sup>배</sup>揖<sup>읍</sup>之<sup>지</sup>禮<sup>례</sup>,는 不<sup>불</sup>✓可<sup>가</sup>預<sup>예</sup>定<sup>정</sup>,이니 大<sup>대</sup>抵<sup>저</sup>父<sup>부</sup>之<sup>지</sup>執<sup>집</sup>友<sup>우</sup>,면

則<sup>즉</sup>當<sup>당</sup>拜<sup>배</sup>,요 洞<sup>동</sup>內<sup>내</sup>年<sup>연</sup>長<sup>장</sup>十<sup>십</sup>五<sup>오</sup>歲<sup>세</sup>以<sup>이</sup>上<sup>상</sup>者<sup>자</sup>,면 當<sup>당</sup>拜<sup>배</sup>,요 爵<sup>작</sup>階<sup>계</sup>當<sup>당</sup>

上<sup>상</sup>,이고 而<sup>이</sup>長<sup>장</sup>於<sup>어</sup>✓我<sup>아</sup>十<sup>십</sup>年<sup>년</sup>以<sup>이</sup>上<sup>상</sup>者<sup>자</sup>,면 當<sup>당</sup>拜<sup>배</sup>,요 鄕<sup>향</sup>人<sup>인</sup>年<sup>연</sup>長<sup>장</sup>二<sup>이</sup>

十<sup>십</sup>歲<sup>세</sup>以<sup>이</sup>上<sup>상</sup>者<sup>자</sup>,면 當<sup>당</sup>拜<sup>배</sup>,하나니 而<sup>이</sup>其<sup>기</sup>間<sup>간</sup>의 高<sup>고</sup>下<sup>하</sup>曲<sup>곡</sup>折<sup>절</sup>,은 在<sup>재</sup>隨<sup>수</sup>✓

時<sup>시</sup>節<sup>절</sup>✓中<sup>중</sup>,이오 亦<sup>역</sup>不<sup>불</sup>必<sup>필</sup>拘<sup>구</sup>✓於<sup>어</sup>此<sup>차</sup>例<sup>례</sup>,니 但<sup>단</sup>常<sup>상</sup>以<sup>이</sup>自<sup>자</sup>卑<sup>비</sup>尊<sup>존</sup>✓人<sup>인</sup>底<sup>저</sup>

意<sup>의</sup>思<sup>사</sup>,로 存<sup>존</sup>諸<sup>제</sup>胸<sup>흉</sup>中<sup>중</sup>,이 可<sup>가</sup>也<sup>야</sup>.니라 詩<sup>시</sup>曰<sup>왈</sup>,「溫<sup>온</sup>溫<sup>온</sup>恭<sup>공</sup>✓人<sup>인</sup>,이 惟<sup>유</sup>德<sup>덕</sup>

之<sup>지</sup>基<sup>기</sup>.로다」 하니라

直譯 대체로 절하고 읍하는 예의는 미리 정할 수 없나니, 대개 아버지의 친구되는 이에게는 마땅히 절을 할 것이고, 동네〔사람으로 자기보다〕 나이가 15세 이상 어른인 사람이면 마땅히 절을 할 것이고, 벼슬의 차례가 당상(堂上)이고 나보다 10세 이상 어른인 사람이면 마땅히 절을 할 것이고, 마을 사람으로 나이가 20세 이상 어른인 사람이면 마땅히 절을 해야 하나니, 그간의 고하와 곡절은 때에 따라 알맞게 조절하는 데 있고, 또한 반드시 이 예에 구애할 것은 없나니, 오직 항상 스스로를 낮추고 남을 높이는 마음속의 의사로써 모두 가슴 속에 지니고 있는 것이 옳다. 《시경(詩經)》에 말하기를, 「온화한 마음으로 남을 공경함이 오직 덕의 근본이로다」 하였다.

語義 •揖(읍) : 공수(拱手)하고 절함. 손을 마주 잡고 머리까지 올렸다 내리며 허리를 약간 굽혀 예하는 것.
• 預定(예정) : 예정(豫定)과 같음. 앞으로 할일 따위를 미리 정함.

- 執友(집우) : 벗으로 삼는 것.
- 當拜(당배) : 마땅히 절을 함. 당연히 절을 함.
- 爵(작) : 벼슬.
- 階(계) : 차례. 「爵階」는 벼슬 차례. 벼슬의 계급.
- 堂上(당상) : 묘당(廟堂)에 올라갈 수 있는 지위. 당상관(堂上官). 조선시대에 정삼품(正三品) 이상의 지위. 공경(公卿), 즉 장관(長官). 또 다른 뜻으로는 부모(父母).
- 鄕人(향인) : ① 마을 사람. ② 시골 사람.
- 高下(고하) : 위 아래. 귀하고 천함. 귀천(貴賤).
- 曲折(곡절) : 자세한 사정. 복잡한 내막.
- 隨時節中(수시절중) : 때에 따라 알맞게 조절함.
- 底意思(저의사) : 마음속의 의사.
- 詩(시) : 《시경(詩經)》.
- 溫溫(온온) : 온화한 모양. 온순한 모양.

餘說 「但常以自卑尊人底意思」의 常자는 當자로 된 판본도 있으나 《율곡전서(栗谷全書)》에는 常자로 되어 있다. 이 책은 이에 따랐다.

율곡전서(栗谷全書)

# 6

나를 헐뜯고 비난하는 사람이 있거든 반드시 돌이켜 스스로 반성하여 살피고, 만약 나에게 실제로 헐뜯음을 당할 만한 행실이 있거든 스스로 자신을 꾸짖고 잘못을 고치는 데 주저함이 없어야 하고, 만약 나의 잘못이 아주 작은데 더 보태어 늘려서 말했거든, 그 말이 비록 지나치더라도 나는 실로 비방을 받을 만한 근거가 있는 것이니, 역시 마땅히 예전의 잘못한 점을 없애 버리어 털끝만큼도 남겨두지 말 것이고, 만약 나는 본래 아무 잘못이 없는데도 거짓말을 꾸며서 만든 것이라면 그는 망령된 사람에 지나지 않을 뿐이니, 망령된 사람과 어찌 거짓과 진실을 따질 수 있겠는가? 또 그런 허황된 비방을 하는 것은 마치 바람이 귓전을 스쳐가는 것이나, 구름이 허공을 지나가는 것과 같으니, 나에게 무슨 상관이 있겠는가? 대체로 비방이란 이와 같은 것이니, 남이 비방을 해왔을 때 조금이라도 잘못이 있으면 이를 고치고, 그런 허물이 없으면 더욱 힘써 허물이 없도록 노력하면 되는 것이니, 이런 것들은 모두 나에게 유익한 일이 되는 것이다. 만약 자기에게 잘못이 있다고 들었을 때 그것을 스스로 판단하여 자기에게는 허물이 없다는 생각에 두려워하는 생각을 두지 않고서 꼭 자신을 잘못이 없는 처지에 두려고만 한다면, 그 허물이 더욱 무거워져서 비방을 듣는 일이 더욱 많아질 것이다. 옛날에 어떤 사람이 남에게 비방을 듣지 않는 방법을 물었는데, 문중자(文中子)가 여기에 대답하기를, 「스스로 수양을 하는 것만 한 것이 없다」 하였다. 다시 유익한 말을 청하였는데, 말하기를, 「변명하지 말 것이다」 하였으니, 이 말이야말로 학문하는 사람의 지킬 법도로 삼을 만한 것이다.

人有毀謗我者 則必反而自省 若我實有可毀之行 則自責內訟 不憚改過 若我過甚微 而增衍附益 則彼言 雖過 而我實有受謗之苗脈 亦當劉鋤前愆 不留毫末 若我本無過 而捏造虛言 則此 不過妄人而已 與妄人 何足計較虛實哉 且彼之虛謗 如風之過耳 雲之過空 於我何與哉 夫如是 則毀謗之來 有則改之 無則加勉 莫非有益於我也 若聞過 自辨 曉曉然不置 必欲置身於無過之地 則其過愈甚 而取謗 益重矣 昔者 或問止謗之道 文中子曰 莫如自修 請益 曰 無辨 此言 可爲學者之法

讀法 人有毀謗我者,어든 則必反而自省,하고 若我實有可毀之行,이어든 則自責內訟,하며 不憚改過,요 若我過ㅣ甚微,而增衍附益,이어든 則彼言이 雖過,나 而我實有受謗之苗脈,이니 亦當劉鋤前愆,하여 不留毫末,이오

若我本無過, 而捏造虛言,이어든 則此는 不過妄人而已,

니 與妄人으로 何足計較虛實哉.리오 且彼之虛謗,이

如風之過耳,와 雲之過空,이면 於我에 何與哉.아 夫如

是, 則毁謗之來,에 有則改之,하고 無則加勉,이면 莫非

有益於我也.니 若聞過,하고 自辨,하여 曉曉然不置,하여

必欲置身於無過之地,면 則其過ㅣ愈甚, 而取謗이 益

重矣.리라 昔者,에 或이 問止謗之道,한대 文中子ㅣ曰,

「莫如自修.니라」하니라 請益한대 曰,「無辨.하라」하니 此言,이

可爲學者之法.이니라

**直譯** 남이 나를 헐뜯고 비방하는 일이 있거든 반드시 돌이켜 스스로 살피고, 만약 내가 실로 비방을 받을 만한 행실이 있거든 스스로 자신을 꾸짖고 심책하며 허물을 고치는 데 꺼리지 말고, 만약 나의 잘못이 아주 작은데 더 보태어 늘여서 말했거든 그 말이 비록 지나치더라도 내가 실로 비방을 받을 근거가 있는 것이니, 역시 마땅히 전의 잘못을 없애 버리어 털끝만큼도 남겨놓지 말 것이고, 만약 내가 본래 허물이 없는데도 거짓말을 꾸며 말했거든 그는 망령된 사람에 지나지 않을 뿐이니, 그런 망령된 사람과 어찌 거짓과 진실을 헤아려 따지는 데 족하겠는가? 또한 그런 허황한 비방을 바람이 귓전을 스쳐가는 것이나 구름이 허공을 지나는 것처럼 생각한다면 나에게 무슨 상관이 있겠는가? 대체로 이와같다면 남이 비방을 해왔을 때 허물이 있으면 이를 고

치고, 허물이 없으면 더욱 힘쓰며 허물이 없도록 노력하면 나에게 유익하지 않음이 없을 것이니, 만약 허물을 듣고 스스로 판단하여 두려워하는 생각을 가지지 않고서 꼭 자신을 잘못이 없는 처지에 놓으려고 한다면, 그 허물이 점점 심해져서 비방을 받는 일이 더욱 가중될 것이다. 옛날에 어떤 사람이 비방을 그치게 하는 방법을 물었는데, 문중자가 말하기를, 「스스로 몸을 닦는 것 만한 것이 없다」 하였다. 다시 유익한 말을 청하였는데, 대답하기를, 「변명하지 말라」 하니, 이 말이야말로 학문하는 사람의 법으로 삼을 만한 것이다.

[語義]　• 毀謗(훼방) : 헐뜯어 말함. 헐뜯음. 비방함.
• 可毀之行(가훼지행) : 헐뜯음을 당할 만한 행실.
• 自責(자책) : 제 잘못을 스스로 꾸짖음.
• 內訟(내송) : 마음속으로 자책함.
• 不憚改過(불탄개과) : 잘못을 고치는 데 꺼리지 않음. 탄(憚)은 꺼리다.
• 增衍附益(증연부익) : 더 늘려서 보태어 말함.
• 苗脈(묘맥) : 묘예(苗裔). 먼 자손. 일의 내비치는 실마리, 곧 일이 나타날 단서. 근거.
• 剗鋤(잔서) : 깎아 없앰. 깎고 긁어내는 것. 제거하다.
• 前愆(전건) : 전의 잘못. 건(愆)은 허물. 죄. 잘못.
• 不留毫末(불류호말) : 털끝만큼도 남겨 놓지 않음.
• 捏造虛言(날조허언) : 거짓말을 꾸며 말함.
• 不過(불과) : ~에 지나지 않다. ~에 불과하다.
• 而已(이이) : ~일 뿐이다. ~일 따름이다.
• 妄人(망인) : 망령된 사람. 말과 행동이 보통에 어그러지는 사람. 무슨 일이나 사리(事理)를 모르고 되는 대로 거칠게 하는 사람.
• 計較虛實(계교허실) : 거짓과 진실을 헤아려 따짐.
• 彼之虛謗(피지허방) : 그런 허황한 훼방.
• 如風之過耳, 雲之過空(여풍지과이, 운지과공) : 바람이 귓전을 스쳐가는

것이나 구름이 허공을 지나가는 것과 같음.

• 有則改之(유즉개지) : 있으면 그것을 고침.

• 曉曉(효효) : 두려워하는 모양.

• 愈甚(유심) : 더욱(점점 더) 심함. 甚字대신 深(깊어지다)字로 된 판본도 있음.

• 文中子(문중자) : 수(隋)나라 왕통(王通:584~617)의 시호. 용문(龍門) 사람. 자는 중엄(仲淹). 문인(門人)들이 문중자라고 시(諡)했다. 어려서부터 명오(明悟)하고 학문을 좋아했으며, 널리 서시역례(書詩易禮)를 닦아 유가(儒家)로 자처하며 강학(講學)을 쉬지 않았다. 인수(仁壽) 연간에 장안(長安)에 나가 태평십이책(太平十二策)을 조정에 올렸으나 채택되지 않자 하분(河汾)에 있으면서 후학을 가르쳤다. 방현령(房玄齡)·위징(魏徵) 등 모두 왕좌(王佐)의 길을 통(通)에게 물었다. 대업(大業) 연간에 누차 징빙(徵聘)되었으나 나가지 않았다. 저서에 《문중자》 10권이 있다.

• 莫如(막여) : ~만 못하다. ~만 같지 못하다. 「莫若」, 「不若」과 같음.

• 無辨(무변) : 변명하지 말라.

[餘說] 남이 나를 비방하거든 내게 비방 받을 만한 잘못이 있나 없나 스스로를 반성하여 고치고 조금이라도 비방 들을 일을 해서는 안 된다. 또 내게 잘못이 없는데도 비방을 꾸며낸다면 그 사람은 망령된 사람이니, 그런 망령된 사람과 따져서 무엇하겠느냐는 것이다. 망령된 사람과 따지지 않고 참아가려면 역시 자기 수양이 필요할 것이라는 것이다.

# 7

대체로 선생이나 어른을 모실 적에는 마땅히 뜻과 이치에 이해하기 어려운 점에 대하여 질문을 함으로써 그 학문의 진리를 밝히며, 또 시골 마을의 어른을 모실 적에는 마땅히 조심하여 공손하고 삼가며 함부로 아무 말이나 하지 말고, 어른이 묻는 것이 있을 때는 조심하여 사실대로 대답하며, 벗과 함께 있을 적에는 마땅히 도의(道義)로써 강론하여 연마하고 다만 글자의 뜻이나 이치를 이야기할 뿐이고, 세속(世俗)의 지저분한 말이나 그때그때의 정치의 잘잘못이나 수령의 어질고 어질지 못함이나 남의 잘못을 일체 입에 올리지 말며, 시골의 마을 사람과 같이 있을 적에 비록 물음에 따라 응답할지라도 끝끝내 야비하고 더러운 말을 하지 않는다. 비록 예의범절을 엄정하게 스스로 가졌을지라도 절대로 높은 체 뽐내는 기색을 가져서는 안 되고, 오직 마땅히 좋은 말로 타이르고 이끌어서 반드시 학업에 향하도록 인도하며, 어린 아이와 함께 있을 적에는 마땅히 간절하게 타일러서 효도와 공경과 충성과 믿음의 도리를 말하여 착한 마음을 일으키게 할 것이다. 이와 같이 하여 마지않는다면 시골 마을의 풍속이 차차 좋은 편으로 변하게 할 수 있을 것이다.

凡侍先生長者 當質問義理難曉處 以明其學
侍鄉黨長老 當小心恭謹 不放言語 有問 則敬
對以實 與朋友處 當以道義 講磨 只談文字義
理而已 世俗鄙俚之説 及時政得失 守令賢否
他人過惡 一切不可掛口 與鄉人處 雖隨問應
答 而終不可發鄙褻之言 雖莊栗自持 而切不
可存矜高之色 惟當以善言 誘掖 必欲引而向
學 與幼者處 當諄諄言孝悌忠信 使發善心 若
此不已 則鄉俗 漸可變也

讀法 凡侍先生長者에 當質問義理難曉處하여 以明
其學하고 侍鄉黨長老에 當小心恭謹하여 不放言語하고
有問,則敬對以實하고 與朋友處에 當以道義로 講磨,
하여 只談文字義理而已요 世俗鄙俚之説과 及時政得
失과 守令賢否와 他人過惡을 一切不可掛口요 與鄉
人處에 雖隨問應答,而終不可發鄙褻之言하며 雖
莊栗自持,而切不可存矜高之色이오 惟當以善言으
로 誘掖하여 必欲引而向學하며 與幼者處에 當諄諄言

효 제 충 신　　사 발 선 심　　약 차 불 이 즉 향 속 점
孝 悌 忠 信,하여 使√發 善 心,이니 若√此 不√已, 則 鄕 俗을 漸

가 변 야
可√變 也.리라

[直譯] 대체로 선생과 어른을 모심에 마땅히 의리의 깨닫기 어려운 곳을 질문함으로써 그 학문을 밝히고, 향당의 장로를 모심에 마땅히 마음을 세심하여 공손하고 삼가서 말을 방자케 아니하고, 물음이 있으면 공경으로 대답하되 사실로써 하고, 벗과 같이 있음에 마땅히 도의로써 강론하고 연마하여, 다만 글자의 뜻과 이치를 이야기할 뿐이고, 세속의 비루한 말이나 시정(時政)의 잘잘못과 수령(守令)의 어질고 어질지 못함이나 남의 허물과 나쁜 것을 일체 입에 담지 말아야 하고, 향인과 있음에 비록 물음에 따라서 대답할지라도 끝끝내 비루하고 음란한 말을 하지 말아야 하며, 비록 점잖게 자기를 높이 갖더라도 절대로 스스로 높은 체하는 기색을 가져서는 안 되고, 오직 마땅히 좋은 말로써 이끌어 도와서 반드시 학업에 향하도록 인도하며, 어린 아이와 함께 있음에 마땅히 다정하게 효도와 공경과 충성과 믿음의 도리를 말하여 착한 마음을 일으키도록 할 것이니, 만약 이같이 하여 마지않는다면 향당의 풍속을 차차 변하게 할 수 있을 것이다.

[語義] •長者(장자) : 나이 먹은 사람. 윗사람. 덕망이 있는 사람.
• 義理(의리) : 뜻과 이치.
• 難曉處(난효처) : 깨닫기 어려운 곳. 이해하기 어려운 점.
• 侍鄕黨長老(시향당장로) : 향당(鄕黨)의 나이 많고 덕망이 있는 사람을 모심. 향당(鄕黨) : 자기가 나거나 사는 시골의 마을, 또는 지방에서 사는 사람들. 옛날에는 12,500집이 향이 되고 500집이 당이 되었었다 함.
• 小心(소심) : 조심함. 삼감.
• 恭謹(공근) : 공손하고 근심함.

- 不放言語(불방언어) : 말을 함부로 않음. 말을 방자하게 않음.
- 有問, 則敬對以實(유문, 즉경대이실) : 묻는 말이 있으면 공경스럽게 사실로써 대답함.
- 道義(도의) : 도덕과 의리. 사람이 이행해야 할 바른 길.
- 講磨(강마) : 강론(講論)하고 연마(硏磨)함. 학문이나 기술을 강론하고 연마함.
- 鄙俚(비리) : 풍속·언어 등이 상스러움(낮고 거칠어서 촌스러움). 풍속·언어 등이 지저분하거나 더러움 혹은 천박함.
- 時政得失(시정득실) : 그때그때에 행하는 정사(政事)의 잘잘못.
- 守令(수령) : ① 태수(太守)와 읍령(邑令). ② 우리나라 고대의 경우는 원·부윤(府尹)·목사(牧使)·부사(府使)·군수(郡守)·현감(縣監)·현령(縣令) 등.
- 掛口(괘구) : 입에 올리다.
- 鄙褻之言(비설지언) : 야비하고 더러운 말.
- 莊栗(장률) : 예의범절이 엄정함.
- 矜高之色(긍고지색) : 높은 체 뽐내는 기색.
- 誘掖(유액) : 이끌어 도와줌. 타이르고 이끌다.
- 諄諄(순순) : 곡진(曲盡)하게 타이르는 모양. 충성스럽고 근실한 모양. 곡진(曲盡) : 간곡하게 정성을 다함.
- 若此不已(약차불이) : 이와 같이 하여 마지않다. 이와 같이 하기를 그치지 않다. 「이(已)」는 그치다의 의미로 쓰였다.

餘說 이 책의 대본으로 삼아온 수초본(手草木)에 본 항의 오자를 지적하니 고쳐 보는 것이 좋을 것이다. 「當質問義理難曉處」의 難이 雖로, 「鄙褻之言」의 褻을 藝로, 「矜高之色」의 矜이 矝으로 오자를 내었기에 첨언한다.

이 항은 선생이나 장자(長者)에게 착실히 배우고 행동의 하나하나에 조심하며, 또 후배에게도 곡진(曲盡)히 지도하라고 되어 있다.

# 8

항상 온순하고 공손하며, 자애로우며, 남에게 은혜를 베풀며, 사물을 구제함으로써 마음가짐을 삼고, 만약 남을 침노하며 사물을 해치는 따위의 일들은 조금도 마음속에 두어서는 안 된다. 무릇 사람들은 자기에게 이롭게 하려고 반드시 남이나 다른 사물을 침해하게 된다. 그러므로 배우는 자는 먼저 이기심을 끊어 버린 다음에야 이것으로써 어진 것을 배울 수 있다.

常以溫恭慈愛惠人濟物 爲心 若其侵人害物
之事 則一毫不可留於心曲 凡人 欲利於己 必
至侵害人物 故 學者 先絶利心然後 可以學仁
矣

讀法 常以溫恭·慈愛·惠人·濟物로 爲心이오 若其

侵人害物之事, 則一毫不可留於心曲이니 凡人이

欲利於己하여 必至侵害人物, 故로 學者는 先絶利心,

然後에야 可以學仁矣.리라

直譯 항상 온공과 자애와 혜인과 제물로 마음가짐을 삼아야 하고,

만약 그 사람을 침노하고 물건을 해치는 일이면 하나의 털끝만큼이라
도 마음속에 두지 말 것이니, 무릇 사람들이 자기에게 이롭게 하고자
하여 반드시 사람이나 사물을 침해하는 데 이르기 때문에 학자는 먼저
이기심을 끊어 버린 다음에야 이로써 인을 배울 수 있다.

[語義]　• 溫恭(온공) : 온순하고 공손함.
• 慈愛(자애) : 아랫사람에 대한 도타운 사랑.
• 惠人(혜인) : 남에게 은혜를 베풂.
• 濟物(제물) : 사물을 제도함. 사물(물건)을 구제함.
• 侵人(침인) : 남을 침노함.
• 害物(해물) : 사물(물건)을 해침.
• 一毫(일호) : 한 가닥의 터럭. 전하여 조금. 근소.
• 心曲(심곡) : 마음속. 심중(心中).
• 欲利於己(욕리어기) : 자기에게 이롭게 하려 함.
• 必至侵害人物(필지침해인물) : 반드시 사람과 사물을 침해하게 됨.
• 先絶利心(선절이심) : 먼저 이기심을 끊어 버림.

[餘說]　온공 · 자애 · 혜인 · 제물의 마음으로 본심을 삼고 이기심을
버린 다음이 아니면 인도(仁道)를 배울 수 없다는 것이다.

# 9

　시골에 사는 선비는 공적인 일이나 예의상의 일로 찾아보
거나 부득이한 일이 아니면 관청에 드나들지 말 것이다. 고

을 원이 비록 지극히 친한 사이라고 하더라도 자주 찾아가 보아서는 안 되는데, 하물며 친구가 아니라면 더 말할 나위가 없다. 만약 의롭지 못한 청탁 같은 것은 마땅히 일체 하지 말아야 한다.

居鄉之士 非公事禮見 及不得已之故 則不可
出入官府 邑宰 雖至親 亦不可數數往見 況非
親舊乎 若非義干請 則當一切勿爲也

[讀法] 居<sup>√</sup>鄉之士,ㅣ非<sup>-</sup>公事禮見,과 及不得已之故,면 則
不<sup>-</sup>可出<sup>-</sup>入官府,니 邑宰ㅣ雖<sup>-</sup>至親,이나 亦不<sup>-</sup>可數數往
見,이어든 況非親舊乎.아 若非<sup>√</sup>義干請,이면 則當一切勿<sup>√</sup>
爲也.니라

[直譯] 시골에 사는 선비는 공사나 예로 찾아보는 일이나 부득이한 일이 아니면 관청에 드나들지 말 것이니, 고을 원이 비록 지극히 친한 사이라 하더라도 또한 자주 찾아가 보아서는 안 되는 것이거든 하물며 친구가 아님에랴. 만약 의롭지 못한 청탁을 한다면 마땅히 일체 들어주지 말아야 한다.

[語義] • 禮見(예견) : 예의상의 일로 찾아봄. 예의상의 일로 만남.
• 故(고) : 일.
• 官府(관부) : 관청.

- 邑宰(읍재) : 고을의 원. 읍장(邑長).
- 數數(삭삭) : 자주.
- 往見(왕견) : 찾아가 봄.
- 非義干請(비의간청) : 의롭지 못한 간청(청탁). 간청(干請)은 요구함. 바람. 청함.

餘說 시골에 사는 선비는 자기 고을의 관청에 상당한 이유 없이는 함부로 자주 드나들어서는 안 된다는 것이다. 쓸데없는 출입은 공무를 방해하고 관기(官機)를 엿들어 누설시키는 등 백해무익한 일이기 때문이다.

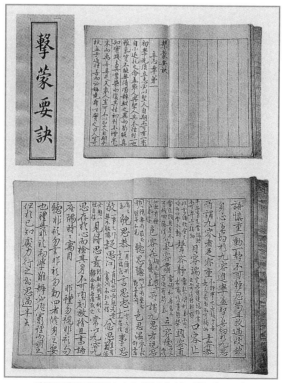

**격몽요결**(擊蒙要訣) 수초본(手草本) 보물 제 602호

# 處世章第十

[처세장 제십]

⋮

처세에 대한 지침

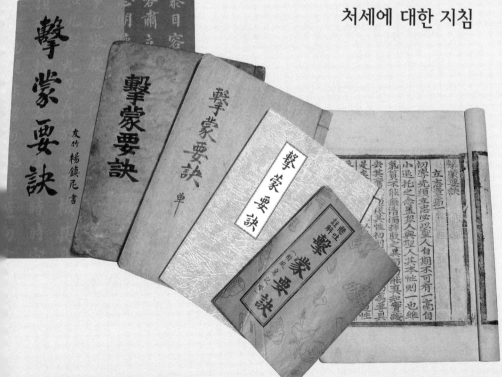

처 세 장  제 십  범 삼 문 단
# 處世章 第十 凡三文段

■ 세상을 살아가는 데 관한 것을 설명하는 글로, 격몽요결의 열째 장이
며, 대개 3문단으로 나누고 있다.

# 1

옛날의 학자들은 일찍이 벼슬을 구한 것이 아니고 학문이
이루어지면 윗사람이 천거하여 등용되었다. 대개 벼슬이라
고 하는 것은 다른 사람을 위해서 일하는 것이고 자기를 위
하는 일이 아니었다. 그런데 지금 세상은 그렇지가 않고 과
거를 통해서만 사람을 뽑으니, 비록 하늘의 이치에 통달하
는 학문이 있고 남보다 썩 뛰어난 행실이 있다 할지라도 과
거(科擧)를 거치지 않고서는 도를 행할 자리로 나갈 수 없
다. 그러므로 아버지는 그 아들을 가르치고, 형이 그 아우를
권면하는 것이 과거 이외에는 다른 아무런 방법이 없기 때
문이다. 선비들의 습관이 나빠지는 것은 오로지 이런 데서
비롯된다. 지금 선비된 사람들은 많이들 부모의 희망과 문

중의 계책을 위하여 과거 공부에 힘쓰는 일을 벗어날 수 없는 것이다. 또한 마땅히 그 재능을 갈고 닦아서 그때를 기다릴 뿐으로서, 성공과 실패는 천명에 맡길 따름이지 벼슬을 탐내어 조급하고 마음을 끓어오르게 해서 이것으로써 그 본래의 뜻을 손상시켜서는 안 된다.

古之學者 未嘗求仕 學成 則爲上者 擧而用之
蓋仕者 爲人 非爲己也 今世則不然 以科擧
取人 雖有通天之學 絶人之行 非科擧 無由進
於行道之位 故 父敎其子 兄勉其弟 科擧之外
更無他術 士習之偸 職此之由 第今爲士者 多
爲父母之望 門戶之計 不免做科業 亦當利其
器 俟其時 得失 付之天命 不可貪躁熱中 以
喪其志也

讀法 古之學者,는 未嘗求仕,하고 學成,則 爲上者ㅣ擧
而用之,하나니 蓋仕者,는 爲人,이오 非爲己也,어늘 今世則
不然,하고 以科擧로 取人,하니 雖有通天之學,과 絶人
之行,이나 非科擧,면 無由進於行道之位.라 故로 父敎
其子,하고 兄勉其弟,ㅣ科擧之外,엔 更無他術,하니 士
ㅣ習之偸 職此之由.라 第今爲士者,는 多爲父母之

望<sub>망</sub>과 門<sub>문</sub>戶<sub>호</sub>之<sub>지</sub>計<sub>계</sub>하여 不<sub>불</sub>免<sub>면</sub>做<sub>주</sub>科<sub>과</sub>業<sub>업</sub>이나 亦<sub>역</sub>當<sub>당</sub>利<sub>리</sub>其<sub>기</sub>器<sub>기</sub>하고

俟<sub>사</sub>其<sub>기</sub>時<sub>시</sub>하여 得<sub>득</sub>失<sub>실</sub>을 付<sub>부</sub>之<sub>지</sub>天<sub>천</sub>命<sub>명</sub>이오 不<sub>불</sub>可<sub>가</sub>貪<sub>탐</sub>躁<sub>조</sub>熱<sub>열</sub>中<sub>중</sub>하여

以<sub>이</sub>喪<sub>상</sub>其<sub>기</sub>志<sub>지</sub>也<sub>야</sub>.니라

直譯 옛날의 학자는 아직 일찍이 벼슬을 구하지 않았고 학문을 이루면 윗사람이 천거해서 그를 등용했나니, 대개 벼슬한 사람은 남을 위했고 자기를 위하지 아니했거늘, 지금 세상은 그렇지 아니하고 과거로써 사람을 뽑으니, 비록 하늘의 이치에 통달하는 학문과 남보다 뛰어나는 행실이 있다 해도 과거가 아니면 도를 행할 자리에 나갈 수가 없다. 그러므로 아버지는 그 아들을 가르치고 형이 그 아우에게 권면하는 것이 과거 이외에는 다른 꾀가 없으니, 선비들의 습관이 나빠지는 것은 오로지 이에 연유한 것이다. 이제 선비된 사람들은 많이들 부모의 희망과 문중의 계책을 위하여 과거 공부에 힘쓰는 일을 면할 수 없으나, 또한 마땅히 그 기품을 갈아서 그때를 기다려 성공과 실패를 천명에 맡길 것이지, 벼슬을 탐내어 초조하고 속을 태워 이로써 그 뜻을 손상시켜서는 안 된다.

語義 • 未嘗(미상) : 아직 일찍이…한 일이 없다. 未는 재역(再譯)문자.

• 擧而用之(거이용지) : 천거하여 등용시킴.

• 取人(취인) : 사람을 쓴다.

• 通天之學(통천지학) : 하늘의 이치에 통달하는 학문.

• 絶人之行(절인지행) : 남보다 썩 뛰어난 행실.

• 無由(무유) : 이유가 없음.

• 進於行道之位(진어행도지위) : 도를 행할 자리로 나감.

• 更無他術(갱무타술) : 고칠 만한 다른 술책이 없음.

- 士習之偷(사습지투) : 선비들의 습관이 각박해짐.
- 職(직) : 오로지, 오직.
- 此之由(차지유) : 이로 말미암음.
- 門戶(문호) : 문중(門中).
- 科業(과업) : 과거 공부.
- 利其器(이기기) : 자기의 실력을 갈고 닦는다. 기(器)는 재능. 도량.
- 俟(사) : 기다린다.
- 得失(득실) : 얻음과 잃음. 성공과 실패.
- 躁(조) : 초조함. 성급함.
- 熱中(열중) : 마음을 끓어오르게 하다. 속을 끓이다. 속을 태우다.

[餘說] 옛날에는 공부하여 학문을 이루면 윗사람이 천거하여 등용시켰는데, 지금은 그렇지 않고 과거에 의하여 사람을 뽑기 때문에 제아무리 훌륭한 학문을 가졌다 해도 등용 시험인 과거에 합격하지 않으면 배운 도를 펼 자리에 나갈 수 없다. 그래서 오로지 과거를 위해서 공부하고 권장하는 부형의 말에 따라 과업에 힘쓰게 된다. 그리고는 결과는 천명에 맡길 일이지 부질없이 벼슬을 탐내어 초조하고 열중해서는 안 된다는 것이다.

# 2

　사람들은 흔히 과거 공부에 얽매여 학문을 할 수가 없다고 말한다. 그렇지만 이것은 역시 핑계대는 말이고 진심에서 나온 말이 아니다. 옛날 사람들은 어버이를 봉양함에 몸소 밭을 갈아 농사지은 이도 있었고, 돌아다니며 남의 품팔이를 한 이도 있었고, 쌀짐을 져다 주고 운임을 받은 이도 있었다. 대체로 몸소 밭을 갈아 농사짓고, 남의 집에 다니며 품을 팔고 쌀을 져 나를 때는 그 괴로움이야말로 대단했을 터이니, 어느 겨를에 글을 읽었겠으랴마는 오직 그들은 어버이를 위해 노력을 하여 자식의 책임을 닦고, 남은 힘으로 글을 배웠는데도 또한 덕을 쌓을 수가 있었다.

人言 科業 爲累 不能學問 此亦推託之言 非
出於誠心也 古人 養親 有躬耕者 有行傭者
有負米者 夫躬耕 行傭 負米之時 勤苦甚矣
何暇 讀書乎 惟其爲親任勞 旣脩子職 而餘力
學文 亦可進德 今日之爲士者 不見爲親任勞
如古人者 只是科業一事 是親情之所欲 今旣
不免做功 則科業 雖與理學 不同 亦是坐而讀
書作文 其便於躬耕 行傭 負米 不啻百倍 況
有餘力 可讀性理之書哉 只是做科業者 例爲

得失所動 心常躁競 反不若勞力之不害心術
故 先賢 曰 不患妨功 惟患奪志 若能爲其事
而不喪其守 則科業理學 可以並行 不悖矣 今
人 名爲做擧業 而實不著功 名爲做理學 而實
不下手 若責以科業 則曰 我志於理學 不能屑
屑於此 若責以理學 則曰 我爲科業所累 不能
用功於實地 如是兩占便宜 悠悠度日 卒至於
科業理學 兩無所成 老大之後 雖悔 何追 鳴
呼 何不戒哉

**[讀法]** 人言에 科業이 爲累하여 不能學問이나 此亦推託之
言이오 非出於誠心也니라 古人은 養親에 有躬耕者하고
有行傭者하고 有負米者니라 夫躬耕·行傭·負米之
時에 勤苦甚矣리니 何暇에 讀書乎리오만 惟其爲親任勞
하여 旣脩子職하고 而餘力으로 學文이나 亦可進德하니라

**[直譯]** 사람들의 말에 과거 공부가 번거로워서 학문을 할 수 없다고 하
나 이것은 역시 핑계대는 말이고 진심에서 나온 것이 아니다. 옛날 사
람은 부모를 봉양함에 몸소 밭을 가는 사람도 있고, 다니며 품팔이 하
는 사람도 있고, 쌀을 져 나르는 사람도 있었다. 대개 몸소 밭을 갈고,
다니며 품팔이를 하고, 쌀을 져 나를 때에 근고가 심했을 것이니, 어느
겨를에 글을 읽었으랴마는, 오직 그들은 부모를 위해 수고를 하

여 이미 자식으로서의 해야 할 책임을 다하고 남은 힘으로 글을 배웠
어도 역시 덕으로 나갈 수가 있었다.

語義  • 科業(과업) : 과거 공부.
• 爲累(위루) : 매이다. 얽매이다. 번거롭다.
• 推託之言(추탁지언) : 다른 일로 핑계대는 말.
• 誠心(성심) : 진실한 마음.
• 躬耕(궁경) : 몸소 밭을 갈아 농사를 지음.
• 行傭(행용) : 이집저집 다니며 품팔이를 함.
• 負米(부미) : 쌀을 져 나름.
• 何暇讀書乎(하가독서호) : 어느 겨를에 글을 읽었겠는가?
• 任勞(임로) : 수고를 함.
• 進德(진덕) : 덕을 쌓음.

餘說  과거 공부가 번거로워 학문을 하기 어렵다는 것은 딴 핑계에
서 나온 말이지 참다운 마음에서 나온 것이 아니라는 것은 사람에
따라 다를 것이다. 적성에 맞는 이도 있을 것이요, 그렇지 않은 이
도 있을 것이다. 그러기에 사람마다 다 과거에 급제하지 못한 것이
아닌가?
　부모를 봉양하는 것은 환경과 여건이 좋아야만 되는 것이 아니고
효심에 달렸다고 보아야 하며, 공부도 여가만 가지고 되는 것이 아
니라 마음 먹기에 따라 되는 것이다. 틈틈이 힘을 내어 글을 배우고
덕을 쌓는다는 것이 그리 쉬운 일이 아닌 것만은 사실이다.


　그런데 오늘날의 선비들은 옛날 사람처럼 어버이를 위해
수고하는 이를 볼 수 없고, 다만 과거 공부 한 가지 일만이
곧 어버이의 마음에 바라는 것이므로 이제는 이미 이 과거

공부를 벗어날 수 없는데, 그렇다면 과거 공부는 비록 성리학과는 다르지만 역시 앉아서 책이나 읽고 글이나 짓는 것이, 몸소 밭을 갈고, 돌아다니며 품팔이하고, 쌀을 져 나르는 것보다 편함이, 백 배일 뿐만이 아니라, 하물며 〈부모를 섬기고〉 남는 힘이 있을 때 성리(性理)에 관한 책을 읽을 수 있으니 얼마나 좋은가.

讀法 今日之爲士者는 不見爲親任勞를 如古人者요 只是科業一事ㅣ是親情之所欲이라 今旣不免做功이면 則科業이 雖與理學으로 不同이나 亦是坐而讀書作文이니 其便於躬耕·行傭·負米ㅣ不啻百倍라 況有餘力으로 可讀性理之書哉아

直譯 오늘의 선비된 자는 어버이를 위하여 수고를 하는 옛날 사람과 같은 자를 보지 못하고, 다만 바로 과거 공부를 하는 한 가지 일만이 곧 어버이의 마음에 바라는 것이다. 이제 이미 이 공부를 면할 수 없는데 과거 공부가 비록 이학(理學)을 공부하는 것과는 같지 않으나 역시 앉아서 글을 읽고 글을 짓는 것이니, 그들이 몸소 밭을 갈고, 다니며 품팔이하고, 쌀을 져 나르는 것보다 편하기가 백 배나 될 뿐 아니라, 더욱이 〈부모를 섬기고〉 남은 힘으로 성리(性理)에 관한 책을 읽을 수 있음에랴.

語義 • 做功(주공) : 공부를 함.
• 理學(이학) : 성리학(性理學)의 약칭. 「성리학」은 성명(性命)과 이기(理氣)의 관계를 설명한 유교 철학. 송(宋)나라의 주염계(周濂溪)·장횡거(張橫渠)·정명도(程明道)·정이천(程伊川)·주희(朱熹) 등이 주창(主唱)한 학설.

성리학(性理學)은 중국 송(宋)나라 때의 유학(儒學)의 한 계통. 본연(本然)의 성(性)을 발현(發現)하기 위하여 물(物)에 대한 이(理)를 참고하지 않으면 안 된다는 설.

- 啻(시) : 뿐, 만(不啻=뿐만 아니라), 다만.
- 性理(성리) : 인성(人性)과 천리(天理).
- 性理之書(성리지서) : 성리학에 관한 서적.

餘說 공부하는 것이 궁경(躬耕)·행용(行傭)·부미(負米)보다는 편하다는 것이다. 그리고 여력이 있으면 이학에 관한 책을 읽을 수도 있지 않겠느냐는 것이다. 이 책의 啻(시) 자가 다른 책에 翅(시=⟨날개, 깃, ~할 뿐 啻와 同意字로 씀⟩)로 쓰고 있음.

다만 과거 공부를 하는 사람들은 으레 성공하느냐 못하느냐에 따라서 마음이 동요되어 마음이 항상 초조하고 조급해서, 도리어 자기 몸으로 애쓰는 것만 못하다. 왜냐하면 힘만 들여 일하는 것은 자기의 마음에는 해를 끼치지 않기 때문이다. 그러므로 옛 현인들이 말하기를, 「공부에 방해될까 걱정하지 말고, 오직 그 뜻을 빼앗길까 걱정하라」고 하였다. 만약 과거 공부를 하면서도 그 분수를 잃지 않고 한쪽으로 치우치지 않는다면 과거 공부와 성리학 공부를 겸해서 해도 어긋남이 없을 것이다.

讀法 只是做科業者,는 例爲得失所動,하여 心常躁競,으로 反不若勞力之不害心術.이라 故로 先賢이 曰,「不患妨功,이오 惟患奪志.니라」하니 若能爲其事, 而不喪

기 수 즉 과 업 이 학 가 이 병 행 불 패 의
其 守,면 則 科 業 理 學,을 可 以 並 行,이라도 不 悖 矣.리라

[直譯] 다만 이 과거 공부를 하는 사람은 대개 성공하느냐 못하느냐에 동요되어 마음에 항상 초조하게 다투므로, 도리어 노력이 마음을 해롭히지 않느니만 못하다. 그러므로 옛 현인들이 말하기를, 「공부에 방해될까 근심하지 말고, 오직 뜻을 빼앗길까 근심하라」 하였다. 만약 능히 과거 공부를 하면서도 그 지켜야 할 분수를 잃지 않는다면, 과거 공부와 이학 공부를 가히 이로써 병행할지라도 어긋남이 없을 것이다.

[語義] • 躁競(조경) : 초조하게 다툼.
• 不若(불약) : ～ 하는 것만 못하다. ～하는 것만 같지 않다.
• 勞力(노력) : 힘들여 일함.
• 心術(심술) : 마음씨.
• 其事(기사) : (여기서는) 과거 공부를 말함.
• 悖(패) : 어긋남.

[餘說] 핑계대는 일 없이 자기의 본분을 잃지 않는 사람이라면 과거 공부와 성리학 공부를 병행해도 무방할 것이라는 것이다.

　지금 사람들은 명색은 과거 공부를 한다고 하지만 실제로는 과거 공부를 하지 않고 말로는 성리학(性理學) 공부를 한다고 하나 실제로는 착수하지 아니하여 만약 과거 공부를 질책하면 말하기를, 나는 성리학에 뜻을 두고 있기 때문에 과거 공부에 힘을 쓸 수 없다고 하고, 만약 성리학 공부를 질책하면 말하기를, 나는 과거 공부에 얽매여 있어서 다른 일에 힘을 쓸 수 없다고 한다.

讀法  今 人,은 名 爲<sup>리</sup>做 擧 業,이나 而 實 不<sup>√</sup>著<sup>리</sup> 功,이오 名 爲<sup>리</sup>做<sup>리</sup> 理 學,이나 而 實 不<sup>√</sup>下<sup>리</sup> 手,라가 若 責<sup>√</sup>以<sup>리</sup> 科 業,이면 則 曰,「我 志<sup>리</sup> 於<sup>리</sup> 理 學,하여 不<sup>√</sup>能<sup>리</sup> 屑 屑 於<sup>리</sup> 此.라」하고 若 責<sup>√</sup>以<sup>리</sup> 理 學,이면 則 曰, 「我 爲<sup>리</sup>科 業 所 累,하여 不<sup>√</sup>能<sup>리</sup> 用<sup>리</sup>功<sup>리</sup> 於<sup>리</sup>實 地.라」하니라

直譯  지금 사람들은 명목은 과거 공부를 한다면서 실은 공을 나타내지 못하고, 명목은 이학 공부를 한다면서 실은 손도 대지 못하다가, 만약 과거 공부로써 재촉하면 말하기를 「나는 이학에 뜻을 두고 있어서 과거에 힘을 쓸 수 없다」하고, 만약 이학 공부로써 재촉하며 말하기를 「나는 과거 공부에 매여 있어서 실지에 힘을 쓸 수 없다」고 한다.

語義  • 爲做擧業(위주거업) : 과거 공부를 한다는 뜻.
• 爲做理學(위주이학) : 이학 공부를 한다는 뜻.
• 實不下手(실불하수) : 실지로는 손도 대지 못함.
• 若責以科業(약책이과업) : '만약 과거 공부를 재촉하면' 이란 뜻.
• 不能屑屑於此(불능설설어차) : 이에 연연할 수 없다. 즉 과거에 힘을 쓸 수 없다는 뜻.
• 我爲科業所累(아위과업소루) : '나는 과거 공부에 매여 있어서' 란 뜻.
• 不能用功於實地(불능용공어실지) : 실지에 있어서는 힘을 쓸 수 없다고 한다.

餘說  실지로는 아무 공부도 제대로 하지 않으면서 이 핑계 저 핑계로 일관하고 있는 사람을 예로 들어 경계하고 있다.

이와 같이 편의에 따라 두 가지 말로 구실을 붙이고는 아

무 하는 일 없이 세월을 보내다가, 마침내는 과거 공부도 이학 공부도 다 이루지 못하고 마니, 늙은 뒤에 비록 뉘우친다 하더라도 어찌 따라갈 수가 있겠는가? 아아! 이것을 어찌 경계해야 하지 않겠는가?

[讀法] 如<sup>√</sup>是 兩<sup>¯</sup>占 便 宜,<sup>¯</sup>하고 悠 悠 度<sup>√</sup>日,이라가 卒 至<sup>¯</sup>於 科 業 理 學,을 兩 無<sup>√</sup>所<sup>√</sup>成,하니 老 大 之 後,에 雖<sup>√</sup>悔,인들 何 追.리오 嗚 呼,라 何 不<sup>√</sup>戒 哉.아

(여 시 양 점 편 의 / 유 유 도 일 / 졸 지 어 과 업 / 이 학 / 양 무 소 성 / 노 대 지 후 / 수 회 / 하 추 / 오 호 / 하 불 계 재)

[直譯] 이와 같이 편의에 따라 두 가지로 말을 하고 아무 하는 일 없이 세월을 보내다가 마침내는 과거 공부도 이학 공부도 다 이루는 바가 없음에 이르니, 늙은 뒤에 비록 뉘우친들 어찌 미치랴? 아아! 어찌 경계해야 하지 않겠는가?

[語義] • 悠悠度日(유유도일) : 아무 하는 일이 없이 세월을 보냄.
• 何追(하추) : 어찌 미치랴? 어찌 좇으랴? 어찌 따라가랴?
• 嗚呼(오호) : 아아! 감탄사.

[餘說] 앞 문단의 말과 같다.

# 3

　사람들은 자기가 아직 벼슬을 하지 못하고 있을 때에는 오직 벼슬하기에 급해 하다가, 이미 벼슬을 하고 나면 그 직위를 잃어버릴까 염려한다. 이와 같은 생각에만 골몰하여 그 본 마음을 잊어버리는 사람이 많다. 이 어찌 두려워하지 않으랴? 벼슬이 높은 사람은 올바른 도를 행하기에 주력하다가, 도를 행할 수 없으면 물러날 것이다. 만약 집안이 가난하여 벼슬을 해야만 살겠으면, 모름지기 내직(內職)을 사양하고 외직(外職)으로 나가 높은 직위를 사양하고 낮은 직위에 있어 굶주림과 추위를 면하면 그뿐이다. 그리고 비록 벼슬살이를 한다고 하더라도 또한 마땅히 청렴하고 부지런히 공무를 받들어 그 맡은 일을 충실히 해야 하며, 관직을 돌아보지 않고 놀고 먹고 마시려고 해서는 안 된다.

　정축(丁丑 : 1577)년 늦겨울에 적는다.

人於未仕時 惟仕是急 旣仕後 又恐失之 如是
汨沒 喪其本心者 多矣 豈不可懼哉 位高者
主於行道 道不可行 則可以退矣 若家貧 未免
祿仕 則須辭內就外 辭尊居卑 以免飢寒而已
雖曰祿仕 亦當廉勤奉公 盡其職務 不可曠官
而餔啜也 丁丑季冬 書

人<sup>인</sup> 於<sup>어</sup><sup>✓</sup>未<sup>미</sup>仕<sup>사</sup>時<sup>시</sup>,엔 惟<sup>유</sup>仕<sup>사</sup>是<sup>시</sup>急<sup>급</sup>,하고 旣<sup>기</sup>仕<sup>사</sup>後<sup>후</sup>,엔 又<sup>우</sup>恐<sup>공</sup><sup>✓</sup>失<sup>실</sup>✓

之<sup>지</sup>,하며 如<sup>여</sup><sup>✓</sup>是<sup>시</sup>汨<sup>골</sup>沒<sup>몰</sup>,하여 喪<sup>상</sup>其<sup>기</sup>本<sup>본</sup>心<sup>심</sup>者<sup>자</sup>ㅣ多<sup>다</sup>矣<sup>의</sup>.니 豈<sup>기</sup>不<sup>불</sup><sup>✓</sup>可<sup>가</sup><sup>✓</sup>懼<sup>구</sup>

哉<sup>재</sup>.아 位<sup>위</sup>高<sup>고</sup>者<sup>자</sup>,는 主<sup>주</sup>於<sup>어</sup>行<sup>행</sup><sup>✓</sup>道<sup>도</sup>,니 道<sup>도</sup>ㅣ不<sup>불</sup><sup>✓</sup>可<sup>가</sup><sup>✓</sup>行<sup>행</sup>,이면 則<sup>즉</sup>可<sup>가</sup>以<sup>이</sup>退<sup>퇴</sup>

矣<sup>의</sup>.니라 若<sup>약</sup>家<sup>가</sup>貧<sup>빈</sup>,하여 未<sup>미</sup><sup>✓</sup>免<sup>면</sup>祿<sup>녹</sup>仕<sup>사</sup>,면 則<sup>즉</sup>須<sup>수</sup>辭<sup>사</sup><sup>✓</sup>內<sup>내</sup>就<sup>취</sup><sup>✓</sup>外<sup>외</sup>,하며 辭<sup>사</sup>✓

尊<sup>존</sup>居<sup>거</sup><sup>✓</sup>卑<sup>비</sup>,하여 以<sup>이</sup>免<sup>면</sup>飢<sup>기</sup>寒<sup>한</sup>而<sup>이</sup>已<sup>이</sup>.니 雖<sup>수</sup>曰<sup>왈</sup>祿<sup>녹</sup>仕<sup>사</sup>,라도 亦<sup>역</sup>當<sup>당</sup>廉<sup>염</sup>勤<sup>근</sup>

奉<sup>봉</sup>公<sup>공</sup>,하여 盡<sup>진</sup>其<sup>기</sup>職<sup>직</sup>務<sup>무</sup>,요 不<sup>불</sup><sup>✓</sup>可<sup>가</sup><sup>✓</sup>曠<sup>광</sup>官<sup>관</sup>,而<sup>이</sup>餔<sup>포</sup>啜<sup>철</sup>也<sup>야</sup>.니라

丁<sup>정</sup>丑<sup>축</sup>季<sup>계</sup>冬<sup>동</sup>에 書<sup>서</sup>.하노라

直譯 사람들은 아직 벼슬을 못했을 때에는 오직 벼슬하기에만 시급하고, 이미 벼슬을 한 뒤에는 또 벼슬을 잃을까 염려하며, 이와 같은 생각에만 골몰하여 그 본 마음을 잊어버리는 사람이 많으니, 어찌 두려워하지 않으랴? 벼슬이 높은 사람은 도를 행하기에 주력하나니, 도를 행할 수 없으면 가히 이로써 물러날 것이다. 만약 집이 가난하여 아직 녹사를 면할 수 없다면, 모름지기 내직을 사양하고 외직으로 나가며, 높은 자리를 사양하고 낮은 자리에 있어 이로써 굶주림과 추위나 면하면 그만이니, 비록 녹사를 한다고 하더라도 또한 마땅히 청렴하고 근면하게 봉공하여 그 맡은 일을 충실히 해야 하고, 자리를 오래 비워 놓고 하는 일 없이 식록(食祿)을 타 먹어서는 안 된다.
정축(1577)년 늦겨울에 적는다.

語義 • 汨沒(골몰) : 한 가지 일에만 몰두함.
• 豈不 ~哉(기불 ~재) : 어찌 ~하지 않겠는가?
• 懼(구) : 두려워하는 것.

- 祿仕(녹사) : 녹을 타기 위하여 벼슬을 함.
- 廉勤(염근) : 청렴하게 근면함.
- 奉公(봉공) : 국가나 사회를 위하여 심력(心力)을 다함(멸사봉공〈滅私奉公〉). 봉직(奉職)과 같다.
- 曠官(광관) : 벼슬자리를 오래 비워 놓음. 직분을 버려두다. 관직을 돌아보지 않다.
- 餔啜(포철) : 먹고 마심. 음식을 먹음. 하는 일 없이 식록(食祿)을 타 먹음.

餘說 사람들이 벼슬하기를 원하는 심리와, 그 자리를 지키기 위한 심리 상황과, 먹기 위하여 녹사(祿仕)를 하는 이도(吏道)에 대하여 설명하고 있다.

### 율곡선생의 용벼루

율곡선생이 쓰던 벼루로, 안동 고산석(安東 高山石)으로 만들어졌으며, 매화 무늬의 섬세한 조각으로 장식되어 있다. 1788년 정조대왕이 직접 보고 벼루 뒷면에 다음과 같이 썼다.
(그림 왼쪽)
『무원(婺源) 주자의 못에 적셔내어 공자의 도를 본받아 널리 베풀고, 용(율곡)은 동천(洞天)으로 돌아갔건만 구름(명성)은 먹에 뿌려 학문은 여기에 남았도다』

# 附
[부록]

祭 儀 鈔
제사하는 의식을 가려 뽑음.

曾증　曾증
祖조　祖조
考고　妣비

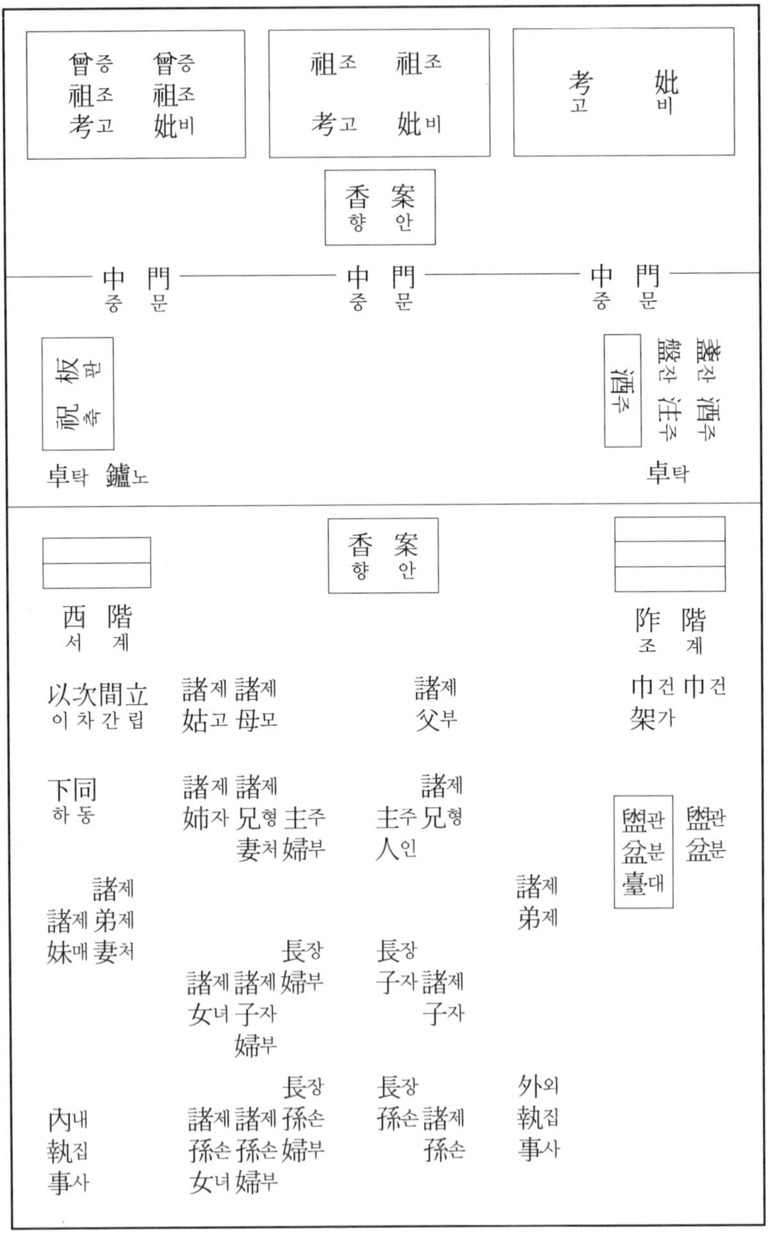

祖조　祖조
考고　妣비

考　　妣
고　　비

香　案
향　안

── 中 門 ──
중　문

── 中 門 ──
중　문

── 中 門 ──
중　문

盞잔 酒주
盤반 注주
酒주

祝판
版
祝축

卓탁　鑪노

卓탁

香　案
향　안

西　階
서　계

阼　階
조　계

以次間立
이 차 간 립

諸제 諸제
姑고 母모

諸제
父부

巾건 巾건
架가

下同
하 동

諸제 諸제
姉자 兄형 主주
　　妻처 婦부

諸제
主주 兄형
人인

盥관 盥관
盆분 盆분
臺대

諸제
諸제 弟제
妹매 妻처

諸제
弟제

長장
諸제 諸제 婦부
女녀 子자
婦부

長장
子자 諸제
　　子자

內내
執집
事사

長장
諸제 諸제 孫손
孫손 孫손 婦부
女녀 婦부

長장
孫손 諸제
　　孫손

外외
執집
事사

사 당 지 도
# 祠堂之圖

교정자 추가

| | | | |
|---|---|---|---|
| 증조고<br>曾<br>祖<br>考 | 증조비<br>曾<br>祖<br>姚 | 조고<br>祖<br>考 | 조비<br>祖<br>姚 |
| | | 고<br>考 | 비<br>姚 |

香案 (향안)

| 中門<br>(중문) | 中門<br>(중문) | 中門<br>(중문) |
|---|---|---|

(北)

| 축판<br>祝<br>板 | | | 酒盞盤酒注<br>(주) 盞盤 (잔반) (주) |
|---|---|---|---|
| | 남자신위 | 여자신위 | (死者 · 祭儀禮) |
| 卓(탁자) 鑪(화로) | 여자어른 | 남자어른 | (生者 · 獻壽禮) 卓(탁자) |

(西) ———— ———— (東)

차례대로 사이를
두고서는 것은 이
하도 같이 한다.
↓

| 西階<br>(서계) | 香案 (향안) | 阼階<br>(조계) |
|---|---|---|

以次間立下同<br>(이차간립하동)

| | 諸姑<br>(제고) | 諸母<br>(제모) | 母<br>(모) | | 諸父<br>(숙부) | 叔行<br>(숙항) | 諸姑夫<br>(제고부) | 巾架<br>(건가) | 巾<br>(건) |
|---|---|---|---|---|---|---|---|---|---|
| 諸姉<br>(제자) | | 諸兄嫂<br>(제형수) | 主婦 · 長婦<br>(주부) (장부) | (절하는 자리) | | 諸兄<br>(제형) | 諸姉夫<br>(제자부) | 盥盆臺<br>(관분대) | 盥盆<br>(관분) |
| 諸妹<br>(제매) | | 諸弟嫂<br>(제제수) | 長婦<br>(장부) | | 主人 長子孫<br>(주인) (장자손) | 諸弟<br>(제제) | 諸妹夫<br>(제매부) | | |
| 內執事<br>(내집사) | 諸女姪<br>(제녀질) | 諸子姪婦<br>(제자질부) | 長孫婦<br>(장자부) | | 長子婦<br>(장자부) | 諸子姪<br>(제자질) | 諸婿<br>(제서) | 外執事<br>(외집사) | |
| | 諸孫女<br>(제손녀) | 諸孫婦<br>(제손부) | 長孫婦<br>(장손부) | | 長孫<br>(장손) | 諸孫<br>(제손) | 諸孫婿<br>(제손서) | | |

- 受胙(수조) : 제사를 지낸 뒤에 제관(祭官)이 번육[膰肉=제사(祭祀)에 쓰는 고기, 제물(祭物)]의 분배(分配)를 하던 일.
- 位(위) :수조하는 자리. ・ 酒注(주주) : 주전자(酒煎子).

정침시제지도
# 正寢時祭之圖

| 曾증祖조考고 | 曾증祖조妣비 | | 祖조考고 | 祖조妣비 | | 考고 | 妣비 |

茅모 沙사　　茅모 沙사　　茅모 沙사

香향 案안

茅모 沙사

受수 胙조 位위

玄현酒주 受수 盞잔酒주
酒주 胙조 盤반注주
　　　　楪첩

祝축板판 主주櫝독
卓탁 卓탁

主주 婦부 侑유

主주 人인 侑유

卓탁　　架가

西서 階계

阼조 階계

巾건 巾건
架가

盆분 盆분
臺대

敍서立립同동祠사堂당之지儀의
（늘어서는 것은 사당의 의식과 같다）

정 침 시 제 지 도
# 正寢時祭之圖

교정자 추가

| 曾祖考(증조고) 曾祖妣(증조비) | 祖考(조고) 祖妣(조비) | 考(고) 妣(비) |
|---|---|---|
| 茅沙 (모사) | 茅沙 (모사) | 茅沙 (모사) |

香案 (향안)

茅沙 (모사)

| 祝板 (축판) 主櫝 (주독) | 主婦侑 (주부유) 主人侑 (주인유) 受胙位 (수조하는 자리) | 玄酒 (현주) 酒 (주) 受胙楪 (수조접) 盞盤 (잔반) 酒注 (주주) |
|---|---|---|
| 卓(탁자) 卓(탁자) | | 架(가=시렁) 卓(탁자) |

西階 (서계)　　　　　　　　　　阼階 (조계)

敍立同祠堂之儀
(서립동사당지의)
─늘어서는 것은 사당의
의식과 같다─

巾수架(건수가) 巾수(건수) 건걸이
盆대臺(분대대) 盆대(분대야받침)

---

• 正寢時祭之圖(정침시제지도) : 사계절 제사를 지내는 방의 위치도.

• 茅沙(모사) : 강신(降神)할 적에 쓰이는 그릇에 담은 띠묶음과 모래.

• 시렁 : 물건을 얹어 놓기 위하여 건너지른 두 개의 장나무.

매 위 설 찬 지 도
## 每位設饌之圖

| 考 (고) | | | | | 妣 (비) | | | | |
|---|---|---|---|---|---|---|---|---|---|
| 匙楪 (시접) 수저그릇 | 飯 (반) 밥 | 盞盤 (잔반) 술잔 | 羹 (갱) 국 | 醋菜 (초채) 초나물 | 匙楪 (시접) 수저그릇 | 飯 (반) 밥 | 盞盤 (잔반) 술잔 | 羹 (갱) 국 | 醋菜 (초채) 초나물 |
| 麵湯 (면탕) 탕국수 | 肉湯 (육탕) 고기국 | 炙湯 (적탕) 고기구이탕 | 魚湯 (어탕) 생선국 | 餅湯 (병탕) 떡국 | 麵湯 (면탕) 탕국수 | 肉湯 (육탕) 고기국 | 炙湯 (적탕) 고기구이탕 | 魚湯 (어탕) 생선국 | 餅湯 (병탕) 떡국 |
| 脯 (포) 자반 | 熟菜 (숙채) 나물 | 淸醬 (청장) 간장 | 醢 (혜) 식혜 | 沈菜 (침채) 김치 | 脯 (포) 자반 | 熟菜 (숙채) 나물 | 淸醬 (청장) 간장 | 醢 (혜) 식혜 | 沈菜 (침채) 김치 |
| 果 (과) 과실 | 果 (과) 과실 | 果 (과) 과실 | 果 (과) 과실 | 果 (과) 과실 | 果 (과) 과실 | 果 (과) 과실 | 果 (과) 과실 | 果 (과) 과실 | 果 (과) 과실 |

忌祭墓祭則具 (기제묘제즉구)
果三色湯三色 (과삼색탕삼색)
-기제나 묘제에는 과실 세 종류 탕 세 종류를 갖춘다-

- 每位設饌之圖(매위설찬지도) : 제사상 차리는 법.
- 匙楪(시접) : 수저를 담는 놋그릇. • 熟菜(숙채) : 삶아 익힌 나물.
- 醋菜(초채) : 초쳐서 무친 나물. • 魚湯(어탕) : 생선국(탕), 어물국(탕).
- 脯(포) : 자반, 말린고기
- 醢(식혜 혜)＝醢(해)는 속자(俗字)로 보아야 한다. 원뜻은 젓, 젓담글(肉醬), 젓국, 젓갈.

# 出入儀(출입할 때 반드시 사당에 고하는 의식)

凡 出 入엔 必 告 祠 堂,이니 若 近 出,이면 則 入 大 門,하여 瞻 禮

而 行,하고 歸 亦 如 之.니라 若 經 宿 處,면 則 焚 香 再 拜,하고 歸

亦 如 之.니라 若 遠 出 經 旬 處,면 則 開 中 門 再 拜,하고 升 堂 焚

香 告 云,하되「某 將 適 某 所 敢 告.」라 하며 又 再 拜 而 行,하고 歸

亦 如 之,하나니 但 告 云,하되「某 今 日 歸 自 某 所 敢 見.」이라 하니

라 諸 子 異 居 者,ㅣ 近 出,엔 則 不 必 拜 辭,하나니 若 遠 出,이면

則 須 就 祠 堂 拜 辭,하고 如 上 儀.하나니라 但 不 開 中 門.이니라

(主 人 外 餘 人, 拜 辭 時, 皆 不 開 中 門.)

祠 堂 東 階를 謂 之 阼 階,요 惟 主 人,이(主 祭 者) 升 降 由 阼 階,

하고 主 婦(主 人 之 妻.) 及 餘 人,은 雖 尊 長 이라도 必 由 西 階.니라

直譯 대체로 집 밖에 나가거나 다시 들어올 때에는 반드시 사당(祠堂)에 고해야 하나니, 만약 가까운 곳에 나들이 할 때는 대문(大門) 안에 들어가 우러러보고 예(절을 한다)를 하고서 간다. 돌아와서도 또한 이와 같이 한다. 만일 하룻 밤을 자야 할 곳에 갈 적에는 향을 피우고 두 번 절하고 가며, 돌아와서도 또한 이와 같이 한다. 만일 멀리 나가서 열흘이 지나서 돌아올 곳에 갈 때는 중문(中門)을 열고 두 번 절한 다음 마루에 올라 가서 향을 피우고 고하여 이르기를, 「아무개는 장차

아무 곳에 가겠사옵기 감히 고하나이다.」라고 하며, 또 두 번 절하고
서 간다. 돌아와서도 또한 이와 같이 하나니, 다만 돌아왔을 때는 고하
여 이르기를, 「아무개는 오늘 아무 곳으로부터 돌아와 감히 뵈옵나이
다.」라고 한다. 장자 이외의 여러 아들로서 다른 집에 사는 자가 가까
운 곳에 나들이를 할 때에는 반드시 사당에 절하고 아뢸 것은 없다. 만
일 먼 곳에 갈 때는 꼭 사당에 나아가서 절하고 아뢰기를 위의 의식대
로 한다. 다만 중문을 열지는 않는다(주인 이외의 사람들은 절을 할 때
에는 아무라도 중문을 열지 않음).

　사당 동쪽 계단을 조계(阼階)라고 한다. 이 조계는 오직 주인(제사를
주관하는 사람)만이 오르내릴 때 경유한다. 주부(主婦=제사를 주장하
는 사람의 아내) 및 그 밖의 사람들은 비록 나이가 많은 어른이라도 모
두 반드시 서쪽 계단을 경유한다.

　┌語義┐　•祠堂(사당) : 조상의 신주(神主) 위패(位牌)를 모시는 집.
• 瞻(첨) : 볼 첨, 즉 우러러보는 것.
• 經(경) : 지나는 것. 〈경과(經過)〉.
• 旬(순) : 10일(十日) 간, 열흘 간.
• 中門(중문) : 대문 안의 사당 중간에 있는 문. 동(東)과 서(西)의 중간문(中
間門).
• 阼階(조계) : 동쪽 계단. 주제자만이 오르내리는 계단. 주인이 출입하는
층계(동쪽에 위치해 있음).
• 尊長(존장) : 항렬이 높은 어른.

# 參禮儀 (정월 초하루, 동지(冬至), 매달 초하루, 보름날에 사당에 제사 지내는 의식)

正至朔望,이면 則參.이니라 前一日,에 灑掃齋宿,하고 厥明에

夙興,하여 開祠堂門,하고 設茅沙於香案前,하며 每位設饌.

하나니라(脯果隨宜, 或設餠亦可, 若正朝冬至, 則別設饌

數品, 冬至, 則加以豆粥, 若冬至行時祭, 則不行參禮.)

主人以下盛服,하며(團領, 或紅直領亦可.)入門就位,하고

主人이 盥帨升,하여 啓櫝하고(將啓櫝時, 必先俯伏興.) 奉

諸考神主,하여 置於櫝前,하며 主婦ㅣ盥帨升,하여 奉諸妣

神主,하여 置于考東.하니라(若有祔主, 則分出如前, 若祔

主之卑者, 則命長子長婦或長女分出.) 旣畢이어든 主婦

先降,하고 主人이 詣香卓前,하여 焚香再拜,하고 少退立,이면

執事者一人이 奉酒注詣主人之右,하고 一人이 執盞盤하여

詣主人之左.니라 主人이 跪,하면 執事者皆跪,하며 主人이 受

注斟酒于盞,하고 反注,하면 取盞盤奉之,하되 左執盤하고 右

執盞,하며 酹于茅上,하고(傾酒于茅上也.)以盞盤을 授執事

者,하며(執事者皆退.) 俛伏興하여 少退再拜,하고 以降神降

<sup>복위</sup> <sup>여재위자</sup> <sup>개재배</sup> <sup>이참신</sup> <sup>주인 승집</sup>
復位,하며 與 在 位 者ㅣ 皆 再 拜,하고 以 參 神,하며 主 人이 升 執

<sup>주주집우각위전잔</sup> <sup>선어가위전설공잔기필</sup>
酒注斟于各位前盞.이니라(先於各位前設空盞.)旣畢이어

<sup>입어향탁전</sup> <sup>재배</sup> <sup>강복위</sup> <sup>여재위자</sup> <sup>개</sup>
든立於香卓前하여再拜,하고降復位,하면與在位者ㅣ皆

<sup>재배</sup> <sup>사신이퇴</sup> <sup>안 가례 망일즉불출주불설주</sup>
再拜,하고辭神而退.니라(按, 家禮, 望日則不出主不設酒,

<sup>지설다 금국속무용다지례 당어망일불출주 지계</sup>
只設茶, 今國俗無用茶之禮, 當於望日, 不出主, 只啓

<sup>독 불뇌주 지분향사유차등</sup>
櫝, 不酹酒, 只焚香使有差等.)

直譯 정월 초하루, 동지(冬至), 매달 초하루, 보름에는 사당에 참례(參禮)한다. 이에 하루 전에 사당 안을 물뿌리고 쓸며, 참례할 사람은 재숙(齋宿)하고, 날이 밝으면 일찍 일어나서 사당의 문을 열고 향안(香案) 앞에 모사(茅沙)를 설치하며 매위(每位)마다 음식을 차려 놓는다. (포〈脯〉와 과일은 편의에 따라 하되 혹은 떡을 차려 놓아도 좋다. 그러나 정월 초하룻날이나 동짓날에는 따로 몇 가지 음식을 차려 놓는다. 동짓날에는 팥죽을 더하기도 한다. 그러나 동짓날에 시제〈時祭〉를 지내면 이 참례는 행하지 않는다.) 주인 이하 모두 성복(盛服)하며 (단령〈團領〉이나 혹은 붉은 직령〈直領〉을 입는 것도 좋다.) 문에 들어가 제 자리에 서고, 주인이 손을 씻고 올라가서 독(櫝)을 열고(장차 독〈櫝〉을 열려고 할 때에는 반드시 먼저 부복하였다가 일어난다.) 모든 고위(考位)의 신주(神主)를 받들고 나와서 독(櫝) 앞에 모시며, 주부(主婦)가 손을 씻고 올라가서 모든 비위(妣位)의 신주를 받들고 나와 고위(考位)의 동쪽에 모신다. (만일 부주〈祔主〉가 있을 때에는 나누어 내다가 전과 같이 한다. 만일 부주가 손아래일 때는 큰아들이나 큰며느리나 혹은 큰딸에게 명해서 나누어 내온다.) 이런 절차가 끝나거든 주부는 먼저 자리로 내려가고, 주인이 향탁(香卓) 앞에 나아가서 향을 피우

고 두 번 절한 후 조금 물러나와 서면 집사자(執事者) 한 사람이 술 주전자를 받들고 주인의 오른쪽에 나아가고, 또 집사자 한 사람은 잔을 올려놓은 반(盤)을 잡고서 주인의 왼쪽으로 나간다. 주인이 꿇어앉으면 집사자도 모두 꿇어앉으며, 주인이 주전자를 받아 잔에 술을 따르고 도로 주전자를 주면 잔과 반을 취하여 받들되 왼쪽 집사자는 반을, 오른쪽 집사자는 잔을 받든다. 주인은 모사(茅沙) 위에 술을 따르고(술을 모사 위에 기울인다) 이 잔반을 집사자에게 주며(집사자 모두 물러간다) 주인이 부복했다가 일어나 조금 물러나서 두 번 절하고 강신(降神)한 다음 먼저 자리로 내려가 선다. 이때 함께 자리에 있는 사람 모두 두 번 절을 하고 참신(參神)하며, 다시 주인이 올라가 주전자를 가지고 여러 신위 앞의 술잔에 술을 따른다(먼저 여러 신위 앞에는 빈 잔을 늘어놓는다). 이 절차가 끝나거든 향탁 앞에 서서 두 번 절하고 내려와 제자리로 가고, 함께 자리에 있는 사람 모두는 두 번 절하고 사신(辭神)하고서 물러난다(상고하건대, 《가례〈家禮〉》를 보면 보름날에는 신주를 내모시지도 않고 술도 올리지 않으며 다만 차(茶)를 올린다고 했다. 그러나 지금 우리나라 풍속에 차를 쓰는 예는 없다. 마땅히 보름날에는 신주를 내모시지 말고 다만 독(櫝)만 열어 놓을 뿐 술도 올리지 말고 향만 피워서 차별이 있게 해야 할 것이다).

語義 •正(정) : 정월 초하루. 새해 첫날. 설. 원단(元旦). 연수(年首). 연시(年始).
• 至(지) : 동지.
• 朔(삭) : 초하룻날.
• 望(망) : 보름날.
• 灑掃(쇄소) : 물뿌리고 쓰는 일.
• 齋宿(재숙) : 재계(齋戒)하면서 하룻 밤을 지내는 것.
• 厥明(궐명) : 밝은 날. 그 다음날 새벽.
• 祠堂(사당) : 조상의 신주(神主) 위패(位牌)를 모시는 집.

- 茅沙(모사) : 모토(茅土)라고도 하며, 제사지낼 때에 쓰는 그릇에 담은 띠(茅草) 묶음과 모래.
- 香案(향안) : 향을 피우는 제기의 한 가지인 향로(香爐)나 향합(香盒)을 올려 놓는 상. 즉 향탁(香卓).
- 脯(포) : 얇게 저미어서 말린 고기.
- 冬至(동지) : 밤이 가장 길고, 낮이 가장 짧은 날. 양력 12월 22, 23일경.
- 參禮(참례) : 예식에 참여하는 것.
- 盛服(성복) : 엄숙하게 차린 의복. 제사옷으로 갈아입는 것.
- 豆粥(두죽) : 팥죽.
- 時祭(시제) : 시절(時節)에 따라 지내는 제사.
- 團領(단령) : 깃을 둥글게 만든 공복(公服) · 검정 · 빨강 · 흰색 · 자주색의 구별이 있음.
- 直領(직령) : 깃이 곧게 된 것으로 무관(武官) 웃옷 중의 한 가지.
- 盥帨(관세) : 손을 씻음.
- 櫝(독) : 신주(神主)를 모셔 둔 궤(상자).
- 俯伏(부복) : 고개를 숙이고 엎드림.
- 考神主(고신주) : 조상의 남자 신주.(돌아가신 어머니와 각대의 할아버지 신위)
- 妣神主(비신주) : 조상의 여자 신주.(돌아가신 아버지와 각대의 할머니 신위)
- 祔(부) : 3년상이 끝난 뒤에 그 신주를 사당에 모셔 한 곳에 제사지냄.
- 祔主(부주) : 옆에 붙여 모신 신주.
- 香卓(향탁) : 향안(香案)과 같음.
- 焚香(분향) : 향로에 향을 핌.
- 酒注(주주) : 술병. 속칭(俗稱) 주전자(酒煎子). 주전자(酒煎子)는 술을 데우기도 하고, 술을 담아 잔에 따르기도 하는 그릇을 통틀어 이르는 말.
- 執事者(집사자) : 여기서는 제사의 절차를 진행시키고 또 그 제사를 주관하는 사람.
- 詣(예) : 장소에 감.
- 跪(궤) : 꿇어앉음.
- 斟酒(짐주) : 술을 따름.

- 酹(뢰〈뇌〉) : 강신(降神)함.
- 俛伏(부복) : 머리를 숙여 엎드림. 부(俛)는 숙이다. 머리를 숙임＝부(俯)와 동자(同字).
- 降神(강신) : 제사 때 신도(神道)가 내리게 하는 뜻으로, 향을 피우고 술을 모사 위에 붓는 것.
- 參神(참신) : 신주에게 참배하는 것.
- 辭神(사신) : 신을 작별함.
- 按(안) : 상고하건대, 살펴[察]보다. 알아[驗]보다.
- 家禮(가례) : 책 이름. 여기서는 어떤 책을 가리키는지 모르나《주자가례 (朱子家禮)》가 아닌가 싶음.
- 酹酒(뇌주) : 술을 따름. 술을 땅이나 모사기(茅沙器)에 부어 강신(降神)을 비는 일. 〈뇌의 발음은 뉘가 됨〉

## 薦 獻 儀
천 헌 의

(명절에 조상에게 천신(薦新＝새로 나 온 곡식이나 과일을 먼저 신(神)에게 올리는 것)하는 의식)

俗 節,에(謂 正 月 十 五 日·三 月 三 日·五 月 五 日·六 月 十
속 절     위 정 월 십 오 일 삼 월 삼 일 오 월 오 일 유 월 십

五 日·七 月 七 日·八 月 十 五 日·九 月 九 日 及 臘 日) 獻 以
오 일 칠 월 칠 일 팔 월 십 오 일 구 월 구 일 급 납 일 헌 이

時 食하여(時 食, 如 藥 飯·艾 餅·水 團 之 類, 若 無 俗 尙 之
시 식     시 식 여 약 반 애 병 수 단 지 류 약 무 속 상 지

食, 則 當 具 餠 果 數 品.) 如 朔 參 之 儀.니라
식 즉 당 구 병 과 수 품 여 삭 참 지 의

有 新 物,이면 則 薦,하고(須 於 朔 望 俗 節 幷 設.) 若 五 穀 可 作
유 신 물     즉 천     수 어 삭 망 속 절 병 설     약 오 곡 가 작

飯 者,면 則 當 具 饌 數 品,하여 同 設 禮 如 朔 參 之 儀.니라(雖 望
반 자     즉 당 구 찬 수 품     동 설 례 여 삭 참 지 의     수 망

日, 亦 出 主 酹 酒) 若 魚 果 之 類 及 菽 小 麥 等,으로 不 可 作
일 역 출 주 뇌 주 약 어 과 지 류 급 숙 소 맥 등     불 가 작

飯<sup>반</sup>者<sup>자</sup>면 則<sup>즉</sup>於<sup>어</sup>晨<sup>신</sup>謁<sup>알</sup>之<sup>지</sup>時<sup>시</sup>,에 啓<sup>계</sup>櫝<sup>독</sup>,하고 而<sup>이</sup>單<sup>단</sup>獻<sup>헌</sup>焚<sup>분</sup>香<sup>향</sup>再<sup>재</sup>拜<sup>배</sup>.하나

니(單<sup>단</sup>獻<sup>헌</sup>之<sup>지</sup>物<sup>물</sup>, 隨<sup>수</sup>得<sup>득</sup>卽<sup>즉</sup>薦<sup>천</sup>, 不<sup>불</sup>必<sup>필</sup>待<sup>대</sup>朔<sup>삭</sup>望<sup>망</sup>俗<sup>속</sup>節<sup>절</sup>.) 凡<sup>범</sup>新<sup>신</sup>物<sup>물</sup>은 未<sup>미</sup>

薦<sup>천</sup>前<sup>전</sup>,엔 不<sup>불</sup>可<sup>가</sup>先<sup>선</sup>食<sup>식</sup>.이니라(若<sup>약</sup>在<sup>재</sup>他<sup>타</sup>鄕<sup>향</sup>, 則<sup>즉</sup>不<sup>불</sup>必<sup>필</sup>然<sup>연</sup>.)

[直譯] 속절(俗節 ; 이른바 정월 보름·삼월 삼진날(3월 3일)·오월 단오날(5월 5일)·유월 유두날(6월 15일)·칠월 칠석날(7월 7일)·팔월 추석날(8월 15일)·구월 중양날(9월 9일) 및 섣달 납향날을 이름) 시식(時食)으로써 바쳐서(시식이란 약밥(藥食)·쑥떡·수단(水團) 같은 종류를 말함. 만일 당시의 풍속에서 숭상하는 음식이 없을 것 같으면 마땅히 떡과 과일 두어 가지를 마련해 바침) 마치 삭참(朔參)의 의식과 같이 한다.

새로운 음식이 있으면 천신(薦新)하고 (모두 초하루·보름이나 또는 속절에 아울러 차린다), 만일 오곡(五穀)을 가지고 밥을 지을 만한 것이 있으면, 마땅히 반찬 두어 가지를 갖추어서 예를 삭참의 의식과 같이 똑같게 베풀 것이다(비록 보름날이라도 또한 신주를 모셔 내놓고 술을 따른다). 만일 생선과 과일류 및 콩·밀 등으로 밥을 지을 수 없는 것이면, 새벽에 사당에 참배할 때 독(櫝)을 열고 그대로 신물(新物)을 올리며 향을 피우고 두 번 절을 하나니(신물〈新物〉을 올릴 때 바치는 음식은 처음 얻었을 때 곧 천신하며 꼭 초하루 보름이나 속절(俗節)을 기다리지 않음), 모든 새로운 음식은 천신하기 전에는 먼저 먹지 않는다(만일 타향에 있으면 꼭 이렇게 하지 않음).

[語義] •俗節(속절) : 풍속으로 내려오는 명절.
•臘日(납일) : 동이(東夷)는 동지 후 제3 미일(未日)에 지내는 연종제(年終祭). 이날 납향(臘享)을 올림. 납평(臘平).
•臘享(납향) : 납일(臘日)에 그 해의 농사를 비롯한 여러 가지 일을 사뢰기 위하여 지내는 제사. 납평제(臘平祭).

- 時食(시식) : 계절마다 나오는 계절 음식과 과일.
- 藥飯(약반) : 약밥. 藥飯을 藥食(약식)이라고 쓴 판본도 있음. 뜻은 같음.
- 水團(수단) : 쌀 · 보릿가루를 익혀 둥글게 만들어 조청에 담가 먹는 음식. 단(團)은 단(䭔)과 같이 쓰는 자(字)임. 따라서 水䭔이라고 쓴 판본도 있음. 쌀가루 · 밀가루 따위로 만들어서, 꿀물에 담가 먹는 음식. 흔히 유월 유두 때에 수교위와 같이 만들어 차례에 씀. 수교위는 물에 반죽한 밀가루를 얇게 빚어서 잘게 썬 고기와 오이 따위로 된 소를 넣고 만두 모양으로 찐 음식. 소는 떡이나 만두 따위의 속에 맛을 내기 위하여 익히기 전에 넣는 음식.
- 朔參(삭참) : 초하룻날 사당에 참배하는 예.
- 薦新(천신) : 계절에 따라 새로 나온 생선 또는 곡식이나 과일을 신에게 먼저 올리는 일.
- 五穀(오곡) : 다섯 가지 곡식. 쌀, 수수, 보리, 조, 콩, 또는 중요한 곡식의 총칭.
- 菽(숙) : 콩.
- 晨謁(신알) : 새벽에 사당에 참배하는 것.
- 單獻(단헌) : 제사에는 잔을 세 번 올리는데 한 번만 올리는 것을 말함. 여기서는 새로 수확한 물건을 자연대로 바치는 것.

## 告 事 儀 (집안에 언제든지 무슨 일이 있으면 사당에 고(告=알림, 또는 여쭘)하는 의식)

有事,면 則告,하되 如朔參之儀.니라 獻酒再拜訖,하고 主人은

立於香卓之南.하니라 祝이 執板立於主人之左에 跪,하여 讀

之畢興,이면 主人은 再拜,하고 降復位辭神.하나니라

告事之祝,은 三代共爲一板,하고 自稱以其最尊者로 爲

주    여 고 수 관      즉 축 사 왈  유 모 년 세 차 모 갑 모 월
主.나라 如 告 授 官,이면 則 祝 詞 曰,「維 某 年 歲 次 某 甲 某 月

모 삭 보 일 모 갑      효 증 손 모 관 모      감 소 고 우 현 증 조 고
某 朔 某 日 某 甲,에 孝 曾 孫 某 官 某,는 敢 昭 告 于 顯 曾 祖 考

모 관 부 군 현 증 조 비 모 봉 모 씨 현 조 고 모 관 부 군 현 조
某 官 府 君, 顯 曾 祖 妣 某 封 某 氏, 顯 祖 考 某 官 府 君, 顯 祖

비 모 봉 모 씨 현 고 모 관 부 군 현 비 모 봉 모 씨        모
妣 某 封 某 氏, 顯 考 某 官 府 君, 顯 妣 某 封 某 氏.하나이다 某

이 모 월 모 일   몽 은      수 모 관      봉 승 선 훈      획 점
以 某 月 某 日,로 蒙 恩,하와 授 某 官,하옵고 奉 承 先 訓,하와 獲 霑

녹 위      여 경 소 급      불 승 감 모      근 이 주 과 용
祿 位,하오니 餘 慶 所 及.이옵니다 不 勝 感 慕,하여 謹 以 酒 果로 用

신 건 고 근 고        약 고 폄 강      즉 언      폄 모 관
伸 虔 告 謹 告.하나이다」若 告 貶 降,이면 則 言,하되「貶 某 官,하여

황 추 선 훈      황 공 무 지 운 운        고 급 제      즉 왈
荒 墜 先 訓,하니 惶 恐 無 地 云 云.이라」하고 告 及 第,면 則 曰,하되

몽 은      수 모 과 모 제  급 제      봉 승 선 훈      획 참 출
「蒙 恩하와 授 某 科 某 第로 及 第,하여 奉 承 先 訓,하니 獲 參 出

신 운 운        고 생 진 입 격        즉 왈      몽 은    수
身 云 云.이라」하고 告 生 進 入 格.하나니라 則 曰,하되「蒙 恩하와 授

생 원 혹 진 사 모 등    입 격      봉 승 선 훈      획 승 국 상 운
生 員(或 進 士)某 等에 入 格,하여 奉 承 先 訓,하여 獲 升 國 庠 云

운        약 개 자 손 지 사      즉 주 인    역 고 이 기 사 왈
云.이라」하나라 若 介 子 孫 之 事,면 則 主 人이 亦 告, 而 其 詞 曰,

개 자 모  혹 개 자 모 지 자 모 임 시 수 의 변 칭 운 운
「介 子 某, 或 介 子 某 之 子 某(臨 時 隨 宜 變 稱)云 云.이라」하나

고 필      당 신 진 우 양 계 간 재 배 당 신 배 시 주 인 서 향
니 告 畢,하고 當 身 進 于 兩 階 間 再 拜(當 身 拜 時 主 人 西 向

입 강 복 위      여 재 위 자 사 신        범 신 주 이 안 환 안
立)降 復 位,하여 與 在 位 者 辭 神.하나니라 凡 神 主 移 安 還 安

혹 봉 천 타 처 등 사      즉 고 제 용 삭 참 지 의        약 묘 중
或 奉 遷 他 處 等 事,면 則 告 祭 用 朔 參 之 儀.하나니라 若 廟 中

개 배 기 물 포 진      혹 잠 수 우 루 처  이 부 동 신 주 지 사
改 排 器 物 鋪 陳,이나 或 暫 修 雨 漏 處, 而 不 動 神 主 之 事,면

즉 고 제 용 망 참 지 의　　고 사 즉 임 시 제 술
則 告 祭 用 望 參 之 儀.니라(告 詞 則 臨 時 製 述)

주 인 생 적 장 자　　즉 만 월 이 현　여 상 의　　단 불 용 축
主 人 生 嫡 長 子,면 則 滿 月 而 見에 如 上 儀,하고 但 不 用 祝,하

　주 인　입 어 향 탁 지 전　　고 왈　모 지 부 모 씨　　이 모
되 主 人이 立 於 香 卓 之 前,하여 告 曰,「某 之 婦 某 氏,는 以 某

월 모 일 로 생 자 명 모　　감 현　　고 필　　입 어 향 탁 동
月 某 日로 生 子 名 某,하여 敢 見.이라」告 畢,하고 立 於 香 卓 東

남 서 향　　주 부　포 자 진 립 어 양 계 지 간　　재 배　　주
南 西 向,하며 主 婦는 抱 子 進 立 於 兩 階 之 間하여 再 拜,하고 主

　인　내 강 복 위 사 신
人은 乃 降 復 位 辭 神.하나니라

[直譯] 무슨 일이 있으면 사당에 고하되 삭참(朔參)의 의식과 같이 한다. 먼저 술을 올리고 두 번 절을 하고 나서 주인은 향탁(香卓) 남쪽에 선다. 축관(祝官)이 축판(祝板)을 잡고 주인의 왼쪽에 섰다가 꿇어앉아서 축문을 읽는데, 읽기를 마치고 일어나면 주인은 두 번 절을 하고 내려와 자기 자리로 가서 사신(辭神)한다.

고사(告事) 지내는 축(祝)은 삼대(三代)를 모두 한 판에 쓰고, 그 중에 가장 높은 분을 주장을 삼는다. 벼슬을 제수받았으면 그 축사(祝詞)에 말하기를, 「아무 해 아무 갑(甲) 아무 달 아무삭 아무 날 아무 갑에 효증손(孝曾孫) 아무 벼슬 아무개는 증조고(曾祖考) 아무 벼슬, 증조비(曾祖妣) 아무 봉(封) 아무 씨와 조고(祖考) 아무 벼슬, 조비(祖妣) 아무 봉(封) 아무 씨와 아버님 아무 벼슬, 어머니 아무 봉(封) 아무 씨에게 감히 고하나이다. 아무는 아무 달 아무 날에 임금의 은혜를 입어 아무 벼슬을 제수받았사옵고 조상 어른들의 주신 교훈을 받들어 계승하와 봉급과 직위를 얻었사오니, 저희 집 남은 경사가 여기에 미친 것이옵니다. 감격하고 사모하는 정을 이기지 못하여 술과 과일을 가지고 여기에 삼가 고하나이다.」 한다. 또 만일 벼슬이 깎였으면 고언하되, 「아무

벼슬을 깎여서 조상의 남기신 교훈을 거칠게 하고 땅에 떨어뜨렸사오
니 황공하기 그지없습니다 등등이라」 하고, 과거에 급제했으면 고하
기를, 「은혜를 입어 아무 과거에 아무 제(第)로 급제하여 선조의 남기
신 교훈을 받들어 출신(出身)함을 얻었나이다 등등이라」 하고, 생원
(生員)이나 진사(進士)에 합격했을 때도 고한다. 이르기를, 「은혜를 입
사와 생원(또는 진사)의 아무 등에 입격(합격)하여 조상이 남기신 뜻을
받들어 국상(國庠)에 올라가게 되었사옵니다 등등이라」 한다. 만약 서
자손(庶子孫)의 일이면 주인이 역시 고하는데 그 축사에 이르기를,
「개자(介子) 아무 혹은 개자 아무의 아들 아무는(때에 따라 임의로 또
는 변칭한다) 등등이라」 한다. 축사를 다 읽고 본인이 두 섬돌 사이로
나아가서 두 번 절하고(이 사람이 절할 때 주인은 서쪽을 향하여 선다)
내려와 자기 자리에 와서 거기 있는 자들과 함께 사신(辭神)을 한다.

대체로 신주(神主)를 다른 자리로 옮겨 모시거나 도로 그 전 자리로
모시거나 또는 혹 다른 집으로 옮겨 모실 때는 모두 삭참(朔參)의 의식
과 같이 한다. 그러나 만일 사당 안에 배치하는 그릇이나 까는 자리를
고치거나 또는 잠시 비가 새는 곳을 수리할 일이 있을 때 신주를 옮기
지 않고 그대로 일하게 되면 고제(告祭)를 올리는데 망참(望參)의 의식
과 같이 한다(그 고사(告詞)는 그때그때 임시로 지어서 읽는다).

주인이 큰아들을 낳았으면 한 달이 찬 뒤에 위에 뵙는데, 위의 의식
대로 하고 다만 축문은 읽지 않되, 주인이 향탁(香卓) 앞에 서서 고하
여 이르기를, 「아무의 부인인 아무씨가 아무 달 아무 날에 아들을 낳
았사온데 이름은 아무라 했사옵기 감히 뵙나이다」라 하고, 고하기를
마치고 나면 향탁 동남쪽에 서서 서쪽을 향한다. 이때 주부(主婦)는 아
들을 안고 나가서 두 뜰 사이에 서서 두 번 절한다. 그런 뒤에 주인은
내려가서 자기 자리로 간 다음 사신(辭神)한다.

語義　• 訖(글) : 마친다(終). ~하고 나서.

• 執(집) : 잡을(操). 가질(權). 집행할. 여기서는 물건을 붙잡다로 씀.

• 祝板(축판) : 축문판(祝文板:축문을 얹어놓는 판)의 준말. 축문(祝文)은 제사 때 신명에게 고하는 글.

• 授官(수관) : 벼슬을 제수(除授) 받는 것. 제수(除授)는 추천(推薦)을 받지 않고 임금이 직접 관리(官吏)를 임명함.

• 祝詞(축사) : 제사 때 신명(神明=천지(天地)의 신령)에게 고하는 글.

• 甲(갑) : 간지(干支=十干과 十二支)를 말함. 즉 그 해, 그달, 그날의 간지.

• 封(봉) : 공인(恭人)·숙인(淑人)·정부인(貞夫人)·정경부인(貞敬夫人) 등의 칭호.

• 蒙恩(몽은) : 은혜를 입는 것.

• 獲霑(획점) : 얻게 되다. 지위를 얻었다.

• 祿位(녹위) : 벼슬자리. 지위.

• 不勝感慕(불승감모) : 감동해서 사모하는 정을 감당할 수 없다.

• 虔告(건고) : 경건히 고한다. 삼가 고하나이다.

• 貶降(폄강) : 벼슬이 깎이거나 떨어지는 것.

• 荒墜(황추) : 체면을 떨어뜨림. 실추시킴. 거칠게 하고 땅에 떨어뜨림.

• 先訓(선훈) : 선조께서 남기신 교훈.

• 惶恐(황공) : 높은 자리에 눌리어서 두렵고 죄송스러워 몸둘 곳을 모르는 모양.

• 出身(출신) : 출세.

• 生員(생원) : 상사(上舍). 소과(小科) 종장(終場)에서 경의(經義) 시험에 합격한 사람.

• 進士(진사) : 소과(小科)의 초장(初場)에 합격한 사람.

• 國庠(국상) : 태학(太學). 성균관(成均館).

• 介子(개자) : 서자(庶子).

• 鋪陳(포진) : 진열하는 것.

• 嫡長子(적장자) : 맏아들. 큰아들.

• 抱子(포자) : 아들을 싸서 안음.

## 時祭儀 (시제의)

(사시(四時) 계절마다 중월〈仲月＝中朔: 음력 2월(春分)·5월(夏至)·8월(秋分)·11월(冬至)을 일컬음.〉에 지내는 제사의 의식)

時祭는 用春分·夏至·秋分·冬至.니라(前期三日告廟, 若其日有故, 則退定不出三日, 以退定之故告廟.) 或依家禮,하여 前期一朔,하여 以仲月로 卜日.이니라 若事故로 無常未可預定하여 不能卜日,이면 則只以仲月,로 或丁或亥之日을 擇定,하고 前期三日,에 告廟.하나니라 未告廟前,엔 亦須前期四日,에 散齋,하고 告廟之禮,는 則主人以下詣祠堂,하여 北向敍立,하여(如朔望之儀.) 皆再拜.하나니라 主人이 升하여 焚香再拜,하면 祝이 執詞跪于主人之左,하여 讀曰, 「孝曾孫某,는 將以某月某日,에 祗薦歲事于曾祖考妣·祖考妣·考妣敢告.라」하며 主人이 再拜,하고 降復位,하여 與在位者,로 皆再拜, 而退,하며 自此日로 沐浴更衣致齋.하나니라 主人은 帥衆丈夫,하여 齋于外,하고 主婦는 帥衆婦女,하여 齋于內.하나니라 前一日,에 主人은 帥衆丈夫及執事,하여 灑掃正寢,하고 洗拭倚卓,하여 務令蠲潔.하나니라 設曾祖考妣位於堂西北壁下에 南向,하고 考西妣東,하되 各用一倚

一卓, 而合之.니라(卓子若小, 則雖合二三無妨.) 祖考

妣·考妣를以次, 而東,하되皆如曾祖之位,하여世各爲位,

하고不屬.이니라(祔位皆於東序西向北上, 或兩序相向,

其尊者居西, 妻以下, 則位於階下.) 設香案於堂中,하고

置香鑪香盒於其上,하며(鑪西盒東.) 束茅聚沙於香案

前,하고及逐位,하여前設酒,하고架於東階上,하여別置卓子

於其東,하고設酒注一·醆酒·盞盤一·受胙楪一·匕

一·巾一.하나니라置卓子於西階上,하고設祝板于其上,하

며設盥器·帨巾各二於胙階下之東,하고其西者有臺

架.니라(有臺架者, 主人親屬所盥, 無者執事所盥.) 主婦

는帥衆婦女,하여滌濯祭器,하고潔釜鼎,하여具祭饌,하되每

位에果五品,과(貧不能辦, 則三品亦可.) 脯一楪,과(俗稱

佐飯.) 熟菜一楪,과醢一楪,과沈菜一楪,과淸醬一器,와

醋菜一楪,과魚肉各一楪,과(魚肉當用新鮮生物.) 餅一

楪,과麪一椀,과羹一椀,과飯一鉢,과湯五色,과(或魚或肉

或菜隨所備若貧不能辦, 則只三色亦可.) 炙三色을(肝

肉及魚雉等物.) 務令精潔,하고未祭之前,엔勿令人先

食,과 及爲猫犬蟲鼠所汙.니라(所謂每位者, 考妣各一位

也. 今人或以考妣同卓未安)

厥明,에(行祭之日.) 雞鳴而起,하여 主人以下, ㅣ著淨衣,

하고(新澣直領也.) 俱詣祭所,하여 盥手,하고 設果楪於逐

位卓子南端,하며 次設脯·熟菜·清醬·醢·沈菜等楪于

其北,하고 設盞盤·匕楪·醋菜于卓子北端,하며 盞盤居

中,하고 匕楪居西,하며 醋菜居東,하고 設玄酒瓶,과(玄酒, 井

花水也.)及酒瓶各一을 於架上.하나니라(玄酒居西, 酒瓶居

東.)旣畢,이면 主人以下는 盛服,하고 (有官者, 紗帽團領品

帶, 無官者, 團領條帶. 婦人上衣下裳皆極其鮮盛之

服.) 詣祠堂前하여 敍立旣定,하면 主人이 升自阼階,하여 焚

香跪告曰,「孝曾孫某,는 今以仲春之月,에(夏秋冬隨時.)

有事于曾祖考某官府君, 曾祖妣某封某氏, 祖考某官

府君, 祖妣某封某氏, 考某官府君, 妣某封某氏(有祔

位則曰以某親某官府君, 某親某封某氏, 祔食.) 敢請

神主出就正寢, 恭伸奠獻.」이라告訖,하면 奉櫝授執事者,

하여 奉之,하고 主人이 前導,하면 主婦ㅣ從後,하며 諸子弟以

次隨之.니라 至正寢,하면 置于西階卓子上,하고 主人이 啓

櫝,하여(凡啓櫝奉主時, 俯伏興, 然後奉主) 奉諸考神主

出,하여 就位.니라 主婦ㅣ盥帨升,하여 奉諸妣神主를 亦如

之.니라(有祔位, 則子弟奉出就位.) 旣畢皆降復位,면(若

時祭行于祠堂, 則無奉主就位節次, 只就祠堂, 各位前

陳器設饌, 如上儀, 先降神, 而後參神.) 主人與在位者

는 再拜參神.하나니라(若尊長老疾, 不堪行禮者, 則參神

後, 休于他所.)

於是에 降神,하되 主人이 升,하여 焚香再拜,하고 少退立,하면

執事者,ㅣ一人이 開酒瓶,하여 取巾拭口,하고 實酒于注,

하면 一人이 取東階上,하여 盤盞立于主人之左.니라 一人이

執注立于主人之右,면 主人은 跪,하고 執事者,도 亦跪하여

進盤盞,하면 主人이 受之,하고 執注者,ㅣ亦跪하여 斟酒于

盞,하면 主人이 奉之,하되 左手執盤,하고 右手執盞,하여 灌于

茅上,하고 (灌, 盡傾也.) 以盞授執事者,하며 俛伏興하여 再

拜,하고 降復位.하나니라

於是에 執事者ㅣ進饌,하고 主人이 升,하면 主婦ㅣ從之,하며

執事者<sub>집사자</sub>ㅣ一人<sub>일인</sub>이 以盤奉魚肉<sub>이반봉어육</sub>,하고 一人<sub>일인</sub>이 以盤奉餅麪<sub>이반봉병면</sub>,하

며 一人<sub>일인</sub>이 以盤奉羹飯<sub>이반봉갱반</sub>,하고 從升至曾祖位前<sub>종승지증조위전</sub>,하여 主人<sub>주인</sub>이

奉肉<sub>봉육</sub>하여 奠于盞盤之西南<sub>전우잔반지서남</sub>,하고 主婦<sub>주부</sub>ㅣ奉麪<sub>봉면</sub>하여 奠于肉<sub>전우육</sub>

西<sub>서</sub>.하나니라 主人<sub>주인</sub>이 奉魚<sub>봉어</sub>하여 奠于盞盤之東南<sub>전우잔반지동남</sub>,하고 主婦<sub>주부</sub>ㅣ

奉餅<sub>봉병</sub>하여 奠于魚東<sub>전우어동</sub>,하며 主人<sub>주인</sub>이 奉羹<sub>봉갱</sub>하여 奠于盞盤之東<sub>전우잔반지동</sub>,하

고 主婦<sub>주부</sub>ㅣ奉飯<sub>봉반</sub>하여 奠于盞盤之西<sub>전우잔반지서</sub>,하며 諸位<sub>제위</sub>도 皆倣此<sub>개방차</sub>.니라

(若有祔位<sub>약유부위</sub>, 則使諸子弟婦女分設<sub>즉사제자제부녀분설</sub>.) 諸子弟<sub>제자제</sub>ㅣ設湯于<sub>설탕우</sub>

各位<sub>각위</sub>.니라 皆畢<sub>개필</sub>하면 主人以下<sub>주인이하</sub>,ㅣ皆降復位<sub>개강복위</sub>.하나니라

於是<sub>어시</sub>에 行初獻禮<sub>행초헌례</sub>.니라 主人<sub>주인</sub>이 升詣曾祖位前<sub>승예증조위전</sub>,하면 執事者<sub>집사자</sub>

ㅣ一人<sub>일인</sub>이 執酒注立于其右<sub>집주주입우기우</sub>,하고(冬<sub>동</sub>, 則預先煖酒<sub>즉예선난주</sub>.) 主人<sub>주인</sub>이

奉曾祖考盞盤<sub>봉증조고잔반</sub>하여 位前東向立<sub>위전동향립</sub>,하면 執事者<sub>집사자</sub>ㅣ西向<sub>서향</sub>하여

斟酒于盞<sub>짐주우잔</sub>,하고 主人<sub>주인</sub>이 奉之<sub>봉지</sub>,하여 奠于故處<sub>전우고처</sub>.하나니라 次奉曾<sub>차봉증</sub>

祖妣盞盤<sub>조비잔반</sub>,도 亦如之<sub>역여지</sub>,하고 位前北向立<sub>위전북향립</sub>,하면 執事者<sub>집사자</sub>ㅣ二<sub>이</sub>

人<sub>인</sub>이 各奉曾祖考妣盞盤<sub>각봉증조고비잔반</sub>,하여 立于主人之左右<sub>입우주인지좌우</sub>,하고 主人<sub>주인</sub>

이 跪<sub>궤</sub>,하면 執事者<sub>집사자</sub>도 亦跪<sub>역궤</sub>.하나니라 主人<sub>주인</sub>이 受曾祖考盞盤<sub>수증조고잔반</sub>,하

여 右手執盞<sub>우수집잔</sub>,하고 祭之茅上<sub>제지모상</sub>.하나니라(少傾酒也<sub>소경주야</sub>.)以盞盤<sub>이잔반</sub>으로

授執事者<sub>수집사자</sub>,하여 奠于故處<sub>전우고처</sub>,하고 次受曾祖妣盞盤<sub>차수증조비잔반</sub>,하여 亦如<sub>역여</sub>

之,하며 俛伏興하여 少退立.하나니라 執事者ㅣ進炙肝,하며

(臨時預炙于火鑪.) 兄弟之長一人이 奉之,하여 奠于曾

祖考妣前盞盤之南.하나니라 祝이 執板하여 立於主人之

左,하고 跪,하여 讀曰, 「維某年歲次某甲, 某月某朔某日

某甲, 孝曾孫某官某, 敢昭告于顯曾祖考某官府君,

顯曾祖妣某封某氏, 氣序流易, 時維仲春,(夏秋冬隨

時.) 追感歲時, 不勝永慕, 敢以淸酌, 庶羞祗薦歲事.(有

祔位, 則曰以某親某官府君, 某親某封某氏祔食.) 尙

饗.」이라 讀畢하면 興 主人하여 再拜退,하고 詣諸位,하여 獻祝

如初.하나니라(有祔位, 則每位讀祝畢, 兄弟衆男之不爲

亞終獻者, 以次詣本位所, 祔之位酌獻如儀, 但不讀

祝.) 祖前祝稱,은 「孝孫某敢昭告于顯祖考云云.」하나니

라 考前稱,은 「孝子某敢昭告于顯考云云.」하나니라 考前

改,하되 「不勝永慕,」를 爲 「昊天罔極.」이라 하나니라 旣畢,하면

皆降復位,하고 執事者,는 以他器로 徹酒及肝,하여 置盞故

處.하나니라

於是에 行亞獻禮.니라 主婦ㅣ 爲之,하고 諸婦女執事ㅣ 奉

炙<sup>적</sup>肉<sup>육</sup>如<sup>여</sup>初<sup>초</sup>獻<sup>헌</sup>儀<sup>의</sup>.하나니라 但<sup>단</sup>不<sup>부</sup>祭<sup>제</sup>酒<sup>주</sup>不<sup>부</sup>讀<sup>독</sup>祝<sup>축</sup>.이니라(主<sup>주</sup>婦<sup>부</sup>有<sup>유</sup>

故<sup>고</sup>,則<sup>즉</sup>諸<sup>제</sup>父<sup>부</sup>,若<sup>약</sup>兄<sup>형</sup>弟<sup>제</sup>中<sup>중</sup>最<sup>최</sup>尊<sup>존</sup>者<sup>자</sup>爲<sup>위</sup>之<sup>지</sup>,衆<sup>중</sup>子<sup>자</sup>弟<sup>제</sup>執<sup>집</sup>事<sup>사</sup>.)獻<sup>헌</sup>畢<sup>필</sup>,

하면 徹<sup>철</sup>酒<sup>주</sup>及<sup>급</sup>炙<sup>적</sup>肉<sup>육</sup>,하며 置<sup>치</sup>盞<sup>잔</sup>故<sup>고</sup>處<sup>처</sup>.하나니라

於<sup>어</sup>是<sup>시</sup>에 行<sup>행</sup>終<sup>종</sup>獻<sup>헌</sup>禮<sup>례</sup>.니라 兄<sup>형</sup>弟<sup>제</sup>之<sup>지</sup>長<sup>장</sup>,或<sup>혹</sup>長<sup>장</sup>男<sup>남</sup>,或<sup>혹</sup>親<sup>친</sup>賓<sup>빈</sup>이 爲<sup>위</sup>之<sup>지</sup>.

하나니 衆<sup>중</sup>子<sup>자</sup>弟<sup>제</sup>ㅣ奉<sup>봉</sup>炙<sup>적</sup>肉<sup>육</sup>如<sup>여</sup>亞<sup>아</sup>獻<sup>헌</sup>儀<sup>의</sup>.니라

於<sup>어</sup>是<sup>시</sup>에 侑<sup>유</sup>食<sup>식</sup>.이니라 主<sup>주</sup>人<sup>인</sup>이 升<sup>승</sup>,하여 執<sup>집</sup>注<sup>주</sup>就<sup>취</sup>斟<sup>짐</sup>諸<sup>제</sup>位<sup>위</sup>之<sup>지</sup>酒<sup>주</sup>에 皆<sup>개</sup>

滿<sup>만</sup>,하고 立<sup>입</sup>於<sup>어</sup>香<sup>향</sup>案<sup>안</sup>之<sup>지</sup>東<sup>동</sup>南<sup>남</sup>,하며 主<sup>주</sup>婦<sup>부</sup>ㅣ升<sup>승</sup>,하여 扱<sup>삽</sup>匕<sup>비</sup>飯<sup>반</sup>中<sup>중</sup>,하

되 西<sup>서</sup>柄<sup>병</sup>正<sup>정</sup>筋<sup>저</sup>,하고 立<sup>입</sup>于<sup>우</sup>香<sup>향</sup>案<sup>안</sup>之<sup>지</sup>西<sup>서</sup>南<sup>남</sup>,하여 皆<sup>개</sup>北<sup>북</sup>向<sup>향</sup>再<sup>재</sup>拜<sup>배</sup>,하며

降<sup>강</sup>復<sup>복</sup>位<sup>위</sup>.하나니라

於<sup>어</sup>是<sup>시</sup>에 祝<sup>축</sup>이 闔<sup>합</sup>門<sup>문</sup>.이니라 主<sup>주</sup>人<sup>인</sup>이 立<sup>입</sup>於<sup>어</sup>門<sup>문</sup>東<sup>동</sup>하여 西<sup>서</sup>向<sup>향</sup>,하고 衆<sup>중</sup>丈<sup>장</sup>

夫<sup>부</sup>ㅣ在<sup>재</sup>其<sup>기</sup>後<sup>후</sup>,하며 主<sup>주</sup>婦<sup>부</sup>ㅣ立<sup>입</sup>於<sup>어</sup>門<sup>문</sup>西<sup>서</sup>하여 東<sup>동</sup>向<sup>향</sup>,하고 衆<sup>중</sup>婦<sup>부</sup>女<sup>녀</sup>

ㅣ在<sup>재</sup>其<sup>기</sup>後<sup>후</sup>,하며 有<sup>유</sup>尊<sup>존</sup>長<sup>장</sup>,이면 則<sup>즉</sup>少<sup>소</sup>休<sup>휴</sup>於<sup>어</sup>他<sup>타</sup>所<sup>소</sup>,하고 食<sup>식</sup>頃<sup>경</sup>에 祝<sup>축</sup>

聲<sup>성</sup>三<sup>삼</sup>噫<sup>희</sup>歆<sup>흠</sup>,이면 乃<sup>내</sup>啓<sup>계</sup>門<sup>문</sup>.하나니라 主<sup>주</sup>人<sup>인</sup>以<sup>이</sup>下<sup>하</sup>ㅣ皆<sup>개</sup>復<sup>복</sup>其<sup>기</sup>位<sup>위</sup>,하고

其<sup>기</sup>尊<sup>존</sup>長<sup>장</sup>休<sup>휴</sup>于<sup>우</sup>他<sup>타</sup>所<sup>소</sup>者<sup>자</sup>,도 皆<sup>개</sup>復<sup>복</sup>就<sup>취</sup>位<sup>위</sup>.하나니라 主<sup>주</sup>人<sup>인</sup>主<sup>주</sup>婦<sup>부</sup>ㅣ奉<sup>봉</sup>

茶<sup>다</sup>,하여(或<sup>혹</sup>代<sup>대</sup>以<sup>이</sup>熟<sup>숙</sup>水<sup>수</sup>.) 分<sup>분</sup>進<sup>진</sup>于<sup>우</sup>考<sup>고</sup>妣<sup>비</sup>之<sup>지</sup>前<sup>전</sup>,하고 徹<sup>철</sup>羹<sup>갱</sup>而<sup>이</sup>退<sup>퇴</sup>.하

나니라 (有<sup>유</sup>祔<sup>부</sup>位<sup>위</sup>,則<sup>즉</sup>使<sup>사</sup>諸<sup>제</sup>子<sup>자</sup>弟<sup>제</sup>,衆<sup>중</sup>婦<sup>부</sup>女<sup>녀</sup>分<sup>분</sup>進<sup>진</sup>.)

於<sup>어</sup>是<sup>시</sup>에 受<sup>수</sup>胙<sup>조</sup>.니라 執<sup>집</sup>事<sup>사</sup>者<sup>자</sup>ㅣ設<sup>설</sup>席<sup>석</sup>于<sup>우</sup>香<sup>향</sup>案<sup>안</sup>前<sup>전</sup>,하면 主<sup>주</sup>人<sup>인</sup>이 就<sup>취</sup>

席하여 北<sup>면</sup>面<sup>입</sup>立,하고 祝<sup>축</sup>이 詣<sup>예</sup>曾<sup>증</sup>祖<sup>조</sup>考<sup>고</sup>前<sup>전</sup>,하여 擧<sup>거</sup>酒<sup>주</sup>盞<sup>잔</sup>盤<sup>반</sup>,하여 詣<sup>예</sup>

主<sup>주</sup>人<sup>인</sup>之<sup>지</sup>右<sup>우</sup>,면 主<sup>주</sup>人<sup>인</sup>이 跪<sup>궤</sup>,하면 祝<sup>축</sup>도 亦<sup>역</sup>跪<sup>궤</sup>.하나니라 主<sup>주</sup>人<sup>인</sup>이 受<sup>수</sup>盞<sup>잔</sup>

盤<sup>반</sup>하여 祭<sup>제</sup>酒<sup>주</sup>,하고(少<sup>소</sup>傾<sup>경</sup>於<sup>어</sup>地<sup>지</sup>.) 啐<sup>쵀</sup>酒<sup>주</sup>,하면(少<sup>소</sup>飮<sup>음</sup>也<sup>야</sup>.) 祝<sup>축</sup>이 取<sup>취</sup>匙<sup>시</sup>

及<sup>급</sup>楪<sup>접</sup>,하여(前<sup>전</sup>所<sup>소</sup>設<sup>설</sup>受<sup>수</sup>胙<sup>조</sup>楪<sup>접</sup>.) 鈔<sup>초</sup>取<sup>취</sup>諸<sup>제</sup>位<sup>위</sup>之<sup>지</sup>飯<sup>반</sup>,을 各<sup>각</sup>少<sup>소</sup>許<sup>허</sup>奉<sup>봉</sup>

以<sup>이</sup>詣<sup>예</sup>主<sup>주</sup>人<sup>인</sup>之<sup>지</sup>左<sup>좌</sup>,면 嘏<sup>하</sup>于<sup>우</sup>主<sup>주</sup>人<sup>인</sup>曰<sup>왈</sup>,「祖<sup>조</sup>考<sup>고</sup>命<sup>명</sup>工<sup>공</sup>祝<sup>축</sup>,하여 承<sup>승</sup>致<sup>치</sup>

多<sup>다</sup>福<sup>복</sup>于<sup>우</sup>汝<sup>여</sup>孝<sup>효</sup>孫<sup>손</sup>.하리라 來<sup>내</sup>汝<sup>여</sup>孝<sup>효</sup>孫<sup>손</sup>,하라 使<sup>사</sup>汝<sup>여</sup>로 受<sup>수</sup>祿<sup>록</sup>于<sup>우</sup>天<sup>천</sup>,하고

宜<sup>의</sup>稼<sup>가</sup>于<sup>우</sup>田<sup>전</sup>,하여 眉<sup>미</sup>壽<sup>수</sup>永<sup>영</sup>年<sup>년</sup>,하여 勿<sup>물</sup>替<sup>체</sup>.하노라」 引<sup>인</sup>之<sup>지</sup>主<sup>주</sup>人<sup>인</sup>이 置<sup>치</sup>酒<sup>주</sup>

于<sup>우</sup>席<sup>석</sup>前<sup>전</sup>,하고 俛<sup>부</sup>伏<sup>복</sup>興<sup>흥</sup>,하여 再<sup>재</sup>拜<sup>배</sup>跪<sup>궤</sup>,하여 受<sup>수</sup>飯<sup>반</sup>嘗<sup>상</sup>之<sup>지</sup>,하고 實<sup>실</sup>于<sup>우</sup>

左<sup>좌</sup>袂<sup>메</sup>,하며 掛<sup>괘</sup>袂<sup>메</sup>于<sup>우</sup>季<sup>계</sup>指<sup>지</sup>,하고 取<sup>취</sup>酒<sup>주</sup>卒<sup>졸</sup>飮<sup>음</sup>.하나니라 執<sup>집</sup>事<sup>사</sup>者<sup>자</sup>, ㅣ

受<sup>수</sup>盞<sup>잔</sup>自<sup>자</sup>右<sup>우</sup>置<sup>치</sup>注<sup>주</sup>傍<sup>방</sup>,하고 受<sup>수</sup>飯<sup>반</sup>自<sup>자</sup>左<sup>좌</sup>로 亦<sup>역</sup>如<sup>여</sup>之<sup>지</sup>.니라 主<sup>주</sup>人<sup>인</sup>이 俛<sup>부</sup>

伏<sup>복</sup>興<sup>흥</sup>,하여 立<sup>입</sup>於<sup>어</sup>東<sup>동</sup>階<sup>계</sup>上<sup>상</sup>에 西<sup>서</sup>向<sup>향</sup>,하며 祝<sup>축</sup>은 立<sup>입</sup>於<sup>어</sup>西<sup>서</sup>階<sup>계</sup>上<sup>상</sup>에 東<sup>동</sup>

向<sup>향</sup>,하고 告<sup>고</sup>利<sup>이</sup>成<sup>성</sup>,하며 降<sup>강</sup>復<sup>복</sup>位<sup>위</sup>.하나니라 與<sup>여</sup>在<sup>재</sup>位<sup>위</sup>者<sup>자</sup>, ㅣ 皆<sup>개</sup>再<sup>재</sup>拜<sup>배</sup>,

하되 主<sup>주</sup>人<sup>인</sup>은 不<sup>불</sup>拜<sup>배</sup>,하고 降<sup>강</sup>復<sup>복</sup>位<sup>위</sup>.하나니라 執<sup>집</sup>事<sup>사</sup>者<sup>자</sup> ㅣ 升<sup>승</sup>詣<sup>예</sup>諸<sup>제</sup>位<sup>위</sup>,

하여 合<sup>합</sup>飯<sup>반</sup>蓋<sup>개</sup>,하고 降<sup>강</sup>復<sup>복</sup>位<sup>위</sup>.하나니라

於<sup>어</sup>是<sup>시</sup>에 辭<sup>사</sup>神<sup>신</sup>.이니라 主<sup>주</sup>人<sup>인</sup>以<sup>이</sup>下<sup>하</sup> ㅣ 皆<sup>개</sup>再<sup>재</sup>拜<sup>배</sup>.하나니라(老<sup>노</sup>疾<sup>질</sup>不<sup>불</sup>堪<sup>감</sup>

行<sup>행</sup>禮<sup>례</sup>,前<sup>전</sup>休<sup>휴</sup>于<sup>우</sup>他<sup>타</sup>處<sup>처</sup>者<sup>자</sup>,亦<sup>역</sup>於<sup>어</sup>受<sup>수</sup>胙<sup>조</sup>後<sup>후</sup>入<sup>입</sup>,就<sup>취</sup>位<sup>위</sup>辭<sup>사</sup>神<sup>신</sup>.)

於<sup>어</sup>是<sup>시</sup>에 主<sup>주</sup>人<sup>인</sup>主<sup>주</sup>婦<sup>부</sup> ㅣ 升<sup>승</sup>,하여 各<sup>각</sup>奉<sup>봉</sup>主<sup>주</sup>納<sup>납</sup>于<sup>우</sup>櫝<sup>독</sup>,하고(奉<sup>봉</sup>主<sup>주</sup>納<sup>납</sup>櫝<sup>독</sup>

時, 各位前, 皆俛伏興.) 奉歸祠堂,하되 如來儀.하나니라

於是에 撤祭饌,하여 傳于燕器,하고 滌祭器而藏之.하나니라

於是에 餕.하나니라(分祭物送于親友家, 會親賓子弟敍坐

以酒饌酬酢而罷.)

凡拜,하되 男子는 再拜,면 則婦人은 四拜.하나니라 謂之俠拜,

니 前後皆倣此.니라

謹按,컨대 朱子는 居家에 有土神之祭,한대 四時及歲末,에

皆祭土神.하나니라 今雖不能備擧四時之祭,나 例於春

冬時祀,하되 別具一分之饌,하며(不設匕筯.) 家廟禮畢,하

고 乃祭土神.이니 似爲得宜降神·參神·進饌·初獻·皆

如家廟之儀.니라 其祝詞에 曰,「維年歲, 某月某朔, 某日

某甲, 某官某敢昭告于土地之神, 維此仲春歲功云,

始若時昭事,한대 敢有不欽.이니까 酒肴雖薄,하나 庶將誠

意,하여 惟神監顧,하고 永奠厥居,하시고 尙饗.하소서」(冬祭則

改日, 維此仲冬, 歲功告畢, 若時報事云云, 餘并同.) 亞

獻·終獻(無侑食進茶之儀.)·辭神,하고 乃徹.이니라(祭土神

之所宜於家北園內淨處除地築壇.)

直譯 시제(時祭)는 춘분(春分)·하지(夏至)·추분(秋分)·동지(冬至) 날에 지낸다(시제를 지낼 때는 3일 전에 사당에 고한다. 만약 그날에 연고가 있으면 3일을 연기해서 새로 날짜를 정하고 그 사유를 사당에 고한다). 혹은 《가례(家禮)》에 의거하여 한 달 전에 중월(仲月)로 날짜를 선택하여 정한다. 만약 사고로 날짜를 미리 정할 수가 없으면, 다만 중월로 하여 혹 정일(丁日)이나 해일(亥日)을 가려 정하고 그리고 3일 전에 사당에 고한다. 역시 사당에 고하기 전 4일 전에 산재(散齋)를 한다. 사당에 고하는 예(禮)는 이러하다. 주인(主人) 이하 모두 사당에 가서 북향(北向)하여 차례로 서서(이것은 삭망(朔望)의 의식과 같음) 모두 두 번 절한다. 주인이 올라가서 향을 피우고 두 번 절하면 축관(祝官)이 축사(祝詞)를 가지고 주인의 왼쪽에 꿇어앉아서 읽어 이르기를,「효증손(孝曾孫) 아무개는 장차 아무 달 아무 날로 증조고·증조비·조고·조비·고·비께 제사를 올리겠사오니 감히 고합니다.」라고 한다. 주인이 두 번 절하고 내려와서 다시 자기 자리에 돌아와서 제사에 참석한 사람들과 함께 모두 두 번 절하고 물러가며 이날로부터 목욕하고 새 옷을 갈아 입고 재계(齋戒)한다. 이때 주인은 여러 남자들을 거느리고 밖에서 재계하고, 주부(主婦)는 역시 여러 여자들을 거느리고 안에서 재계한다.

시제 하루 전에 주인은 여러 남자 및 집사들을 거느리고서 정침(正寢)을 물뿌리고 쓸며 의자와 탁자를 씻고 닦아서 모두 청결하게 하기에 힘쓴다. 증조고와 증조비의 신위는 마루 서북쪽 벽 밑에 남향으로 모시는데 고위(考位)는 서쪽, 비위(妣位)는 동쪽으로 모시되 각각 의자 하나와 탁자 하나씩을 합쳐서 모신다(탁자가 만약 작으면 비록 두세 분을 한데 합치더라도 무방함). 조고(祖考)·조비(祖妣)와 고(考)·비(妣)를 차례로 동쪽으로 하되 모두 증조(曾祖)의 신위와 같이 해서 대(代)마다 한 자리씩 만들고 다른 분을 여기에 붙이지 않는다(부위〈祔位〉를 모시는 것은 모두 동쪽으로부터 차례로 서쪽을 향하고 북쪽을 위(上)로 한다. 혹 두 분의 차서가 서로 마주 향하게 될 때에는 그 중 높은 분을 서쪽에 모신다. 자기의 아내 이하 사람이면 계단 아래에 모신다). 향안(香案)을 마루 중앙에 설치하고 향로(香爐)와 향합(香盒)은 그 위에 놓으며 (향로는 서쪽에, 향합은 동쪽에 놓음), 띠를 모아 묶어 모래 위에 꽂는 모사(茅沙)를 향안(香案) 앞에 놓고 신위의 차례에 따라서 앞에 술을 마련해 놓는다. 동쪽 층계 위에 시렁을 매어 그 동쪽에 따로 탁자를 마련하고 술 주전자 하나, 강신할 술잔과 잔반(盞盤=잔대를 받드는 소반) 하나, 적틀(적〈炙〉 즉, 대꼬챙이에 꿰어서 불에 구운 어육〈魚肉〉을 담는 그릇) 하나, 숟가락[비(匕)] 하나·수건[건(巾)] 하나를 놓는다. 또 서쪽 층계 위에 탁자를 놓고 축판(祝板)을 그 위에 마련해 놓으며 세수 그릇[관기(盥器)]과 수건 각각 두 개를 조계(阼階) 아래 동쪽에 놓아두고 그 서쪽에는 대가(臺架)를 둔다(받침대가 있는 것은 주인과 친속(親屬)이 세수하는 것이고, 받침대가 없는 것은 집사(執事)가 세수함).

한편 주부는 여러 부녀(婦女)들을 거느리고서 제기(祭器)를 씻고 솥을 깨끗이 씻어서 제사 음식을 장만하되, 신위마다 과일 다섯 가지와 (가난해서 다섯 가지를 다 마련하지 못하겠으면 세 가지라도 좋음) 포(脯) 한 접시와(시속에서 자반이라 일컬음) 익힌 나물 한 접시와 젓갈 한 접시와 김치 한 접시와 간장 한 종지와 초로 무친 나물 한 접시와 생선과 고기 각각 한 접시와(생선과 고기는 마땅히 신선한 것으로 함) 떡[餅(떡 병)] 한 접시와 국수[麵(국수 면)] 한 대접과 국[羹(국 갱)] 한 그릇과 밥 한 주발[鉢(주발 발, 그릇 발)]과 탕(湯) 다섯 가지(이 다섯 가지는 생선과 고기, 혹은 나물과 그 밖의 것으로 때에 따라 마련한다. 이것도 가난해서 마련하기가 어려우면 세 가지라도 좋음), 구운 고기[炙(적)] 세 가지를(적간〈炙肝〉이나 고기, 생선 또는 꿩[雉(치)] 같은 것으로 함) 깨끗이 마련하도록 힘쓰고, 제사를 지내기 전에는 먼저 먹지 못하며 고양이·개·벌레·쥐 등에게 더럽히지[汙(오)=더럽히는 것. 汚와 同] 말아야 한다(이른바 신위마다 따로 한다는 것은 고위〈考位〉와 비위〈妣位〉 각 분을 말하는 것이다. 지금 사람들은 혹 고위와 비위를 한 상에 마련하는 일이 있으나 이것은 미안한 일이다).

이런 절차가 끝난 다음 당일 날이 밝기 전에(이것은 제사지내는 날을 말함), 닭이 울자마자 곧 일어나서 주인 이하 모두가 깨끗한 옷을 입고(새로 빤 직령〈直領=무관(武官)의 웃옷의 한 가지로 깃이 곧게 돼 있음.〉) 모두 제사지내는 곳으로 가서 손을 씻고, 과일 접시를 신위 순서대로 그 탁자 남쪽 끝에 진설(늘어 놓는다)하며, 다음으로는 포 · 익힌 나물 · 간장 · 젓갈 · 김치 등 접시를 그 북쪽에 진설하고, 잔반(盞盤) · 시접(匙楪=수저 그릇) · 초나물(초로 무친 나물)을 탁자 북쪽 끝에 진설하며, 잔반은 가운데 놓고 시접[비(匕=숟가락(匕楪)=시접(匙楪=수저 그릇]은 서쪽에 놓으며 초나물은 동쪽에 놓고 현주병(玄酒瓶 : 현주〈玄酒〉는 정화수(井華水)를 말한다)과 술병 각각 하나를 시렁 위에 마련한다(현주는 서쪽에 놓고 술병은 동쪽에 놓는다). 이런 절차가 끝나면 주인 이하는 모두 성복(盛服)하고(벼슬을 지낸 사람은 사모〈紗帽〉에 단령〈團領=깃을 둥글게 만든 공복(公服). 색에 따라 흑(黑) · 홍(紅) · 백(白) · 자(紫) 등의 구별이 있음.〉을 입고 품대〈品帶〉를 띤다. 벼슬이 없는 사람은 단령에 조대(條帶)〈가는 실줄 끈띠〉를 띤다. 부인은 웃저고리와 아래치마를 모두 극히 고운 옷으로 입는다) 이와 같이 옷차림을 한 후 사당 앞에 가서 차례대로 서서 자리가 정해지면 주인이 조계(阼階)로부터 올라가서 향을 피우고 꿇어앉아 고하여 말하기를, 「효증손 아무개는 이제 중춘(仲春) 달(여름 · 가을 · 겨울 등 때에 따라서 달리 쓴다)에 증조고 아무 벼슬 부군(府君) 증조비 아무 봉 아무씨 조고 아무 벼슬 부군(府君), 조비 아무 봉 아무씨, 고 아무 벼슬 부군, 비 아무 봉 아무씨께 일이 있사와(만일 부위〈祔位〉가 있으면 말하기를, 아무 어버이 아무 벼슬 부군, 아무 어버이 아무 봉 아무씨 부식(祔食)이라고 한다) 감히 신주를 정침(正寢)으로 모실 것을 공손히 받들어 청하옵니다」라고 고하기를 마치면 독(櫝)을 받들어 집사자(執事者)에게 주어 이를 받들게 하고 주인이 앞에서 인도하면 주부가 그 뒤를 따르며 여러 자제들이 차례로 그 뒤를 따른다. 정침(正寢)에 이르면 서쪽 계단 탁자 위에 놓고, 주인이 독(櫝)을 열고서(대체로 독을 열고 신주를 모실 때는 모두 부복했다가 일어난 뒤에 신주를 모신다) 여러 고위(考位)의 신주를 모시고 나와 자리에 나아간다. 계속해서 주부(主婦)가 손을 씻고 올라가서 여러 비위(妣位)의 신주를 모시고 또한 위와 같은 절차대로 행한다(만일 부위〈祔位〉가 있으면 자제들이 받들고 나와서 자리로 나간다). 이런 절차가 끝나고 모두 내려와 제자리에 가면 (만약 시제〈時祭〉를 사당에서 지내면 신주를 모시고 자리로 나가는 절차는 없고 다만 사당에 나가서 각 신위 앞에 음식을 차려놓고 위에 쓴 절차대로 한다. 그러나 먼저 강신〈降神〉한 뒤에 참신〈參神〉한다) 주인과 참석한 사람들은 두 번 절하고 참신한다(만약 어른이 병이 있어서 제사에 참석치 못하면 참신만 하고 나서 다른 곳에서 쉰다).

이어 강신(降神)하되 주인이 올라가 향을 피우고 두 번 절하고 조금 물러나 서면 이때 집사자 한 사람이 술병을 열어서 수건을 가지고 병입을 닦고 술을 주전자에 따라 채우면 집사자 한 사람이 동쪽 섬돌 위에서 잔반을 가지고 주인의 왼쪽에 선다. 한 사람이 주전자를 들고 주인의 오른쪽에 서면 주인은 꿇어앉고 집사자도 역시 꿇어앉아서 잔반(盞盤)을 바치면 주인이 받고 술을 따르는 사람이 역시 꿇어앉아서 잔에 술을 따르면 주인이 이것을 받들되 왼손으로 반(盤)을 잡고 오른손으로 잔을 잡아 모사(茅沙) 위에 붓고[관(灌=따르다, 모두 기울여 붓다.)](이때 술을 모사에 모두 따라 붓는다.) 그리고 잔을 집사자에게 주며 엎드렸다가 일어나서 두 번 절하고 내려와 자기 자리로 간다.

이어 집사자가 음식을 올리고 주인이 올라가면 주부가 이에 그 뒤를 따르며 집사자 한 사람이 반 위에 생선과 고기를 받들고 한 사람은 반 위에 떡과 국수를 받들며 그리고 또 한 사람은 반 위에 국과 밥을 받들고 그 뒤를 따라 올라간다. 증조의 신위 앞에 이르러 주인이 고기를 받들어 잔반 서남쪽에 올리고, 주부가 국수를 받들어 고기의 서쪽에 올려놓는다. 주인은 다시 생선을 받들어 잔반의 동남쪽에 올리고 주부가 떡을 받들어 생선의 동쪽에 올리며, 또 주인이 국을 받들어 잔반의 동쪽에 올리고 주부가 밥을 받들어 잔반의 서쪽에 올리며, 이밖의 모든 신위도 모두 이와 같은 절차대로 한다(만약 부위〈祔位〉가 있으면 여러 자제나 며느리·딸을 시켜서 이렇게 한다). 다음으로 여러 자제들이 탕(湯)을 각 신위 앞에 갖다 올린다. 절차가 모두 끝나면 주인이 하는 모두 내려와 자기 자리로 간다.

이어 초헌(初獻)의 예를 행한다. 주인이 증조의 신위 앞에 올라가 뵈면 이때 집사자 한 사람이 주전자를 들고 주인의 오른쪽에 서고(겨울이면 미리 술을 데운다), 주인이 증조고의 잔반을 받들고 신위 앞에 동향하여 서면 집사자가 서향으로 서서 잔에 술을 따르고 주인이 이를 받들어 원 위치에 놓는다. 다음으로 술잔을 받들어 먼저 증조고 신위 앞에 바친다. 다음으로 증조비의 잔반도 받들어 또한 이와 같이 한다. 다음으로 증조의 신위 앞에 북쪽을 향하여 서면 집사자 두 사람이 각각 증조고와 증조비(曾祖考, 曾祖妣)의 잔반을 받들고서 주인의 좌우에 서고, 이때 주인이 꿇어앉으면 집사자도 역시 꿇어앉는다. 주인이 증조고의 잔반을 받아서 오른손으로 잔을 잡고 모사(茅沙) 위에 제주(祭酒)한다(이때 술을 조금 기울여 붓는다). 그리고 나서 잔반을 집사자에게 주어서 먼저 자리에 올리게 하고, 다음에 증조비의 잔반을 받아서 역시 그와 같이 하며, 이 절차가 끝나면 엎드렸다가 일어나서 조금 물러나와 선다. 이때 집사자가 구운 간(炙肝)을 올리면(간은 임시 미리 해서 바로 화로에 굽는다.) 형제 중의 제일 어른 한 사람이 이것[(간(肝)]을 받들어서 증조고와 증조비 앞의 잔반의 남쪽에 올려놓는다. 다음으로 축관(祝官)이 축판(祝板)을 잡고서 주인의 왼쪽에 섰다가 꿇어앉아 축문을 읽어 말하기를, 「유세차(維歲次) 아무 해 아무 갑(甲) 아무 달 아무 삭(朔) 아무 날 아무 갑에 효증손 아무 벼슬 아무는 감히 현증조고(顯曾祖考) 아무 벼슬 부군(府君)과 현증조비(顯曾祖妣) 아무

봉 아무씨께 고하나이다. 일기와 절후가 흐르고 바뀌어[유역(流易)＝
흘러서 계절(절후)이 바뀌다.] 지금 중춘(仲春)이 되었사오니(여름·가
을·겨울 때에 따라 중하(仲夏)·중추(仲秋)·중동(仲冬)으로 달리
씀.), 추모해 연중 또 새로운 계절을 맞아 감동을 느껴 생각하옵건대 길
이 사모함을 이길 수 없나이다. 감히 맑은 술잔과 몇 가지 음식으로 다
만 한 절후의 정성을 바치오니 (부위〈祔位〉가 있을 때는 「아무 어버이
아무 벼슬 부군〈府君〉, 아무 어버이 아무 봉 아무씨 부식〈祔食〉」이라
고 함.) 흠향하시옵소서」라고 한다. 읽기를 마치면 주인이 일어나서 두
번 절하고 물러난다. 다음으로 다른 신위에 나아가서도 이와 마찬가지
로 한다.(부위〈祔位〉가 있을 때는 신위마다 축문을 읽은 다음에 주인의
형제나 아들 중에서 아헌〈亞獻〉·종헌〈終獻〉을 하지 않은 자를 시켜
차례로 부위 앞에 나아가 잔을 올리게 하되 그 절차는 모두 위에 말한
것과 같이 한다. 다만 부위에는 축문을 읽지 않는다.) 조고(祖考)에 대
한 축칭(祝稱)은 「……효손 아무 감소고우 현조고(孝孫某敢昭告于顯祖
考)……」라 한다. 고(考)에 대한 축칭은 「……효자 아무 감소고우 현
고……」라 한다. 또 고(考)에 대한 축문에는 고에게 앞의 것 「길이 사모
하는 마음을 이기지 못하나이다〔不勝永慕〕를 고쳐서 「하늘과 같이 끝
이 없나이다〔昊天罔極〕」라고 한다. 이런 절차가 모두 끝나면 사람은
모두 내려가 자기 자리에 서고, 집사자는 다른 그릇에 술과 간(肝)을 거
두고 술잔을 제자리에 도로 갖다놓는다.

　다음으로 아헌(亞獻)의 예를 행한다. 아헌은 주부(主婦)가 이를 행하
고 모든 며느리나 딸들이 집사자가 되어 구운 고기를 받들고 와서 바
치는 절차는 초헌(初獻) 때와 같다. 다만 다른 것은 제주(祭酒)를 않고
축문도 읽지 않는다. (주부가 연고가 있으면 숙부(叔父)나 형제 중에
제일 높은 사람이 대신 행하고 자제들이 집사자가 된다.) 아헌의 절차
가 끝나면 술잔과 구운 고기를 거두며 잔은 제자리에 놓는다.

　다음에 종헌(終獻)의 예를 행한다. 주인의 형제 중에 제일 어른이나

혹은 장남이나 혹은 친근한 손님이 행한다. 여러 자제들이 구운 고기를 받들고 와서 바치는 절차는 아헌의 예와 같이 한다.

다음에 유식(侑食)을 한다. 주인이 올라가 주전자를 들고 여러 신위 앞에 놓인 술잔에 따라 잔을 채우고 향안(香案) 동남쪽에 서며, 주부가 올라가서 메 중앙에 꽂았던 숟가락[삽시(揷匙)=삽비(扱匕). 둘 다 뜻은 숟가락을 메(밥)에다 꽂다. 통자(通字) 또는 유사어(類似語)로는 꽂을 삽(揷), 挿(俗字)이 있다. 둘 다 뜻은 숟가락을 메(밥)에다 꽂다]을 거두어 자루가 서쪽을 향하게 놓고 젓가락을 바로 놓은[정저(正筯)=젓가락을 가지런히 들었다 놓는 것. 일반적으로 정저(正箸〈젓가락 저〉)라고 씀.)] 다음 향안의 서남쪽에 서서 모두 북쪽을 향하여 두 번 절하고 내려와서 제자리로 돌아간다.

다음에 축관이 합문(闔門)한다. 주인이 문 동쪽에 서서 서쪽을 향하고 여러 남자들이 그 뒤에 서며, 주부가 문 서쪽에 서서 동쪽을 향하고, 여러 며느리 딸이 그 뒤에 서며, 만일 나이 많으신 어른이 계시면 조금 다른 곳에서 쉬도록 한다. 유식(侑食)의 차례가 끝나고 식경(食頃)이 지난 뒤에 축관이 희흠(噫歆)이라고 세 번 기침 소리를 내고 문을 열면 바로 계문(啓門) 절차에 참여한다. 주인 이하 모두가 제자리로 돌아온다. 나이 많은 어른으로서 다른 곳에 가서 쉬던 분들도 모두 자기 자리로 돌아온다. 주인과 주부가 차(茶)를 받들고서(혹은 숭늉으로 대신하기도 한다.) 나누어 고위(考位)와 비위(妣位) 앞에 올리고 국그릇을 거두어들이고[徹(거두어들일 철, 치울 철)] 물러난다. (부위〈附位〉가 있으면 여러 자제와 여러 며느리 딸들이 나누어 올린다.)

다음에는 조육(胙肉)을 받는다. 집사자가 향안 앞에 자리를 만들면 주인이 자리에 나아가 북쪽을 향해서 서고 축관(祝官)이 증조고의 신위 앞에 가서 술과 잔반을 들고서 주인의 오른쪽으로 가고 이때 주인이 꿇어앉으면 축관도 역시 꿇어앉는다. 주인이 잔반을 받아서 제주하고(조금 땅에 술을 기울임.) 입에 대어 맛보며[쵀주(啐酒)=술을 조금 마셔서

맛보는 것)], 축관이 수저와 접시를 가지고(먼저 조육〈胙肉〉을 받던 접시) 여러 신위 앞에 올렸던 밥을 조금씩 떠다가[초취〈鈔取〉=조금씩 떠내는 것] 주인의 왼쪽에 갖다 놓으면 이것을 가지고 축관이 주인에게 이렇게 축복[嘏〈하〉가:속음〈俗音〉)=축복하는 것]한다. 「조고(祖考)는 이 축관에 명하여 내 뜻을 받아 너희들 효손(孝孫)들에게 복을 많게 하리라. 너희들 효손은 이리 오너라. 내 너희들로 하여금 하늘에서 녹(祿)을 받고 마땅히 밭에서 농사지어[가〈稼〉=밭갈이 하는 것, 즉 농사짓는 것] 길이 오랜 해를 잘 살게 하여 이것을 바꾸지 않게 하노라(변함없이 계속될 것이요).」 읽기를 마치면 주인은 자리 앞에 술을 놓고 엎드렸다가 일어나서 두 번 절한 다음 꿇어앉아 밥을 받아 맛보고(嘗〈맛볼 상〉의 속자〈俗字〉로 상〈甞〉이 같은 뜻으로 쓰임), 이 밥을 왼쪽 옷소매[몌〈袂〉=옷소매]에 넣어 그것을 새끼손가락[계지〈季指〉]에 걸고[괘〈掛〉=걸다] 술을 가져다 다 마신다. 이때 집사자가 오른쪽으로부터 잔을 받아 주전자의 곁에 놓고, 그 옆에서 밥을 왼쪽으로부터 받되 또한 그렇게 한다. 이때 주인이 엎드렸다가 일어나서 동쪽 섬돌 위에 서쪽을 향하여 서며 축관은 서쪽 섬돌 위에 동쪽을 향하여 서서 절차가 끝났음을 고하며 내려가서 자기 자리로 간다. 자리에 있던 모든 사람이 모두 두 번 절하되 주인은 절하지 않고 내려가서 자기 자리로 간다. 집사자가 올라가서 여러 신위의 밥그릇에 뚜껑을 덮고 자기 자리로 돌아온다.

여기에서 사신(辭神)한다. 주인 이하 모두 두 번 절한다(늙었거나 병이 있어서 예를 행하지 못하는 자로서 앞서 다른 곳에서 쉬고 있던 자들도 역시 조육〈胙肉〉을 받은 뒤에 들어와서 자기 자리로 가서 사신〈辭神〉한다).

여기에서 주인과 주부가 올라가서 각각 신주를 받들어 독(櫝) 안에 모시고(신주를 받들어 독에 모실 때는 각 신위 앞에 모두 엎드렸다가 일어난다), 그리고 신주의 독을 받들어 사당에 모시되 먼저 모셔 내올 때와 같이 한다.

여기에서 제사지낸 음식을 거두어서 그릇[연기(燕器)=싸리나 대나무로 만든 그릇]에 옮겨 담고 제기(祭器)를 깨끗이 씻어 보관한다.

이것이 끝나면 준(餕=제사 음식을 나누어 먹는 것)한다(제물〈祭物〉을 나누어 친척과 친구 집에 보낸다. 여기 모인 친척이나 손님, 그리고 자제들은 차례로 늘어앉아서 술과 안주를 먹고 자리를 파한다).

이것이 끝나면 모두 절하되 남자는 두 번 절하고 부인들은 네 번 절한다. 이것을 협배(俠拜)라고 하는데 다른 제사에도 전후에 모두 이것을 모방해서 한다.

삼가 상고해 보건대, 주자(朱子)가 집에 거처할 때 토신(土神)에게 제사를 지냈는데 사시(四時), 즉 춘하추동(春夏秋冬)과 세말(歲末)에 모두 토신(土神)에게 제사를 지낸 것이다. 지금은 비록 사시의 제사를 모두 지내지는 못하지만 봄과 겨울에 이 예에 따라 시사(時祀)를 지내되 따로 조그만 음식을 장만(숟가락과 젓가락은 놓지 않는다)하며 가묘(家廟)에 행하는 예를 끝내고 나서 토신에게 제사지내는 것이 마땅할 것 같다. 이때 강신(降神) · 참신(參神) · 진찬(進饌) · 초헌(初獻)의 절차 등은 모두 가묘(家廟)에서 행하는 절차와 같다. 다만 그 축사(祝詞)에 이렇게 말한다. 「아무 해 아무 갑 아무 달 아무 삭(朔) 아무 날 아무 갑(甲)에 무슨 벼슬 아무는 감히 토지(土地)의 신(神)에게 고하나이다. 이 중춘(仲春)을 맞이하여 1년의 모든 일이 시작되옵는바 일을 태평하게 이루는데 어찌 감히 공경하지 않겠습니까? 술과 안주가 비록 많지는 못하오나 이 성의를 돌보시어 신(神)께서는 돌봐주시고 길이 잘 살게 해주시옵소서. 흠향하옵소서(겨울에 지내는 제사일 때는 그 축사를 고쳐서 『……이 중동〈仲冬〉을 맞이하여 1년 일이 끝났사오니 이것을 보답하자면……』 한다. 나머지도 모두 같다).」 다음으로 아헌(亞獻) · 종헌(終獻)을 하고(여기에서는 유식〈侑食〉과 차〈茶〉를 올리는 절차는 없음), 사신(辭神)한 다음 끝낸다(토신〈土神〉에게 제사 지낼 곳은 마땅히 집 북쪽 동산 안에 정결한 땅을 골라서 단〈壇〉을 쌓고 행할 것이다).

| 語義 | •一朔(일삭) : 한 달.

•卜日(복일) : 좋은 날을 점침. 점으로 좋은 날을 가림.

•或丁或亥之日(혹정혹해지일) : 일진(日辰)이 정(丁)자가 되는 날이나 해 (亥)자가 되는 날.

•散齋(산재) : 제사를 지내기 전에 이레(7일) 동안 가지는 재계(齋戒=신 (神)을 제사할 때 심신(心身)을 깨끗이 하고 음식을 가려먹어 부정(不淨) 을 금기(禁忌)하는 것, 또는 그러한 행위). 산재(散齊)

•詣(예) : 나아갈(往), 이를(至), 들어갈.

•朔望(삭망) : 음력 매달 초하룻날이 삭(朔)이고, 보름날이 망(望)이다.

•孝曾孫(효증손) : 큰아들. 큰손자. 효(孝)는 맏이라는 뜻. 큰아들, 큰자손. 昆也.

•致齋(치재) : 제관(祭官)이 된 사람이 제사 전 사흘 동안 재계(齊戒)함. 또 는 그 일.

•帥(솔) : ①거느릴(率), ②장수 수. 거느릴(領) 수.

•灑掃(쇄소) : 물 뿌리고 비로 쓸음. 소(掃)는 소(埽)와 같이 씀.

•洗拭(세식) : 씻고 닦는 것.

•蠲潔(견결) : 깨끗한 것.

•香盒(향합) : 향을 담는 그릇.

•盥器(관기) : 세수(洗手) 그릇, 세숫대야. 손을 씻는 그릇.

•帨巾(세건) : 수건.

•滌濯(척탁) : 씻고 닦는 것.

•釜鼎(부정) : 솥, 가마솥.

•楪(접) : 접시. 접자를 첩으로 읽는 것은 관습어에서 온 발음이나 여기서 는 접으로 통일함.

•醢(해) : 젓갈, 젓국. 속어로 식혜 해자로 잘못 사용됨.

•辦(판) : 힘들일(致力), 갖출(具).

•厥明(궐명) : 명일(明日), 내일.

•玄酒(현주) : 정화수. 물의 별칭. 태고(太古)에는 술이 없었으므로 제사 때 에 물로 제사를 지냈다. 그러므로 제사 의식에서는 물이라 일컫지 않고 현주라 했다 한다. 정화수(井華〉花水)는 이른 새벽에 길은 우물물. 정성 을 들이는 일에나 약을 달이는 물로 쓰임. 화(花)는 화(華)자로 쓰는 것이

옳음.

- 紗帽(사모) : 사(紗)로 만든 모자. 옛날 관복을 입을 때 썼음. 오사모(烏紗帽)라고도 함. 검은 깁으로 만든 모자.
- 降神(강신) : 신을 부르는 절차.
- 參神(참신) : 신주(神主)에게 참배(參拜)함.
- 斟酒(짐주) : 술을 따른다.
- 初獻(초헌) : 제사 때 첫 번째로 술을 바치는 것. 두 번째를 아헌(亞獻), 세 번째를 종헌(終獻)이라고 한다.
- 祭之茅上(제지모상) : 모사(茅沙) 위에 제주(祭酒)한다. 여기서 제(祭)는 술을 조금 따르는 것을 말함.
- 祔(부) : 3년상이 끝난 뒤에 그 신주를 사당에 모셔 한 곳에서 제사지냄.
- 昊天罔極(호천망극) : 끝이 없는 하늘과 같이 부모의 은혜가 크다는 것을 일컫는 말.
- 祭酒(제주)좨주〈俗音〉) : 술잔을 올렸다가 다시 내려 모사(茅沙)에 세 번 지우고 다시 제자리에 올리는 것. 제사에 쓰는 술.
- 有故(유고) : 탈이나 사고가 있음. 연고가 있으면.
- 徹(철) : 철(撤=마치다, 거두다)과 같은 뜻으로 같이 쓴다.
- 侑食(유식) : 제사지내는 데 신(神)에게 음식을 권하는 것. 숟가락으로 밥을 떠서 물에 말아 주는 것으로 이를 대신함.
- 揷匙(삽시) : 제사 때 숟가락을 밥그릇에 꽂는 일.
- 匙箸(시저) : 숟가락과 젓가락.
- 匙楪(시접) : 수저를 담는 놋그릇.
- 闔門(합문) : 문을 닫음. 제사 때 신위(神位)를 뒤로 하고 잠시 돌아서 있는 것으로 이를 대신함.
- 食頃(식경) : 한 끼의 밥을 먹을 동안. 비유하면 얼마 되지 않는 시간. 단시간(短時間). 일향(一餉=한번 음식을 먹음. 짧은 시간). 일식경(一食頃).
- 噫歆(희흠) : ① 유식(侑食)의 차례가 끝나서 문을 열고 들어갈 때 내는 기침소리. ② 제사 때 신(神)에게 흠향의 뜻을 알리기 위하여 하는 기침 소리.
- 胙肉(조육) : 제사지낸 고기.
- 餕(준) : 제사지내고 난 음식. 여기에서는 제사지낸 음식을 나누어 주는 것.
- 土神(토신) : 토지의 신. 토지를 맡은 신령.

# 忌祭儀 (〈삼년상이 끝난 뒤에〉해마다 돌아가신 날 지내는 제사의 의식)

忌祭則散齋二日,하고 致齋一日.하나니라 設所祭一位.나라

(家禮則只祭或考或妣一位, 程子則并祭考妣云.) 陳

器具饌,하되 如時祭之儀.나라 (但果及湯, 皆不過, 三色,

略有等殺.) 但具一分.이라 (若并祭考妣則具二分.)

厥明에 夙興,하여 設蔬果酒饌.하나니라 (如時祭之儀.) 質明에

主人以下는 變服,하고 (父母忌, 則有官者, 服縞色, 帽垂

脚, 或黲布帽垂脚, 玉色團領, 白布裹角帶. 無官者服

縞色笠或黲色笠, 玉色團領, 白帶通著白靴. 婦人, 則

縞色帔白衣白裳, 祖以上, 忌, 則有官者, 烏紗帽, 玉色

團領, 白布裹角帶, 無官者黑笠, 玉色團領, 白帶. 婦人,

則玄帔, 白衣, 玉色裳. 旁親之忌, 則有官者, 烏紗帽, 玉

色團領, 烏角帶. 無官者, 黑笠, 玉色團領, 黑帶. 婦人只

去華盛之服. ○縞, 白黑雜色也, 黲, 淺青黑色, 卽今之

玉色也.) 詣祠堂敍立再拜.나라 訖하면 主人이 升하여 焚香

跪告于所祭之主曰,「今以某親某官府君,(妣, 則曰某親

某<sup>모</sup>封<sup>봉</sup>某<sup>모</sup>氏<sup>씨</sup>.) 遠<sup>원</sup>諱<sup>휘</sup>之<sup>지</sup>辰<sup>진</sup>, 敢<sup>감</sup>請<sup>청</sup>神<sup>신</sup>主<sup>주</sup>, 出<sup>출</sup>就<sup>취</sup>正<sup>정</sup>寢<sup>침</sup>, 恭<sup>공</sup>伸<sup>신</sup>追<sup>추</sup>慕<sup>모</sup>.

라」하고 俛<sup>부</sup>伏<sup>복</sup>興<sup>흥</sup>,하여 乃<sup>내</sup>啓<sup>계</sup>櫝<sup>독</sup>奉<sup>봉</sup>神<sup>신</sup>主<sup>주</sup>,하여 蓋<sup>개</sup>座<sup>좌</sup>,하고 (若<sup>약</sup>并<sup>병</sup>祭<sup>제</sup>

考<sup>고</sup>妣<sup>비</sup>, 則<sup>즉</sup>奉<sup>봉</sup>櫝<sup>독</sup>授<sup>수</sup>執<sup>집</sup>事<sup>사</sup>者<sup>자</sup>.) 授<sup>수</sup>執<sup>집</sup>事<sup>사</sup>者<sup>자</sup>.나라 主<sup>주</sup>人<sup>인</sup>이 先<sup>선</sup>導<sup>도</sup>,하고

主<sup>주</sup>婦<sup>부</sup> ㅣ 從<sup>종</sup>之<sup>지</sup>,하며 諸<sup>제</sup>子<sup>자</sup>弟<sup>제</sup>婦<sup>부</sup>女<sup>녀</sup> ㅣ 以<sup>이</sup>次<sup>차</sup>隨<sup>수</sup>後<sup>후</sup>,하여 至<sup>지</sup>正<sup>정</sup>寢<sup>침</sup>,이

면 奉<sup>봉</sup>主<sup>주</sup>就<sup>취</sup>位<sup>위</sup>.나라 參<sup>참</sup>神<sup>신</sup> · 降<sup>강</sup>神<sup>신</sup> · 進<sup>진</sup>饌<sup>찬</sup> · 初<sup>초</sup>獻<sup>헌</sup>은 如<sup>여</sup>時<sup>시</sup>祭<sup>제</sup>之<sup>지</sup>儀<sup>의</sup>.

나라 但<sup>단</sup>祝<sup>축</sup>詞<sup>사</sup>曰<sup>왈</sup>「歲<sup>세</sup>序<sup>서</sup>遷<sup>천</sup>易<sup>역</sup>, 諱<sup>휘</sup>日<sup>일</sup>復<sup>부</sup>臨<sup>림</sup>,(若<sup>약</sup>并<sup>병</sup>祭<sup>제</sup>考<sup>고</sup>妣<sup>비</sup>考<sup>고</sup>忌<sup>기</sup>,

則<sup>즉</sup>曰<sup>왈</sup>某<sup>모</sup>考<sup>고</sup>諱<sup>휘</sup>日<sup>일</sup>復<sup>부</sup>臨<sup>림</sup>. 妣<sup>비</sup>忌<sup>기</sup>, 則<sup>즉</sup>曰<sup>왈</sup>某<sup>모</sup>妣<sup>비</sup>諱<sup>휘</sup>日<sup>일</sup>復<sup>부</sup>臨<sup>림</sup>云<sup>운</sup>云<sup>운</sup>.)

追<sup>추</sup>遠<sup>원</sup>感<sup>감</sup>時<sup>시</sup>, 不<sup>불</sup>勝<sup>승</sup>永<sup>영</sup>慕<sup>모</sup>, 云<sup>운</sup>云<sup>운</sup>.이라」하고 若<sup>약</sup>父<sup>부</sup>母<sup>모</sup>忌<sup>기</sup>,면 則<sup>즉</sup>改<sup>개</sup>「不<sup>불</sup>

勝<sup>승</sup>永<sup>영</sup>慕<sup>모</sup>,」를 爲<sup>위</sup>「昊<sup>호</sup>天<sup>천</sup>罔<sup>망</sup>極<sup>극</sup>.이라」하며 傍<sup>방</sup>親<sup>친</sup>忌<sup>기</sup>,면 則<sup>즉</sup>曰<sup>왈</sup>「諱<sup>휘</sup>日<sup>일</sup>復<sup>부</sup>

臨<sup>림</sup>, 不<sup>불</sup>勝<sup>승</sup>感<sup>감</sup>愴<sup>창</sup>, 云<sup>운</sup>云<sup>운</sup>.이라」하고 若<sup>약</sup>父<sup>부</sup>母<sup>모</sup>忌<sup>기</sup>,면 則<sup>즉</sup>讀<sup>독</sup>祝<sup>축</sup>畢<sup>필</sup>,하여 祝<sup>축</sup>

이 興<sup>흥</sup>,하면 主<sup>주</sup>人<sup>인</sup>兄<sup>형</sup>弟<sup>제</sup> ㅣ 哭<sup>곡</sup>盡<sup>진</sup>哀<sup>애</sup>.나라

亞<sup>아</sup>獻<sup>헌</sup> · 終<sup>종</sup>獻<sup>헌</sup> · 侑<sup>유</sup>食<sup>식</sup> · 闔<sup>합</sup>門<sup>문</sup> · 啓<sup>계</sup>門<sup>문</sup> · 進<sup>진</sup>茶<sup>다</sup> · 辭<sup>사</sup>神<sup>신</sup> · 納<sup>납</sup>主<sup>주</sup>奉<sup>봉</sup>歸<sup>귀</sup>

祠<sup>사</sup>堂<sup>당</sup> · 徹<sup>철</sup>竝<sup>병</sup>은 如<sup>여</sup>時<sup>시</sup>祭<sup>제</sup>之<sup>지</sup>儀<sup>의</sup>.나라 但<sup>단</sup>不<sup>불</sup>受<sup>수</sup>胙<sup>조</sup>不<sup>불</sup>餕<sup>준</sup>.하나니라

是<sup>시</sup>日<sup>일</sup>은 不<sup>불</sup>飮<sup>음</sup>酒<sup>주</sup>,하고 不<sup>불</sup>食<sup>식</sup>肉<sup>육</sup>,하며 不<sup>불</sup>聽<sup>청</sup>樂<sup>악</sup>,하고 變<sup>변</sup>服<sup>복</sup>以<sup>이</sup>居<sup>거</sup>.라가

(父<sup>부</sup>母<sup>모</sup>忌<sup>기</sup>, 則<sup>즉</sup>縞<sup>호</sup>色<sup>색</sup>笠<sup>립</sup>, 白<sup>백</sup>衣<sup>의</sup>, 白<sup>백</sup>帶<sup>대</sup>. 祖<sup>조</sup>以<sup>이</sup>上<sup>상</sup>, 則<sup>즉</sup>黑<sup>흑</sup>笠<sup>립</sup>, 白<sup>백</sup>衣<sup>의</sup>,

白<sup>백</sup>帶<sup>대</sup>. 旁<sup>방</sup>親<sup>친</sup>, 則<sup>즉</sup>去<sup>거</sup>華<sup>화</sup>盛<sup>성</sup>之<sup>지</sup>服<sup>복</sup>.) 夕<sup>석</sup>寢<sup>침</sup>于<sup>우</sup>外<sup>외</sup>.나라

[直譯] 기제(忌祭)에는 산재(散齋)를 2일 동안 하고 치재(致齋)를 1일

동안 한다. 그리고 제사지낼 분 한 분의 자리를 차린다(가례〈家禮〉에는 제사를 당하는 한 분, 즉 고위(考位)나 비위(妣位) 한 분만 차린다 했고, 정자〈程子〉는 고위와 비위를 함께 지낸다고 했다.) 제기(祭器=제사 지낼 때 쓰는 각종 그릇)를 늘어놓고 제찬(祭饌=제사 지낼 때 차리는 각종 제사 음식)을 갖추되 시제(時祭)의 의식과 같이 한다(다만 과일과 탕은 모두 세 가지에 지나지 않아서 대략 다른 제사와 등급의 감쇄함이 있다). 그리고 다만 한 분 몫만 마련한다(만일 고위와 비위를 함께 제사지낼 적엔 두 분 몫을 마련한다).

날이 밝기 전에 일찍 일어나서 나물과 과일과 술과 안주를 차려놓는다(시제의 의식과 같다). 날이 샐 무렵에 주인 이하는 옷을 갈아입고(부모의 기제사면 벼슬을 한 사람이면 호색 옷에 모자에 끈을 드리우거나, 혹 검은 베의 모자에 끈을 드리우며, 또 옥색 단령(團領)에 흰 포목으로 싼 각대(角帶)를 한다. 벼슬이 없는 사람은 흰색의 갓을 쓰거나 혹 거무스름한 갓을 쓴다. 옥색 단령에 흰 띠를 두르고 흰 신을 신는다. 부인들은 호색 배자에 흰색 저고리와 치마를 입는다. 할아버지 이상의 기제사면 벼슬이 있는 사람이면 오사모(烏紗帽)에 옥색 단령을 입고 흰 천으로 싼 각대를 두른다. 벼슬이 없는 사람은 검은 갓에 옥색 단령을 입고 흰 띠를 두른다. 부인이면 검은 배자에 흰색 저고리에 옥색 치마를 입는다. 방계(傍系)의 어버이의 제사면 벼슬이 있는 사람은 오사모(烏紗帽)에 옥색 단령을 입고 검은 각대를 두른다. 또 벼슬이 없는 사람이면 검은 갓에 옥색 단령을 입고 검은 띠를 두른다. 부인은 오직 화려한 옷만은 입지 않는다(호〈縞〉는 흰색과 흑(黑)색의 잡된 색이다. 또 참(黲)은 옅은 검푸른빛이니 곧 지금의 옥색이다). 사당에 나아가서 차례로 서서 두 번 절한다. 절을 마치고 나면 주인이 올라가서 향을 피우고 꿇어앉아 제사지내야 할 신주에게 고하기를, 「오늘은 아무 어른 아무 벼슬 부군(府君)(비〈妣〉)면 아무 어른 아무 봉 아무 씨라 이름)께서 돌아가신 날이옵기 감히 신주를 정침(正寢)으로 내모실 것을 청하오며 공손히 추모의 정성을 펴나이다」라고 읽기를 마치면 엎드렸다가 일어나서 곧 독(櫝)을 열고 신주를 받들어 가려 가지고(만일 고위와 비위를 함께 제사지내면 독을 받들어 집사자에게 준다) 집사자에게 준다. 주인이 앞에서 인도하고 주부가 뒤를 따르며 여러 자제와 며느리 딸들이 다음으로 뒤에 따라서 정침에 이르면 신주를 받들어 자리에 모신다. 이 절차가 끝나면 참신(參神)·강신(降神)·진찬(進饌)·초헌(初獻)의 차례로 진행하는데 이 절차는 모두 시제(時祭)의 의식과 같다. 다만 축사에 이르기를, 「세월과 절후가 옮기고 바뀌어 제사날이 다시 왔사오니(만일 고위〈考位〉와 비위〈妣位〉를 함께 제사지낼 때는 고위〈考位〉의 제사면 『아무 고〈考〉가 돌아가신 날이 다시 왔사오니』 하고, 또 비위〈妣位〉의 제사날이면 『아무 비의 돌아가신 날이 다시 왔사오니』 한다).」 「먼 일을 미루어 생각하오면 길이 사모하는 마음을 이기지 못하나이다」 만일 부모의 기제사일 때는, 「길이 사모하는 마음을 이기지 못하나이다(不勝永慕).」를 고쳐서 「하늘과 같이 끝이 없나이다(昊天罔極)」라고 한다. 또 방친(傍親)의 제사날이면 「돌아가신 날이 다시 오니 감동하고 슬픈 마음을 이기지 못하나이다(諱日復臨 不勝感愴).」라고 하고, 만일 부모의 기제사날이면 축문을 읽고 나서 축관(祝官)이 일어나면 주인과 주인의 형제들이 슬픔을 다해서 곡을 한다.

다음으로 아헌(亞獻)·종헌(終獻)·유식(侑食)·합문(闔門)·계문(啓門)·진다(進茶)·사신(辭神)·신주를 사당에 도로 모시는 것·제물을 거두는 절차 등은 모두 시제(時祭)의 의식과 같다. 다만 기제(忌祭)에서는 조육(胙肉)을 받아 먹지 않고 제사지낸 음식을 나누어 주는 절차도 없다.

이 날은 술을 마시지 않고 고기를 먹지 않으며, 음악을 듣지 않고 옷을 갈아입고 조용히 있다가(부모의 기제사날이면 호색 갓에 흰 옷, 흰 띠를 두른다. 조부 이상의 기제사이면 검은 갓에 흰 옷, 흰 띠를 두른 다. 방친(傍親)의 기제사이면 다만 화려한 옷만 입지 않는다), 저녁에 는 바깥방에서 잔다.

語義  • 忌祭(기제) : 돌아가신 날을 당해서 제사 지내는 것. 기제사(忌祭祀). 기제사(忌祭祀)는 기일(忌日)에 지내는 제사. 즉 사람이 죽은 날이 돌아오 면 지내는 제사이다. 기일(忌日)은 사람의 죽은 날. 제삿날. 명일(命日).

• 蔬果(소과) : 껍질을 벗기지 않은 과일.

• 變服(변복) : 옷을 갈아입는 것.

• 笠(립) : 방갓, 즉 패랭이 삿갓.

• 帔(피) : ① 치마. ② 배자. 소매 없는 웃옷. 저고리 위에 입는 소매 없는 옷.

• 裳(상) : 치마. 상의(裳衣)＝치마와 저고리.

• 諱(휘) : 돌아가신 날.

• 正寢(정침) : 제사지내는 몸체의 방. 또 임금이 거처 · 시무(視務)하는 방.

• 旁親(방친) : 방계(傍系)의 친족. 방(旁)은 정자(正字)이고 그 약자(略字) 는 방(旁)이다. 여기서 旁은 傍(곁〈側〉방, 가까이할〈近〉 방)의 뜻으로 쓰였 다. 자기를 중심하여 맏이로 이어지는 이외의 지계친혈족(支系親血族)의 본종. 즉 형제 · 백부 · 숙부 · 백모 · 숙모 · 조카 등등. 친족(親族)은 ① 촌수가 가까운 겨레붙이. 친속(親屬). ② 법률에서 배우자 · 혈족 · 인척 등을 통틀어 이르는 말(배우자, 8촌 이내의 부계 혈족, 4촌 이내의 모계 혈족, 남편의 8촌 이내의 부계 혈족, 남편의 4촌 이내의 모계 혈족, 처의 부모 등을 이름.)

• 啓門(계문) : 제사지낼 때의 절차의 하나로, 유식(侑食)한 다음 합문(闔門) 했다가 신(神)이 돌아갈 문을 열어 주는 것.

餘說  봉제사(奉祭祀) 대상은 일반적으로 예부터 친족의 범위는 4 대를 말하며, 자기를 기준으로 고조(高祖)까지의 조상을 말한다. 가 정의례준칙에는 조부모까지로 규정했다. 제사를 지내는 시간은 돌아

가신 날 자시(子時)에 지낸다. 조상을 위하는 제사는 아무 일도 하기 전에 제일 먼저 지낸다 하여 날이 시작되는 자시에 지낸다. 부득이 한 사정으로 자시에 지내지 못했으면 그날 중으로 지내면 된다. 봉사손은 원칙적으로 장자손이다. 부인의 제사에는 자식이 있어도 남편이 살아있으면 남편이 제주(祭主)이다.

# 墓 祭 儀 (산소에 가서 지내는 제사의 의식)

墓祭는 依俗制,하여 行于四名日.하나니라 (正朝·寒食·端午·秋夕) 散齋二日,하고 致齋一日.하나니라 具饌每墓,하되 依分數하여 如忌祭之儀.하나니라 更設一分之饌,하여 以祭土神.하나니라 厥明에 主人以下ㅣ 玄冠·素服·黑帶,하고 帥執事者하여 詣墓所,하고 再拜.하나니라 奉行塋域內外,를 環繞哀省三周,하고 其有草棘,이면 卽用刀斧鋤,하여 斬芟夷.니라 灑掃訖하고 復位하여 再拜.하나니라 又除地於墓左,하여 以爲祭土神之所.하나니라

陳饌·降神·參神·初獻,(初獻時, 卽扱匙飯中, 正筯)은 如家祭之儀.니라 但祝詞曰,「氣序流易, 靑陽載回, (此正朝祝也. 寒食, 則曰雨露旣濡, 端午, 則曰草木旣長, 秋

석 즉 왈 백 로 기 강 첨 소 봉 영 불 승 감 모 운 운
夕, 則曰白露旣降.) 瞻掃封塋, 不勝感慕, 云云이라」하고,

아 헌 종 헌 종 헌 후 철 갱 진 숙 수 사 신 내 철
亞獻·終獻(終獻後, 徹羹進熟水.) 辭神하고 乃徹.하나니라

수 제 토 신 진 찬 강 신 참 신 초 헌 여 상 의 단
遂祭土神.이니라 陳饌·降神·參神·初獻,은 如上儀.니라 但

축 사 왈 모 관 성 명 감 소 고 우 토 지 지 신 모 공 수 세 사 우
祝詞曰,「某官姓名敢昭告于土地之神某恭修歲事于

모 친 모 관 부 군 지 묘 유 시 보 우 실 뢰 신 휴 감 이 주 찬
某親某官府君之墓, 惟時保佑, 實賴神休, 敢以酒饌,

경 신 전 헌 상 향 아 헌 종 헌 사 신 내 철 이
敬伸奠獻, 尙饗.」하나니라 亞獻·終獻·辭神,하고 乃徹而

퇴
退.니라

근 안 가 례 묘 제 지 어 삼 월 택 일 행 지 일 년 일
謹按家禮,컨대 墓祭는 只於三月에 擇日行之,하되 一年一

제 이 이 금 속 어 사 명 일 개 행 묘 제 종 속 종
祭而已.하나니라 今俗엔 於四名日,에 皆行墓祭.니라 從俗從

후 역 무 방 단 묘 제 행 우 사 시 여 가 묘 무 등 쇄
厚,니 亦無妨.이니라 但墓祭行于四時,면 與家廟와 無等殺,

역 사 미 안 약 강 구 득 중 지 례 즉 당 어 한 식 추 석
니 亦似未安.하니라 若講求得中之禮, 則當於寒食·秋夕

이 절 구 성 찬 독 축 문 제 토 신 일 의 가 례 묘
二節,에 具盛饌,하여 讀祝文,하고 祭土神,하되 一依家禮墓

제 지 의 정 조 단 오 이 절 즉 약 비 찬 물 지 일 헌 무
祭之儀.니라 正朝·端午二節, 則略備饌物,하여 只一獻無

축 차 부 제 토 신 부 여 시 즉 작 고 통 금 사 위
祝,하고 且不祭土神.이니라 夫如是, 則酌古通今,하여 似爲

득 의
得宜.니라

[直譯] 묘제(墓祭)는 속제(俗制)에 의하여 네 명일(名日)(정월 초하루
〈설〉·한식〈寒食〉·단오〈端午〉·추석〈秋夕〉)에 행한다. 이 때는 산재

(散齋)를 2일 동안 하고 치재(致齋)를 1일 동안 한다. 다음으로 음식을 매 묘(墓)마다 갖추되 제사지낼 분의 수대로 차려 놓고서 기제사(忌祭祀)의 의식대로 한다. 다시 한 분의 음식을 갖추어 이것으로 토신(土神)에게 제사지낸다. 날이 밝기 전에 주인 이하 모두 검은 갓에 흰 옷 · 검은 띠를 두르고 집사자를 거느리고 묘소(墓所)에 나아가 뵙고 두 번 절한다. 묘소(墓所)의 주변과 안팎을 두루 보아 세 바퀴를 돌면서 공경스런 마음으로 모든 것을 살핀다. 묘소 주위나 안팎에 만일 풀이나 나뭇가지가 있으면 곧 칼과 도끼 · 호미를 써서 이것을 자르고 깎고 뽑는다. 다음에는 물뿌리고 쓸기를 마치고 다시 제자리로 가서 두 번 절한다. 또 묘소 왼쪽에 땅을 평평하게 하고 토신(土神)에게 제사지낼 곳을 마련한다.

진찬(陳饌) · 강신(降神) · 참신(參神) · 초헌(初獻)〔초헌할 때에 숟가락을 메 가운데 꽂고 젓가락을 바르게 건다〕은 가제(家祭)의 절차와 같다. 다만 축사(祝詞)에 말하기를, 「절서가 흐르고 바뀌어 새해가 다시 돌아왔사오매[氣序流易, 靑陽載回](이것은 정월 초하룻날 읽는 축문이다. 한식(寒食)이면 「비와 이슬이 이미 나렸사오매[雨露旣濡]」 하고, 또 단오(端午)이면 「풀과 나무가 이미 자랐사오매[草木旣長]」 한다. 또 추석(秋夕)이면 「흰 이슬이 이미 내렸사오매[白露旣降]」한다.), 두루 산소를 돌아보오니 감동하고 사모함을 이기지 못하나이다」 한다. 다음에는 아헌 · 종헌(終獻)(종헌이 끝난 뒤에 국을 물리고 숭늉을 올린다) · 사신(辭神)을 하고 음식을 거둔다.

다음에는 토신에게 제사지낸다. 여기에서도 진찬 · 강신 · 참신 · 초헌은 모두 위의 의식과 같다. 다만 축사(祝詞)에 말하기를, 「아무 벼슬 아무는 감히 토지신(土地神)에게 고하나이다. 아무는 공경스럽게 1년 일을 닦아 아무 어른 아무 벼슬 부군(府君)의 묘소에 바치는 바이오니 오직 때때로 보호하시고 도와주심은 실로 신(神)의 덕택이옵니다. 여기에 감히 술과 음식을 공손히 바치오니 흠향하시옵소서」 한다. 다음에는 아헌·종헌·사신을 마치고 음식을 거두고 물러간다.

삼가《가례(家禮)》를 상고해 보건대, 묘제(墓祭)는 다만 3월에 날을 가려서(택일해서) 행하되 1년에 한 번 지낼 뿐이라고 했다. 오늘날 풍속에는 네 명일(名日)에 모두 묘제를 지내고 있다. 이것은 풍속을 좇고 또 그 후한 것을 좇고 있는 것이니 역시 해로울 게 없다. 다만 묘제를 사시(四時)에 모두 지내고 보면 가묘(家廟)의 제사와 차별이 없게 되는 것이니, 또한 미안한듯싶다. 그러므로 이 두 가지를 연구해서 정당한 예를 구하려면 마땅히 한식과 추석 두 절후에 많은 음식을 차려가지고 지내는 것이 옳을 것이다. 여기에 축문(祝文)을 읽고 토신(土神)에게 제사지내는 일들은 모두 한결같이《가례(家禮)》에 있는 묘제의 절차와 같이 할 것이다. 정월 초하룻날과 단오(端午)의 두 절후에는 간략하게 음식을 장만해서 한 번만 잔을 올리고 축문은 읽지 말고, 또 토신(土神)에게는 제사를 지내지 말 것이다. 이렇게 하고 보면 옛날 일을 참작하고 오늘날의 일을 살펴보아서 마땅한 일이라 하겠다.

語義 • 俗制(속제) : 풍습으로 전해내려오는 제도.

• 土神(토신) : 토지신(土地神).

• 玄冠(현관) : 검은 갓.

• 帥(① 수, ② 솔) : ① 주장할(主), 거느릴(領), 장수(將). ② 거느릴(率), 좇을(循). 여기서는 ②번의 거느릴 솔(率)자로 발음한다.

• 塋域(영역) : 묘역, 즉 선영의 묘역, 묘소.

• 斧(부) : 도끼.

• 鋤(서) : 호미.

• 斬(참) : 벤다. 자른다.

• 芟夷(삼이) : 풀을 베어 없앤다. 깎고 뽑는다.

• 載回(재회) : 따라서 돌아오다. 다시 돌아오다.

• 陳饌(진찬) : 신위(神位) 앞에 음식을 차려 놓는 것.

• 熟水(숙수) : 숙냉. 숭늉. 제사 때 신위 앞에 올리는 물.

- 保佑(보우) : 보호하시고 도와주신다.
- 賴(뇌) : 힘입는다. 즉 혜택을 입는다. 덕택이다.

## 喪服中行祭儀 (초상을 당한 상주가 3년상 중에 행하는 제사의 절차)

凡三年之喪,엔 古禮則,엔 廢祠堂之祭.나라 而朱子ㅣ曰,

「古人은 居喪에 衰麻之衣,를 不釋於身,하고 哭泣之聲,이 不

絶於口,하며 其出入居處,나 言語飮食,이 皆與平日絶異.

나라 故로 宗廟之祭,를 雖廢,라도 而幽明之間에 兩無憾焉.이

나라 今人居喪與古人異而廢此,니 一事恐有所未安.이로

다」하니라 朱子之言,이 如此.라 故로 未葬前, 則準禮廢祭, 而

卒哭後, 則於四時節祀及忌祭,(墓祭亦同)에 使服輕

者,(朱子喪中以墨衰, 薦于廟, 今人以俗制喪服, 當墨衰

著, 而出入, 若無服輕者, 則喪人亦恐可以俗制喪服行

祀)行薦, 而饌品은 減於常時,하고 只一獻,하며 不讀祝,하고

不受胙,ㅣ可也.나라 期大功, 則葬後에는 當祭如平時.(但

不受胙.)나라 未葬前에는 時祭를 可廢.나라 忌祭 · 墓祭,는 略

행 여 상 의     시  소 공  즉 성 복 전     폐 제 오 복 미 성 복
行 如 上 儀.나라 緦·小 功, 則 成 服 前에는 廢祭.(五 服 未 成 服

전 수 기 제  역 불 가 행 야     성 복 후  즉 당 제 여 평 시  단
前雖忌祭, 亦 不 可 行 也.) 나라 成 服 後, 則 當 祭 如 平 時.(但

불 수 조     복 중 시 사     당 이 현 관  소 복  흑 대   행 지
不 受 胙.)나라 服 中 時 祀,는 當 以 玄 冠·素 服·黑 帶,로 行 之.

하나나라

直譯 대체로 3년상 중에, 옛날 예법에는, 사당의 제사를 폐지하게 되어 있었다. 주자(朱子)가 말하기를, 「옛날 사람은 상중에 최마(衰麻)의 옷을 몸에서 끄르지 않고 곡하는 소리가 입에서 끊이지 않았으며, 그 출입하고 집에 거처하는 것이나 말하고, 음식을 먹는 것이 모두 평일과 현저히 달랐었다. 그러므로 종묘의 제사를 비록 폐할지라도 산 사람이나 죽은 사람이나 간에[유명지간(幽明之間)] 양쪽 모두에게 미안할 것이 없다. 그러나 지금 사람들은 상중에 하는 일이 옛사람들과 달라서 이런 일을 폐하고 있으니 미안한 바가 있을까 두렵도다」하였다.

주자(朱子)의 말이 이와 같다. 그러므로 장사를 지내기 전이면 예법에 준해서 제사를 폐하고, 졸곡(卒哭)이 지난 후에 사시(四時)의 절사(節祀)와 기제(忌祭)(묘제도 역시 같음)에 복(服)이 가벼운 사람을 시켜서(주자〈朱子〉는 상중에 먹칠한 최복〈衰服〉을 입고서 사당에 뵈었다. 지금 사람은 속제〈俗制〉의 상복으로써 먹칠한 최복〈衰服〉을 대신해서 입고 출입한다. 만약 복〈服〉이 가벼운 사람이 없는데 상〈喪〉을 당한 사람이 속제〈俗制〉의 상복을 입고 제사를 지낼까 두렵다) 제사를 지내고 음식은 보통 때보다 줄이고, 다만 술잔은 한 번만 올리며 축문을 읽지 않고 조육(胙肉)을 받지 않는 것이 옳다. 상기(喪期)가 대공(大功)을 입는 사람은 장사지낸 후에는 마땅히 평시와 같이 제사를 지낸

다(다만 수조(受胙=제육(祭肉)을 받음) 하는 절차만 없앰). 또 장사지내기 전에는 시제(時祭)를 폐하는 것이 옳다. 그리고 기제(忌祭)와 묘제(墓祭)는 위에 말한 절차대로 간략히 지낸다. 시마(總麻)복이나 소공(小功)을 입은 사람은 성복(成服) 전에만 제사를 폐한다(오복〈五服〉은 성복(成服)하기 전에는 비록 기제〈忌祭〉라도 이를 지내지 못한다). 성복 후에는 마땅히 평상시와 같이 제사를 지낸다(다만 수조(受胙)하는 절차만 없앰). 복중에 지내는 시사(時祀)는 마땅히 검은 갓 · 흰 옷 · 검은 띠로써 행한다.

語義 ・喪服中行祭儀(상복중행제의) : 초상을 당한 상주가 3년 상 중에 지내는 제사의 절차.

• 衰麻(최마) : 상복(喪服)의 한 가지로 삼베로 지은 것.

• 著(① 저, ② 착) : ① 나타낼(顯), 지을(撰述). ② 입을(被服), 붙을(附), 둘(置). 여기서는 입을 착으로 읽음.

• 大功(대공) : 아홉 달을 복 입는 것.

• 總(시) : 시마복, 즉 석 달 동안 입는 상복.

• 小功(소공) : 소공복, 즉 다섯 달 동안 입는 상복.

• 五服(오복) : 참최(斬衰) · 재최(齋[齊]衰) · 대공(大功) · 소공(小功) · 시마(總麻)의 다섯 가지의 상복.

• 成服(성복) : 시체를 입관하거나 염한 다음 상복을 처음 입는 것

• 時祀(시사) : 시향(時享)=① 해마다 음력 이월 · 오월 · 팔월 · 동짓달에 가묘(家廟)에 지내는 제사. ② 해마다 음력 사월에 5대 이상의 조상 산소에 가서 지내는 제사. 시제(時祭).

餘說 본문 위에서 부터 9번째 줄에 則亦恐可以俗制喪服行祀(즉역공가이속제상복행사)의 문구(文句)에 상인(喪人) 두 글자가 빠져있어 넣었다. 則喪人亦恐可以俗制喪服行祀(즉상인역공가이속제상복행사)가 맞음.

# 李栗谷先生行狀記

이 율 곡 선 생 행 장 기

　율곡(栗谷) 이이(李珥) 선생은 조선조 중종 31년(서기 1536년 12월 26일)에 강릉(江陵) 오죽헌(烏竹軒) 몽룡실(夢龍室)에서 어머니 신사임당(申師任堂)과 아버지 원수(元秀)의 아들로 출생하였다. 아명(兒名)을 현룡(見龍)이라 하였는데, 이는 신사임당이 흑룡(黑龍) 꿈을 꾸신 후 탄생하신 데서 연유된 이름임. 3세 때에 말과 글을 배웠으며 7세 때에는《진복창전(陳復昌傳)》을, 8세 때에는《화석정시(花石亭詩)》를 지었으며, 10세 때 경포대에 올라 장문(長文)의《경포대부(鏡浦臺賦)》를 쓴 신동으로 세상 사람들을 놀라게 했다. 또한 13세 때 진사초시(進士初試)에 합격, 16세에 어머니를 잃고 3년 동안 사임당 묘전(墓前)에 시묘(侍墓)한 후 봉은사(奉恩寺)에 입산하여 불서(佛書)를 탐독한 후 다시 금강산(金剛山)에서 수도(修道), 1년 만에 불교 철학에 통달하였다.

　그러나 뜻한 바가 있어 집에 돌아와 성리학(性理學) 연구에 몰두 1558년(명종 13년)에 당시 이름을 떨치던 이황(李滉)을 찾아가 학문을 논의하니 이황은 그의 재능에 크게 감탄하였다.

　그해 별시에 장원급제하고 이후부터 과거 때마다 아홉 번이나 장원하여 구도장원공(九度壯元公)이란 칭송을 받았다. 29세 때(명종 19년), 호조좌랑(戶曹佐郞)이 된 것을 시초로 관계(官界)에 나서서 1568년(선조 1년)에는 서장관(書狀官)으로 명나라를 다녀왔으며, 1570년(선조 3년) 해주 야두촌(海州野頭村)에 돌아가 학문의 터를 닦았다. 이듬해 조정의 부름을 받고 청주목사(淸州牧使)가 되었으나 학문연구를 위하여 사직하고, 또 1574년(선조 7년)에 또 조정의 요구로 황해감사(黃海監司)로 약 반 년간 재직했다. 그 후에도 조정과 고향을 자주 왕래하면서 대사간(大司諫) · 대사헌(大司憲) · 호조판서(戶曹判書) · 대제학(大提

學) · 이조판서(吏曹判書) · 우찬성(右贊成) · 병조판서(兵曹判書) 등을 역임하였으며, 1583년(선조 16년)에는 당쟁의 조정을 시도하였으나 오히려 탄핵을 받아 일시 퇴직당했다가 다시 이조판서가 되었다.

선생은 학문과 입신(立身)의 도를 배움에 있어서 어머니 외에는 사사(師事)를 받은 바 없고, 독학과 수도(修道)로써 심오한 학문의 경지에 이르렀으며, 저서에 있어서도 정치 · 경제 · 교육 등 애국애족의 방향을 제시하였다. 《동호문답(東湖問答)》 · 《성학집요(聖學輯要)》 · 《인심도심설(人心道心說)》 · 《성리학설(性理學說)》 · 《경연일기(經筵日記)》 · 《김시습전(金時習傳)》 · 《시문집(詩文集)》 · 《소학집주(小學集註)》 등은 선생의 명저(名著)이다.

선생의 정치사상은 민본주의(民本主義)이며 혁신주의로서 삼대 정경정책(三代政經政策)을 주장하였고 시무 육조계(時務六條啓) · 양병 십만론(養兵十萬論) · 경제사 설치(經濟司設置) 건의 등의 정책을 주장하였다. 또한 일반 민중의 계몽을 위하여 서원향약(西原鄕約) · 해주향약(海州鄕約) · 사창계약속(社倉契約束) · 문헌서원학규(文憲書院學規) 등의 규례(規例)를 많이 만들었다.

또한, 정계를 떠난 후 고산구곡(高山九曲)에 은병정사(隱屛精舍 : 사립대학)를 세워 학도들의 나아갈 바 지침인 《격몽요결》과 《학교모범(學校模範)》을 저술하였으며, 제자들에 의하여 동방의 성인〔東方之聖人〕이라는 칭호를 받고, 기호학파(畿湖學派)를 형성 후세의 학계에 강력한 영향을 끼쳤다.

선생은 교육 지상주의를 부르짖은 교육가이며 저술가인 동시에 위대한 정치가요, 철학가이며 애국자로서 겨레 만대에 영구 불멸할 사표(師表)이시다.

사망(1584년, 선조 17년) 후 1682년(숙종 8년)에는 문묘(文廟)에 모셨고, 황해도에 문회서원(文會書院)이 건립되어 제사하였다.

# 연보(年譜)

1536년 음력　12월 26일, 외가집 강릉 북평촌(北坪村 : 現 竹軒洞)
　　　　　몽룡실(夢龍室)에서 출생.

1538년(3세)　말과 글을 배움.

1541년(6세)　어머니와 함께 서울 수진방(壽進坊 : 現 淸進洞)으로
　　　　　올라옴.

1542년(7세)　《진복창전(陳復昌傳)》을 지음.

1543년(8세)　《화석정시(花石亭詩)》를 지음.

1545년(10세)　《경포대부(鏡浦臺賦)》를 지음.

1548년(13세)　진사초시(進士初試)에 장원 급제.

1551년(16세)　어머니 신사임당 별세. 《선비행장(先妣行狀)》을 지음.

1554년(19세)　어머니 묘소에서 시묘(侍墓) 3년을 마치고 금강산에
　　　　　입산.

1555년(20세)　강릉으로 돌아와 《자경문(自警文)》을 지음.

1556년(21세)　한성시(漢城試)에 장원 급제.

1557년(22세)　성주 목사 노경린(盧慶麟)의 딸 곡산 노씨와 결혼.

1558년(23세)　안동 도산(陶山)에 있는 퇴계 이황을 찾아감. 별시
　　　　　(別試)에 장원 급제.

1561년(26세)　부친 이원수(李元秀)공 별세.

1564년(29세)　생원진사 급제. 명경과(明經科)에 급제. 호조좌랑(戶
　　　　　曹佐郎)으로 첫 벼슬길에 나아감.

1565년(30세, 명종 20년)　예조좌랑(禮曹佐郎)이 됨.

1566년(31세, 명종 21년)　사간원정언(司諫院正言)으로 있으면서
　　　　　시무삼사(時務三事) 상소. 이조좌랑(吏曹佐郎)이 됨.

1568년(33세, 선조 원년)　　사헌부지평(司憲府持平)·성균관직강(成均館直講)·홍문관 부교리(弘文館副校理)·이조좌랑(吏曹佐郎)·외할머니 병환으로 관직을 사퇴하고 강릉에 감.

1569년(34세, 선조 2년)　　교리(校理).《동호문답(東湖問答)》을 지음. 시무구사(時務九事) 상소. 외할머니 별세(90세).

1571년(36세, 선조 4년)　　교리, 홍문관 부응교(弘文館副應敎). 이조정랑(吏曹正郎) 사퇴. 해주(海州) 고산석담(高山石潭)을 구경하고 은거할 계획을 세움. 청주목사가 됨.

1572년(37세, 선조 5년)　　원접사 종사관(遠接使從事官)·사간원 사관·홍문관 응교·홍문관 전한(弘文館典翰) 등을 모두 사퇴.

1573년(38세, 선조 6년)　　홍문관 직제학(弘文館 直提學)을 사임(辭任).

1574년(39세, 선조 7년)　　우부승지(右副承旨).《만언봉사(萬言封事)》를 지어 올림. 병조참지(兵曹參知)·사간원 대사간(司諫院大司諫)에 임명. 황해도 관찰사(黃海道觀察使). 장남 경림(景臨) 출생.

1575년(40세, 선조 8년)　　홍문관 부제학(弘文館副提學).《성학집요(聖學輯要)》를 지음.

1576년(41세, 선조 9년)　　해주(海州) 석담(石潭)에 청계당(聽溪堂)을 지음.

1577년(42세, 선조 10년)　　《격몽요결》을 지음. 향약(鄕約)을 만들어 고을의 폐습을 바로잡음. 사창제도(社倉制度) 실시로 빈민 구제에 힘씀.

1578년(43세, 선조 11년)　　은병정사(隱屛精舍)를 지음.《고산 구곡가(高山九曲歌)》를 지음. 대사간(大司諫)에 임명됨.《만언소(萬言疏)》를 지어 올림.

1579년(44세, 선조 12년)　　《소학집주(小學集註)》를 지음. 차남 경정(景鼎) 출생.

1580년(45세, 선조 13년) 《기자실기(箕子實記)》를 지음. 대사간에 임명됨.

1581년(46세, 선조 14년) 가선대부 사헌부 대사헌(嘉善大夫司憲府大司憲)으로 승진. 호조판서에 오름. 홍문관 · 예문관(藝文館) 대제학. 《경연일기(經筵日記)》를 지음.

1582년(47세, 선조15년) 이조판서. 《인심도심설(人心道心說)》· 《김시습전(金時習傳)》·《학교모범(學校模範)》을 지음. 형조판서에 임명됨. 《만언소(萬言疏)》를 올림. 원접사(遠接使)에 임명됨. 병조판서에 임명됨.

1583년(48세, 선조 16년) 《시무육조(時務六條)》를 지어 올림. 《시폐봉사(時弊封事)》를 올림. 이조판서. 양병십만(養兵十萬)을 주장.

1584년(49세, 선조 17년) 1월 16일 서울 대사동(大寺洞) 집에서 별세. 《육조방략(六條方略)》을 최후로 저술. 파주(坡州) 자운산(紫雲山)에 장사.

1624년(死後 40년, 인조 2년) 문성(文成)이라 시호(諡號)함.

# 擊蒙要訣
# 語句索引

1. 이 어구색인(語句索引)은 각 대문(對文)의
   독법항(讀法項)의 것을 뽑아서 실었다.
2. 배열(排列)은 가, 나, 다 순(順)으로 하되 첫
   글자가 같은 어구(語句)는 한데 모으고, 그
   어구도 역시 가, 나, 다 순(順)으로 하였다.

版明圖
權文書
所堂出
有印版

新完譯 격몽요결(擊蒙要訣)

初 版　發 行 : 1986年　7月　30日
重 版　發 行 : 1999年　4月　 5日
修正初版 發 行 : 2008年　5月　 6日
改正初版 發 行 : 2010年 11月　30日
改正初版 2刷 : 2013年 12月　16日
改正初版 3刷 : 2017年　3月　31日
改正初版 4刷 : 2022年　4月　29日

譯　者 : 金星元
校訂者 : 金 東 求
發行者 : 金 東 求
發行處 : 明文堂(1923. 10. 1 창립)
서울시 종로구 윤보선길 61(안국동)
우체국 010579-01-000682
Tel　(영) 733-3039, 734-4798
　　　(편) 733-4748　Fax 734-9209
Homepage : www.myungmundang.net
E-mail : mmdbook1@hanmail.net
등록 1977. 11. 19. 제1~148호

값 15,000원
ISBN 978-89-7270-970-1　93140

| | |
|---|---|
| 改訂增補版 新完譯 **論語**<br>張基槿 譯著 신국판 값 20,000원 | 新譯 **明心寶鑑**<br>張基槿 譯著 신국판 값 15,000원 |
| 新完譯 한글판 **論語**<br>張基槿 譯著 신국판 값 12,000원 | 新完譯 **孟子**<br>金學主 譯著 신국판 값 20,000원 |
| 改訂增補版 新完譯 **孟子**(上·下)<br>車柱環 譯著 신국판 값 각 15,000원 | 新完譯 **蒙求**(上·下)<br>李民樹 譯 신국판 값 각 15,000원 |
| 新完譯 한글판 **孟子**<br>車柱環 譯著 신국판 값 15,000원 | 新完譯 **大學章句大全**<br>張基槿 譯註 신국판 값 20,000원 양장 값 25,000원 |
| 改訂增補版 新完譯 **詩經**<br>金學主 譯著 신국판 값 18,000원 | 新譯 **唐詩選**<br>金學主 譯著 신국판 양장 값 25,000원 |
| 改訂增補版 新完譯 **書經**<br>金學主 譯著 신국판 값 15,000원 | 新譯 **宋詩選**<br>金學主 譯著 신국판 양장 값 25,000원 |
| 改訂增補版 新完譯 **禮記**(上·中·下)<br>李相玉 譯著 신국판 값 각 15,000원 | 新譯 **詩經選**<br>金學主 譯著 신국판 양장 값 20,000원 |
| 新譯 **東洋三國의 名漢詩選**<br>安吉煥 編著 신국판 값 15,000원 | **論語新講義**<br>金星元 譯著 신국판 양장 값 10,000원 |
| 新完譯 **墨子**(上·下) (사) 한국출판인회의 제29차<br>이달의 책 인문분야 선정도서<br>金學主 譯著 신국판 값 각 15,000원 | **東洋古典解說**<br>李民樹 著 신국판 양장 값 10,000원 |
| 改訂版 新完譯 **近思錄**<br>朱熹·呂祖謙 編 成元慶 譯 신국판 값 20,000원 | **공자와 맹자의 철학사상**<br>安吉煥 編著 신국판 값 10,000원 |
| 新譯 **歐陽修散文選**<br>魯長時 譯註 신국판 값 20,000원 | **노자와 장자의 철학사상**<br>金星元 安吉煥 編著 신국판 값 10,000원 |
| 新完譯 **大學** – 경제학자가 본 알기 쉬운 대학<br>姜秉昌 譯註 신국판 값 7,000원 양장 값 9,000원 | **三國志故事名言三百選**<br>陳起煥 編 신국판 값 7,500원 |
| 新完譯 **中庸** – 경제학자가 본 알기 쉬운 중용<br>姜秉昌 譯註 신국판 값 10,000원 양장 값 12,000원 | **中國現代詩硏究**<br>許世旭 著 신국판 양장 값 9,000원 |
| 新完譯 **論語** – 경제학자가 본 알기 쉬운 논어<br>姜秉昌 譯註 신국판 값 18,000원 | **白樂天詩硏究**<br>金在乘 著 신국판 값 5,000원 |

以燃堯舜豈欺我哉

當常自奮發曰人性本善無古今智愚

之殊聖人何故獨為聖人我則獨為何故

眾人邪良由志不立知不明行不篤耳志

之立知之明行之篤皆在我耳我又何求哉

賴問曰舜何人也予何人也有為者亦若是

我亦當以顏之希舜為法

今之容貌不可變醜為妍齒力不可變弱

# 擊蒙要訣

## 立志章第一

初學先須立志必以聖人自期不可有一毫
自小退托之念蓋衆人與聖人其本性則一
雖氣質不能無清濁粹駁之異而苟能真
知實踐去其舊染而復其性初則不增毫
末而萬善具足矣衆人豈可不以聖人自期
故孟子道性善而必稱堯舜以實之曰人皆可